应用型本科汽车类专业规划教材

新能源汽车技术概论

李艳菲 郑 伟 编著

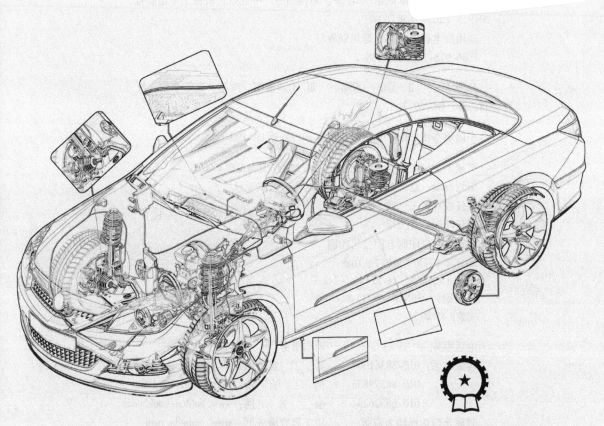

机械工业出版社

本书共九章，概括介绍了世界新能源汽车产业的发展和中国新能源汽车发展的强劲势头和发展愿景，阐述了对汽车应用新能源的要求和分析方法，介绍了新能源的应用方式、应用理论、主要问题和解决方法等基础知识。本书以图文结合的方式系统介绍了现代电动汽车储能装置、驱动电机及控制系统，以及纯电动汽车、混合动力汽车、新氢燃料电池汽车、代用燃气汽车和醇类燃料汽车、太阳能汽车、压缩空气汽车及其基本结构与工作原理。

本书可作为汽车工程类专业应用型本科及高职高专院校的教材；也可作为汽车工程技术人员、新能源汽车技术培训教师参考用书；同时适合广大关注新能源汽车技术发展的社会人士阅读。

图书在版编目（CIP）数据

新能源汽车技术概论/李艳菲，郑伟编著. —北京：机械工业出版社，2019.5（2024.7重印）

应用型本科汽车类专业规划教材

ISBN 978-7-111-62136-2

Ⅰ. ①新… Ⅱ. ①李…②郑… Ⅲ. ①新能源－汽车－高等学校－教材 Ⅳ. ①U469.7

中国版本图书馆 CIP 数据核字（2019）第 045109 号

机械工业出版社（北京市百万庄大街22号　邮政编码100037）
策划编辑：赵海青　责任编辑：赵海青　张亚秋
责任校对：王　欣　封面设计：陈　沛
责任印制：常天培
固安县铭成印刷有限公司印刷
2024年7月第1版第2次印刷
184mm×260mm・14.25 印张・348 千字
标准书号：ISBN 978-7-111-62136-2
定价：45.00元

电话服务　　　　　　　　　网络服务
客服电话：010-88361066　　机　工　官　网：www.cmpbook.com
　　　　　010-88379833　　机　工　官　博：weibo.com/cmp1952
　　　　　010-68326294　　金　书　网：www.golden-book.com
封底无防伪标均为盗版　　　机工教育服务网：www.cmpedu.com

前言

新能源汽车的普及已经成为当前汽车产业发展的一大趋势。为了应对能源危机、环境污染与气候变化等日益严重的问题，目前世界各大汽车企业都在大力发展新能源汽车产业，加快新能源汽车的研发、生产和销售。随着新能源汽车走向市场，社会对专业技术人才的需求也将不断增加，培养新能源汽车技术人才成为高等院校义不容辞的责任。拥有汽车工程类专业的院校，开设新能源汽车技术相关课程成为必然的选择。

新能源汽车涉及多学科的基础知识，内容既多又繁杂。在本书编写过程，我们注重两点：一是通俗易懂，深入浅出，从最基础的知识开始，启发式地推进，以全面介绍新能源汽车的相关知识，尽量用图文结合的方式对所涉及的各种基本概念和原理进行清晰详细的阐述，让读者感觉易懂、不难学；二是注意介绍各种新能源汽车技术研究发展的前沿信息，让读者在系统学习的同时也了解各类技术的研究现状和发展方向。

本书共九章：

第1章主要讲述了能源的性质、分类，分析能源需求和一次能源的巨大消耗带来的环境问题，提出优化交通能源是保证持久繁荣要解决的问题。

第2章主要概述了世界新能源汽车产业的发展和中国新能源汽车的发展路径以及未来目标，阐述了对汽车应用新能源的要求和分析方法，介绍了新能源的应用方式、应用理论、主要问题和解决方法。

第3章主要阐述了新能源汽车类型、基本结构。

第4章全面讲解现代电动汽车储能装置。

第5章简述电动汽车驱动电机及控制系统。

第6~8章主要介绍纯电动汽车、混合动力汽车、燃料电池汽车。

第9章主要介绍气体代用燃料（如天然气、石油气）汽车、液体代用燃料（如醇类燃料）汽车以及太阳能汽车、压缩空气汽车等。

本书可作为汽车工程类应用型本科及高职高专院校的教材；也可作为汽车工程技术人员、新能源汽车培训教师参考用书；同时适合广大对新能源汽车技术关注的社会人士阅读。

本书由厦门大学嘉庚学院李艳菲、郑伟编著。在本书的编写过程中，编著者做了大量考察研究，参阅引用了一些参考文献中的内容，在此向相关资料的作者致以诚挚的谢意。

新能源汽车领域十分宽广，包括多门学科，本书力图全面且深入浅出，但限于作者的水平和知识范围，疏漏、甚至错误恐难避免，竭诚欢迎广大读者批评指正。

我们为选用本书作为教材的授课教师提供免费课件，课件获取方式如下：
1. 登录机械工业出版社教育服务网（www.cmpedu.com），注册后下载。
2. 联系编辑获取，联系方式为 010-88379353，13744491@qq.com。
3. 关注机械工业出版社旗下公众号"机工汽车"留言给编辑获取。

编著者

目 录

前言

第1章 汽车与能源 1
    1.1 认识能源 1
    1.2 能源需求与环境问题 4

第2章 新能源汽车产业发展 7
    2.1 国际新能源汽车产业的发展 7
    2.2 中国新能源汽车的发展 13
    2.3 汽车应用新能源的素质 22
    2.4 汽车新能源分析方法 28

第3章 新能源汽车类型 40
    3.1 电能与电动汽车 41
    3.2 电动汽车的定义、类型 44
    3.3 电动汽车的构造特点 46

第4章 电动汽车储能装置 52
    4.1 动力电池概述 52
    4.2 铅酸蓄电池 57
    4.3 镍氢蓄电池 62
    4.4 二次锂电池 65
    4.5 空气电池 70
    4.6 燃料电池 72
    4.7 飞轮储能装置 84
    4.8 超级电容 91

第5章 电动汽车驱动电机及控制系统 97
    5.1 驱动电机概述 97

5.2 直流电机 ··· 100
5.3 交流感应电机 ··· 109
5.4 永磁电机 ··· 115
5.5 开关磁阻电机 ··· 123

第6章 纯电动汽车 ··· 129
6.1 纯电动汽车概述 ··· 129
6.2 纯电动汽车的驱动系统 ··· 131
6.3 纯电动汽车的结构原理 ··· 134

第7章 燃料电池电动汽车 ··· 143
7.1 燃料电池电动汽车概述 ··· 143
7.2 燃料电池电动汽车的燃料电池系统 ····························· 147
7.3 燃料电池电动汽车的发动机系统 ································ 149
7.4 供氢系统 ··· 150
7.5 能量管理 ··· 160
7.6 典型的氢燃料电池汽车 ··· 161

第8章 混合动力电动汽车 ··· 164
8.1 混合动力电动汽车概述 ··· 164
8.2 混合动力电动汽车的分类 ·· 167
8.3 混合动力电动汽车的能量管理控制 ····························· 172
8.4 混合动力电动汽车实例 ··· 174
8.5 插电式混合动力电动汽车 ·· 177
8.6 混合动力电动汽车的发展趋势 ···································· 178

第9章 其他新能源汽车 ·· 180
9.1 气体代用燃料汽车 ·· 180
9.2 液体代用燃料汽车 ·· 201
9.3 太阳能汽车 ··· 210
9.4 空气动力汽车 ·· 215

参考文献 ··· 219

第 1 章　汽车与能源

1.1　认识能源

　　汽车的发展，能源是根本，从蒸汽时代，到燃油时代，再到新能源时代，汽车的能源发展逐步向再生能源过渡，最终出现以氢为燃料的燃料电池汽车，汽车发展的历史伴随着能源发展的历史。

　　回顾石油时代前的汽车能源让我们想起了1769年法国陆军工程师古诺（Cournot，1725—1804）研制出的世界上第一辆蒸汽机驱动的三轮车（图1-1），利用装在车前部的一个锅炉产生的蒸汽推动气缸中的活塞来驱动前轮运行。虽然这辆车的速度只有3.5km/h，而且运行时隆隆作响、浓烟滚滚，但是正是它的出现标志着人类以能源机械力代替人力、畜力等驱动车辆时代的开始。

图1-1　1769年古诺研制的蒸汽机驱动的三轮车

　　1834年，美国的托马斯·达文波特（Thomas Davenport）制造出第一辆直流电机驱动的电动三轮车（图1-2）。但是没有使用可再次充电的蓄电池，只能行驶一小段距离，因为当时还没有蓄电池技术。

图1-2 1834年托马斯·达文波特研制的直流电机驱动的电动车

直到1859年铅酸可充电电池问世后，1881年法国工程师古斯塔夫·特鲁夫发明了用铅酸电池为动力的电动车（图1-3），世界第一辆真正的电动车才正式问世。

19世纪中叶，波兰药剂师卢卡西维茨（Jan Józef Ignacy Lukasiewicz，1822—1882）发现了使用更易获得的石油提取煤油的方法，并于1854年首次挖掘出世界上第一口油井。由于常规石油的经济价值最高，能源很快进入石油时代，汽车也随之进入燃油汽车阶段。1886年，卡尔·本茨发明单缸汽油发动机汽车（图1-4），这一天也被确认为汽车诞生日。

图1-3 法国工程师古斯塔夫·特鲁夫发明的铅酸电池为动力的电动车　　图1-4 卡尔·本茨发明的单缸汽油发动机汽车

随着全球经济的发展，石油被大力开采，全球石油储量逐年衰减，以致石油在一次能源消费中的比例逐年降低，整体能源供应呈现多元（种类）化和多源（渠道）化。

同理，汽车发展也开始呈现多元化趋势，从最开始的燃油汽车阶段，经由替代燃料汽车（以天然气、石油气汽车为代表）、电动汽车（以纯电动、混合动力型油与电、气与电汽车为代表），最终到燃料电池汽车（氢燃料电池汽车）。

人类的需求与发展，推动着汽车产业的发展。同时，人类对环境的要求，也催生能源变革和新能源的研究和进步。汽车要利用好大自然的能源必须从充分认识能源开始。

1.1.1 能源的定义

人类的一切活动都离不开能或能量。能量是物质运动的一般量度，相应于不同形式的运动，能量有热能、机械能、电能和核能等多种形式。热能是能的最普遍的一种形式，它是分子热运动动能的表征。机械能是机械运动的能，是动能和势能的总称。电能是电流或带电物质的能量。核能是原子核内部的能量，在核结构发生变化（裂变或聚变）时释放出来。

能源是可以直接或通过转换提供人类所需有用能的资源。

核聚变和核裂变、放射性源以及天体间的引力，是世界上一切能源的初始能源。太阳的热核反应释放出巨大的能量，地球大气层所接受的辐射能量每年达 5.3×10^{15} MJ，这种辐射能为地球提供了取之不尽的能源。太阳能的热效应在大气、土地与海洋三者之间的界面，产生风能、水能、波浪能和洋流的动能，谓之天然能；植物通过光合作用吸收太阳能，动物以植物为食或靠弱肉强食间接吸收太阳能形成所谓的生物质能；动物和植物的残骸在特殊的地质条件下经过亿万年演变成为煤炭、石油和天然气等化石燃料。地球心部的热核反应产生地热，地热通过热传导进入大气和海洋，火山或活动的地热田的地热能通过对流作用进入周围环境。地壳内的放射性元素蕴藏着巨大的核能资源；太阳系行星的运行产生潮汐能。以上描述的初始能源归纳如下：

1) 来自地球以外的太阳能。

① 直接的太阳能——辐射能。

② 间接的太阳能：天然能，如水能、风能、波浪能等蕴含的能量；生物质能，如木柴、秸草、动物粪便等蕴含的能量；化石燃料，如煤炭、石油、天然气等。

2) 来自地球本身的能。以热能形式储存的能（地热能），如地热水、地热蒸汽、干热岩体等蕴含的能量；以核能形式储存的能，如铀、钴等蕴含的能量。

3) 太阳、月球等天体对地球的引力产生的能，如潮汐能等。

1.1.2 能源的分类

1. 按能源在自然界的存在方式分

（1）一次能源（初级能源）

指自然界现实存在的能源或从自然界取得的未经任何改变或转换的能源，如化石燃料中的煤炭、石油和天然气等，以及生物质能、天然能、原子核能等。

（2）二次能源（次级能源）

指一次能源经过加工转换得到的能源，如由木柴加工而成的焦炭；由煤炭加工而成的煤气；由石油加工而成的汽油和柴油；由其他能源加工转换而成的电力；生产过程中的余热、余能：高温烟气，可燃废气；高温产品，高温炉渣，蒸汽，热水；化学反应热等。

应当说明，"二次"的含义是"经过加工或转换"，并不标志转换的实际次数，不论转换的次数多少，只要是经过加工或转换的能源，统称为二次能源。例如火力发电，燃烧时燃料（煤或油或天然气）的化学能转化为热能，进一步转换为锅炉内蒸汽的内能。通过汽轮机，又转换为蒸汽的动能，然后才通过发电机转化为电能。在以上发电过程中，能的转换次数显然不止一次，但电能仍然称为二次能源。

二次能源与一次能源比较：
1）二次能源具有更高的终端利用效率。
2）二次能源更清洁。
3）二次能源更便于使用。

可见，二次能源比一次能源的品质好，但从一次能源转换为二次能源需要付出一定的代价。

2. 按能源被利用的情况分

（1）常规能源　指已经大规模生产和广泛利用的一次能源。

石油、煤炭、天然气、水力和核能被称为是当前世界的五大常规能源。当然，常规能源并非一成不变，也难免带有年代和地区的烙印。

（2）新能源

指尚未被大规模利用、正在积极研究开发、有待推广的一次能源，如太阳能、风能、海洋及生物质能。

（3）替代能源

狭义指一切可代替石油的一次能源，广义指一切可代替目前广泛使用的矿物燃料（煤、石油、天然气）的一次能源。如太阳能、水能、风能、地热能和生物质能等。

在交通能源领域所说的替代能源是指可以取代石油制品（汽油和柴油）的能源，并不局限于一次能源。

3. 按能源能否得到补充（能源的再生性）分

（1）可再生能源

指可以不断得到补充的一次能源，如太阳能、水能、风能、地热能和生物质能等。

（2）非再生能源

指亿万年形成的短期无法恢复的一次能源，如煤、石油和天然气等。

4. 按对环境的影响分

（1）清洁型能源

指无污染或污染小的能源，如太阳能、水能、风能和地热能等。在交通能源领域，还有电能和天然气等。

（2）非清洁型能源

指污染较为严重的能源，如煤和石油等。在交通能源领域应用的，实际上就是石油制品——汽油和柴油。

1.2　能源需求与环境问题

一次能源，如煤、石油等是现代工业和交通的最基本的重要能源，世界各国的经济和社会发展都离不开石油，随着全球汽车保有量的逐年增加以及现代工业的不断发展，石油的需求与日俱增，然而石油是一种不可再生的能源，在地球上的储量是有限的，有限的储量与巨大的需求量间的矛盾形成了日益剧烈的供需失衡局面，同时一次能源给环境带来的影响越来越严重。

很长一段时间，我们曾经为我国"地大物博，人口众多"而自豪，20世纪六七十年代以来，人们才清醒过来。实际情况是，由于人口多，我国的人均占有资源量不但谈不上丰裕，甚至与世界平均水平相比也有相当大的差距。例如煤炭，2007 年底，我国煤炭保有探明资源储量为 11800 亿 t，其中基础储量 3260 亿 t，资源量 8540 亿 t。尽管我国的煤炭探明资源储量一直居世界第三位，但由于人口众多，人均剩余可采储量仅为 134t。统计显示，我国煤炭资源人均占有量只有世界平均水平的一半略强，见表 1-1。我国石油的探明储量名列世界第九，但人均占有量只有世界平均水平的 11.3%，见表 1-2。天然气探明储量名列世界第六，但人均占有量只有世界平均水平的 3.78%，见表 1-3。

巨大的能源消耗量伴随着巨大的废气排放量，我国的 CO_2 排放仅次于美国，列世界第二，中国的人均 CO_2 排放为 2t，见表 1-4。

表 1-1 国内外人均探明煤炭资源比较

国家	探明资源/10^6 t	人口/万人	人均资源/(t/人)	各国人均资源与世界人均资源之比（%）
中国	114500	115823.0	99.0	51.3
印度	62548	84173.8	74.0	38.3
德国	80069	8030.7	997.0	516.6
英国	3800	5737.0	66.0	34.2
波兰	41200	3824.0	1077.0	558.0
法国	210	5705.0	3.7	1.9
美国	240560	25269.0	952.0	493.3
加拿大	8623	2703.0	319.0	165.3
巴西	2359	15332.0	15.0	7.8
澳大利亚	90940	1734.0	5245.0	2717.6
世界合计	1040529	538919.8	193.0	100.0

表 1-2 国内外人均探明石油资源比较

国家	探明资源/10^9 t	人口/万人	人均资源/(t/人)	各国人均资源与世界人均资源之比（%）
沙特阿拉伯	353.21	1401.6	2520.0	10161.3
伊拉克	136.99	1725.0	794.1	3202.2
科威特	128.77	195.8	6567.6	26518.5
伊朗	127.21	5252.2	242.2	976.6
委内瑞拉	80.96	1875.1	431.8	1741.0
墨西哥	70.27	8954	78.5	316.5
美国	35.96	25502	14.1	56.9
中国	32.88	117171	2.8	11.3
世界合计	1357.55	547975.8	24.8	100

表1-3 国内外人均探明天然气资源比较

国　家	探明资源/$10^8 m^3$	人口/万人	人均资源/(t/人)	各国人均资源与世界人均资源之比（%）
中国	10018	117171	855	3.78
美国	47912	25502	18788	83.10
墨西哥	20237	8954	22601	99.96
印尼	18349	19117	9598	42.45
英国	5447	5785	9416	41.65
澳大利亚	4261	1753	24307	107.51
加拿大	27376	2744	99767	441.25
世界合计	1238990	547975.8	22610	100

表1-4 世界CO_2排放量

位　次	国　家	CO_2排放总量/10^8t
第1名	美国	28
第2名	中国	27
第3名	俄罗斯	6.61
第4名	印度	5.83
第5名	日本	4
第6名	德国	3.56
第7名	澳大利亚	2.26
第8名	南非	2.22
第9名	英国	2.12
第10名	韩国	1.85

毫无疑问，我国的能源问题和环境问题是相当严峻的。为保证能源供应就需要大量进口。目前中国已经是世界能源主要进口国。据最新报道，2018年以来进口仍保持较快的增长，1~4月进口原油1.5亿t同比增长8.9%；进口天然气2742万t，同比增长36.4%；并且是连续7个月保持30%以上的连续增长。国家发改委专家指出，今后为我国能源安全考虑，煤、石油、天然气进口量仍是增长的趋势，为扩大进口，还出台了一系列利好政策，例如暂不征收境外机构交易所得税等，使得我国进口来源国达到32个。按目前的发展势头，预计到2035年我国的能源消耗占全世界的比例将超过美国（占15%）达到17%。巨大的消费也在促进着能源转型。

因此，下大力气优化交通能源是解决整个能源问题和环境问题的龙头。必须提高到能否持续发展，能否持久繁荣的高度来看待，东西南北中，上下左右，哪一个环节都不能松懈。主要从三个方面着手，一是从政策法规方面，鼓励和支持新能源（尤其是绿色新能源、可再生能源）的开发和应用，鼓励和支持节约能源的一切合理活动；二是要广为宣传，使能源问题成为全民重视的问题；三是要通过科技进步来推动新能源开发应用工作。

第 2 章 新能源汽车产业发展

能源是经济发展和社会文明的物质基础。从远古时代的钻木取火到近代的核能利用，伴随社会的发展，始终贯穿着人类为寻找和获取新能源而进行的不懈努力。某种有潜质的新能源的发现与应用，配上技术进步的强劲翅膀往往会促成社会发展的一次飞跃。作为例证，煤与蒸汽机的结合引发了 18 世纪举世闻名的英国工业革命，拉开了近代文明的序幕；再如，石油与内燃机的结合为 20 世纪世界经济的高速发展提供了曾经的动力源。

化石燃料一直是近代世界能源的主角，经过 19 世纪尤其是 20 世纪的大规模开发应用之后，各种能源的相对地位必然发生变化。由于涉及生存和未来的发展，世界新能源愈来愈受到人们的关注。

电能、天然气、石油气，还有生物质能和氢能、太阳能等新能源是未来汽车世界能源系统的基础，但目前它们在世界汽车能源消费中的比重还相当微不足道。因此近年来各国都采取诸多鼓励政策和行动计划，努力推动本国新能源汽车的发展。

2.1 国际新能源汽车产业的发展

20 世纪 90 年代开始，世界各大汽车厂商陆续投入新能源汽车的研究开发。经过多年技术发展和市场考验，混合动力汽车在产业化、商业化进程上的发展已经较为成熟，纯电动汽车基本具备了产业化的技术技术条件，但市场接受度有限，燃料电池汽车还处于技术发展阶段，但已有少量车型批量投入市场。世界新能源汽车产业的发展方向是近期提高传统内燃机节能技术和采用替代燃料如压缩天然气、液化石油气、生物燃料乙醇等，中长期是发展混合动力汽车，远期是发展纯电动汽车和燃料电池汽车。

2.1.1 美国新能源汽车发展与行动

1. 政府对新能源汽车重视程度高

美国是全球最大的新能源汽车产销国之一，政府十分重视污染气体的排放，近几届政府在新能源推广问题上可谓不遗余力。由于20世纪70年代相继爆发的两次石油危机刺激了美国维护能源安全以及降低石油依赖的战略需求,从80年代开始,美国政府分阶段推出新能源汽车发展规划:

1) 克林顿时期以提高燃油经济性为目标,主要发展混合动力汽车。

2) 布什政府降低污染气体排放以及降低对石油依赖,主要发展燃料电机(前期为氢燃料,后期为生物质燃料),但由于费用高昂,商业化推广速度缓慢。

3) 奥巴马政府设立近期目标为实现混合动力汽车商业化,远期目标为发展燃料电池汽车,计划投资48亿美元用于动力电池和电动汽车的研究和产业化。

在美国,新能源汽车被称为可替代燃料汽车,具体包括生物柴油、压缩天然气(CNG)、动力电池、乙醇(E85)、混合动力、氢燃料、液化石油气(LPG)等。美国新能源汽车自推出市场以来一直保持稳步增长,尤其近几年发展迅猛,根据1991年至2015年美国新能源车型数量统计,体现出三个特征:

1) 纯电动汽车:起步较早,1995年开始推出第一款车型,但2005年至2010这5年发展缓慢,几乎没有新车型推出。直到2012年,纯电动车开始进入稳定和快速发展阶段,2015年共计生产27种纯电动车型。

2) 混合动力汽车:起步相对纯电动汽车较晚,2000年才开始进入量产阶段。但自出产以来,一直保持相对稳定的增速,目前车型种类已经超过纯电动车。

3) 氢燃料车:美国从2012年开始推出首款氢燃料汽车,目前累计生产七种车型。虽然燃料电池尚未推广普及,但具有无污染、续航能力强、便捷性等优势,在新能源汽车领域中属于较为前沿技术。

2. 法规先行,引导和规范行业发展

美国在新能源汽车领域已经形成了一套完善的法律体系,主要引导汽车企业节能减排,提高能源利用率。此外,从新能源汽车设计生产到推广使用,各个环节都有相关法律法规,系统地促进了新能源汽车产业的发展。美国新能源汽车领域相关法律法规梳理见表2-1:

表2-1 美国新能源汽车领域相关法律法规

年 份	法 规
1975年	《能源政策和节能法令》
1990年	《空气清洁法案》
1992年	《美国国家能源政策法案》
2005年	《美国国家能源政策法案》修订案
2007年	《能源促进和投资法案》
2007年	《能源独立与安全法案》
2008年	《紧急经济稳定法案》
2010年4月1日	新排放标准(汽油35.5mile/USgal,比原标准提高42%)

注:1mile = 1.6km 1USgal = 3.8L

3. 运用税收政策鼓励产业发展,引导消费需求

美国政府运用的税收优惠减免政策起到了全方面支持新能源汽车产业发展的作用,涵盖新能源汽车设计与生产,基础设施兴建以及消费者购买。

美国较早就通过一系列促产促销政策，激励国人的新能源汽车消费制造，例如对新能源汽车进行补贴，国会在 2005 年就通过法案，允许对购买混合动力车的消费者提供最高 3400 美元的税收减免，但每家汽车生产商只能有 6 万辆混合动力车享受这一税收优惠。比如同一车型的混合动力车比装配传统发动机的车贵 3000 多美元，但政府对每辆车实行 250~3400 美元的税收优惠政策，高出的价格被政府的优惠政策冲抵，这意味着有些混合动力车的售价比普通轿车还便宜。这项政策明显是为了抑制日本丰田、本田等外资品牌，鼓励美国国内自主品牌。

2010 年 10 月，白宫通过并实施了 H.R.6323 法案，该法案为美国能源部提供可观的补贴，用于混合动力重卡的研发、生产以及销售。在美国，部分重型商用车，在完成短途运输后装卸货物时，怠速运转，耗费了大量的燃料，同时一部分燃料未充分燃烧，使其燃油经济性大幅下降。因此，混合动力重卡的应用，将大大缩减燃料的消耗，并提高其燃油经济性。

这项法案主要针对短途运输，发动机长时间怠速运转以及输出功率过大的重卡等。该法案将于 2010 年正式启动，美国政府每年拨款 1600 万美元。美国在新能源汽车领域实行的税收优惠政策梳理见表 2-2：

表 2-2　新能源汽车领域的税收优惠政策

新能源汽车生产
● 通过《能源独立和安全法案》对制造新能源汽车的企业和相关零部件的企业给予税收减免和向银行贷款的政策支持
● 对专门生产可替代燃料的企业实行税减免政策
基础设施建设
●《美国国家能源政策法案》中规定凡是代用传统燃料的基础设施建设，统一实行税收优惠政策
消费者购买
● 对购买新能源汽车的个人和家庭提供税收减免
● 2007 年 5 月，政府规定凡是购买通用汽车、福特及日系符合条件的混合动力汽车，可获得 250~2600 美元的税款抵免优惠
● 2009 年 1 月，对购买插电式混合动力汽车的消费者，给予 2500~7500 美元的税收抵扣额度

4. 投入专项资金，支持研发创新

在新能源汽车战略实施过程中，美国政府十分重视技术研发与创新，并且加大了对研发的资金支持力度。美国政府对新能源汽车领域技术创新的资金支持政策梳理见表 2-3：

表 2-3　政府对新能源汽车领域技术创新的资金支持政策

2008 年 6 月	投入 3000 万美元资助通用汽车公司、福特汽车公司、通用电气公司与克莱斯勒汽车公司共同研究插电式混合动力汽车
2009 年	联邦政府斥资 140 亿美元刺激经济、拯救汽车业，其中就有部分资金用于支持动力电池、关键零部件的研发和生产
2009 年 8 月	24 亿美元的资助补贴用于重点支持新型电动汽车整车及电池和零部件的研发，其中的 15 亿美元用于资助电池相关项目，重点是锂电池的制造
2010 年 6 月	联邦政府向电动汽车领域增投了 60 亿美元的资助

24亿美元资助美国制造商和相关机构生产下一代插电式电动汽车及其先进电池零部件。该项动议创造了成千上万的美国就业机会，并帮助美国结束对国外石油的过分依赖。购买插电式混合动力汽车的美国人可以申请最高7500美元的税收优惠。美国能源部为在美国生产高效电池及其部件的制造商提供15亿美元资助。提供4亿美元，用于插电式混合动力汽车及其他电气设施方案的示范运行和评估——比如货车停车场充电站、电气轨道、培训电动汽车装配与维修技师。促进了美国经济复苏、国家能源安全、环境可持续发展。并且各州都制定发展计划，如美国加州确定三步走政策：

混合动力汽车——大约占据市场的4%，未来10年要增加到40%，然后逐渐降低，至2040年退出销售市场。

插电式混合动力汽车——导入市场并迅速增长，至21世纪30年代中期达到40%的市场。

零排放汽车——零排放汽车和燃料电池汽车在未来5年之后导入市场并迅速增长，至2050年占据整个市场。

5. 兴建基础设施与新能源汽车产业相配套

在对研发技术支持的同时，政府重视公共基础设施如充电设备的兴建与普及，这对于新能源汽车的推广应用是基本保证。美国政府对基础设施的支持主要体现在以下两个方面：对安装充电设施的企业以及个人进行补贴或者税收优惠；部分地方政府推动电动汽车充电网络的布局，如加州政府计划到2030年，要在南加州的商业地段安装30万个充电桩并实行低谷优惠电价的惠民政策。除了政府大力推动，汽车生产企业也在积极参与兴建充电设施。如特斯拉在2012年9月启动了"加州充电站计划"，为购买特斯拉的用户提供充电服务。日产公司已在美国设有160座电动车充电站，并且计划扩充至少500座快速充电站。

经美国政府大力推动的效应是，涌现了一批全球有影响的新能源汽车的制造企业和品牌，如通用的纯电动车型Bolt EV；插电式混合动力汽车雪佛兰Volt等。值得一提的是特斯拉，成为全球最大的新能源汽车生产企业之一，在技术创新、产品设计等方面处于全球领先地位，生产Model S、Model X以及Model 3等系列车型；K2能源公司（美国凯途能源有限公司英文名称K2 Energy Solutions, Inc.）是美国一线的锂电池生产企业。因此，美国新能源汽车的发展状况、产业政策等对我国新能源汽车具有一定的启示意义。2018年，特斯拉在中国上海设立首座美国之外的海外工厂。Model 3（图2-1）、Model Y将是特斯拉在我国国内工厂生产的首款车型，新工厂将在2020年开始生产，其产品不仅会在中国市场销售，也可能会在本地区的其他国家进行销售。

图2-1　2018款Model 3基本车型

特斯拉系列产品的性能，我们可通过Model X全面了解：这是一款SUV车型，但车身重心要比一般的SUV更低，更像是类似宝马X6，介于SUV和轿跑车之间的跨界车。外观上一大特色是后部配备鹰翼门。出于实用性考虑，特斯拉利用机身上的距离传感器，让鹰翼门可自动根据两侧距离进行调节开启，可达到最小30cm宽的空间正常开门。

此外，Model X 配备了医疗级别 HEPA 滤网，可有效过滤空气中的花粉、细菌、PM 2.5 等污染物或过敏源。同时，该车空调系统还增加了"生化武器防御模式"，即在车厢内增加气压，从而抵制车外不良空气进入。Model X 采用"2+3+2"的七座布局设计，也可选择六座配备。其中，最后一排的两个座位可放下以拓展行李舱空间。中控台被 20in（1in = 25.4mm）屏幕取代。MODEL X 提供前排座椅 14 向电动调节、座椅加热/记忆功能、无钥匙进入、自动起停、电动舱门（可无钥匙自动开启）、巡航控制系统、前视摄像头、360°声呐传感器、倒车雷达、盲点警报、自动紧急制动、车道偏离警告、防盗报警系统及四个 LATCH 儿童安全座椅接口等。

动力系统方面，特斯拉 MODEL X90D 拥有 100kW·h 的电池容量，续驶里程达 552km，0～100km/h 的加速为 5.0s，最高时速达到 250km/h。

2.1.2 欧盟各国新能源汽车的发展与激励

目前，27 个欧盟成员国中，有 17 个已经对乘用车征收二氧化碳相关的税．15 个为电动汽车提供了减税、免税或补贴激励。17 个成员国对乘用车征收的税完全或部分依据车辆的二氧化碳排放或者燃料经济性而制定。除了意大利和卢森堡，所有西欧国家出台了对电动汽车的减税、免税或者补贴措施。

欧盟法规意味着"推出不同程度的电气化车型将成为强制措施"，这样才能符合排放规定。

德国政府于 2009 年 8 月发布国家电动汽车发展计划，提出 2020 年、2030 年分别普及 100 万辆和 500 万辆纯电动汽车和插电式混合动力汽车，并在 2009～2012 年间投入了 5 亿欧元用于纯电动汽车、插电式混合动力汽车的研发与产业化。

2018 年菲亚特克莱斯勒（FCA）公司又公布了未来五年发展规划，计划到 2022 年共投资 90 亿欧元（约合人民币 683 亿元）即总支出的 20%，来研发电动汽车，以达到排放标准。FCA 尾气排放战略主要基于轻度混合动力车、插电式混合动力车和纯电动汽车。目前公司已经有五款电动机，还将在阿尔法罗密欧、玛莎拉蒂和 Jeep 全系车型中推出电动化动力系统。公司计划到 2021 年在欧洲、中东和非洲淘汰所有柴油车。纯电动版菲亚特 500 和电动版 Panda 微型车将成为公司在欧洲市场的重点车型。到 2020 年，经销商销售的大部分车型，包括 Jeep、玛莎拉蒂和菲亚特 500 微型车都将使用电动动力总成。到 2022 年，FCA 集团旗下 30 款车型将使用一种或多种电动系统。

2.1.3 日本新能源汽车发展现状

在日本混合动力汽车已经优先普及，日本新能源汽车的产业化成果在全球范围内是最好的。在新能源汽车方面，日本主要走混合动力汽车的技术路线。日本在混合动力汽车技术领域领先世界。以丰田普锐斯 Prime 为代表的日本混合动力汽车，在世界低污染汽车开发销售领域已经占据了领头地位。

目前，在欧美市场上已上市的混合动力汽车，一半以上是由日本汽车公司生产销售的，普锐斯混合动力汽车自 1997 年 12 月上市，截至目前，日本混合动力汽车在全球销量已达 900 万辆，成为目前最成功的混合动力车型。新款普锐斯 C 将标配丰田 Safety Sense-C 安全套件，包括预碰撞紧急制动、车道偏离预警、自动远光灯等。与此同时，日本还快速发展燃料电池汽车技术，丰田和本田汽车公司已成为当今世界燃料电池汽车中的重要企业。丰田还将未来的汽车划分为三大类：

第一类适用于近距离移动的小型家庭用车，为纯电动汽车。

第二类是一般家庭用的乘用车，为混合动力和插电式混合动力汽车，包括用汽油、轻型燃油、生物燃油、天然气以及合成燃料等的汽车。

第三类适用于长途运输的商用车，为燃料电池汽车。在这些动力中，丰田汽车所认为的终极燃料将是利用电力和水取得的。

除丰田外，其他几家日本汽车企业也在开发新一代的新能源动力汽车，如本田的 Insight IMG 混合动力汽车、日产 Leaf 和三菱 i-MiEV 的纯电动汽车等。

日本政府在 2009 年 6 月启动了"新一代计划"，所谓"新一代计划"实际上是指环保汽车，包括混合动力汽车、纯电动汽车、燃料电池汽车等。该计划力争在 2050 年使环保汽车占据汽车市场总量的一半左右，为了实现这一计划，日本政府通过援建电动汽车基础设施、减税和发放补贴等形式促进环保汽车发展。2012 年 4 月 12 日，日本经济产业省提出了截至 2020 年混合动力汽车和纯电动汽车等"新一代汽车"占新车销量达到 20%~50% 的报告：《新一代汽车战略 2010》，报告还提出了截至 2020 年将建设普通充电站 200 万座，快速充电站 5000 座的目标。

为推广新能源汽车和环保汽车，日本从 2009 年 4 月 1 日起实行"绿色税制"，它的适用对象包括纯电动汽车、混合动力汽车、清洁柴油汽车、天然气汽车以及获得认定的低排放且燃油量消耗低的车辆。前三类车被日本政府定义为"下一代汽车"，购买这类车可享受免除多重税赋优惠。日本实行的"绿色税制"可使混合动力汽车税减免 2 万日元，和车辆购置税减免 4 万日元。同时，另一项"补助金"政策可支付混合动力汽车与汽油原车型车差价的一半。因此一辆价格在 200 万日元的混合动力汽车总共可以减免购车费用约 26 万日元，约占 13%。更重要的是近几年来，由于实现了规模化生产，混合动力汽车的价格有了很大的下降空间，实际购买时基本上消除了两者之间的差价。反过来又进一步促进了混合动力汽车的销售规模，从而进入了良性循环。同时，节油更使消费者尝到了使用混合动力汽车的甜头。总之，政府的政策启动起到了关键作用，企业拿得出质量可靠的产品起到了保证作用。此外，日本实施低排放车认定制度。高、中档轿车和经济型轿车都可以向国土交通省申请接受低排放车认定。消费者可根据所购车辆的排放水平享受不同的减免待遇，购置以天然气为燃料或混合动力汽车等低公害车辆的地方公共团体还可得到政府的补助金。

在日本政府的积极扶持下，日本主要汽车生产厂家也无一例外的提出自己的新能源汽车战略。丰田公司宣布在未来几年里，将混合动力车型增加到十种；日产公司也将批量生产纯电动汽车，投放日本和欧洲市场；三菱汽车、富士重工也在积极推进纯电动汽车的商业化。图 2-2 所示为丰田普锐斯混合动力汽车。

图 2-2　丰田普锐斯

2.2 中国新能源汽车的发展

我国政府为维护能源安全，改善大气环境，提高汽车工业竞争力，已将增强新能源汽车领域的技术创新、实现汽车工业跨越式发展列入国家发展战略。在21世纪初，科技部就将新能源汽车研发和产业化作为国家高新技术研究发展计划（863）的重点项目，至今已经连续执行了三个项目计划周期。

2016年中国汽车工程学会发布了备受关注的《节能与新能源汽车技术路线图》。该项技术路线图描绘了我国汽车产业技术未来15年发展蓝图。节能与新能源汽车技术路线图的未来发展总体目标之一是，新能源汽车逐渐成为主流产品，汽车产业初步实现电动化转型。总体技术路线图总体框架是1+7分别是节能汽车、纯电动和混合动力汽车、燃料电池汽车、智能网联汽车和汽车制造、动力电池、轻量化的技术路线图。

中国节能与新能源的主要里程碑是：至2020年，乘用车新车平均油耗5.0L/100km，商用车新车油耗接近国际先进水平，新能源汽车销量占汽车总体销量的比例达到7%以上，驾驶辅助/部分自动驾驶车辆市场占有率达到50%。至2025年，乘用车新车平均油耗4.0L/100km，商用车新车油耗达到国际先进水平，新能源汽车销量占汽车总体销量的比例达到20%以上，高度自动驾驶车辆市场占有率达到约15%。至2030年，乘用车新车油耗3.2L/100km，商用车油耗同步国际先进水平，新能源汽车销量占汽车总体销量的比例达到40%以上，完全自动驾驶车辆市场占有率接近10%。发展愿景与总体目标如下：

1. 发展愿景与总体目标

（1）发展愿景　汽车技术发展愿景包括社会和产业两个维度，如图2-3所示。

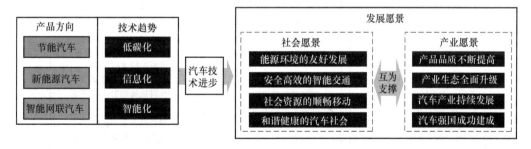

图2-3　我国汽车技术发展愿景

（2）总目标和里程碑　总目标和里程碑如图2-4所示。

（3）发展方向与路径识别　紧抓战略机遇，以新能源汽车和智能网联汽车为主要突破口，以动力系统优化升级为重点，以智能化水平提升为主线，以先进制造和轻量化等共性技术为支撑，全面推进汽车产业由大国向强国的历史转型。

2. 节能汽车

节能汽车发展总体思路为：

1）以混合动力技术为重点，以动力总成优化升级、降摩擦和先进电子电气技术为支撑，全面提升传统燃油汽车节能技术和燃油经济性水平。

2）以结构节能与技术节能并重，加快紧凑型及以下小型车的推广，显著提高小型车

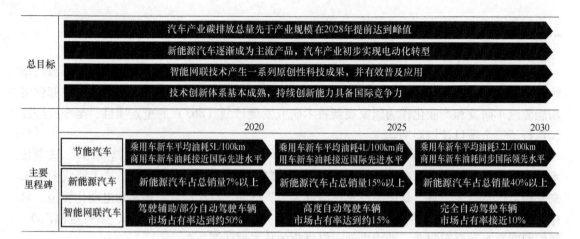

图 2-4 我国汽车技术发展总目标和里程碑

比例。

3）以发展天然气车辆为主要方向，因地制宜适度发展替代燃料汽车，推动我国汽车燃料的低碳化、多元化，降低对石油的依赖。

发展目标、技术路径和发展重点如图 2-5 所示。

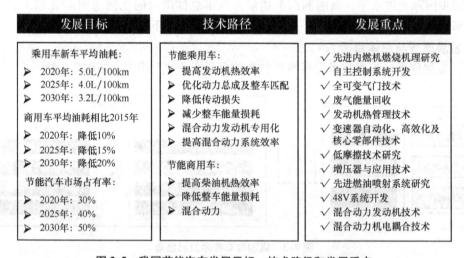

图 2-5 我国节能汽车发展目标、技术路径和发展重点

（1）乘用车　总体执行车辆轻量化/小型化、大力发展混合动力、动力总成升级优化、电子电器节能、降低摩擦损失、替代燃料分担六大节能路径，如图 2-6 所示。

（2）商用车　总体执行动力总成升级优化、逐步发展混合动力、空气动力学优化、降低运行能耗、替代燃料分担、持续推进轻量化六大节能路径，如图 2-7 所示。

3. 纯电动与插电式混合动力汽车

总体思路为：

1）以中型及以下车型规模化发展纯电动乘用车为主，实现纯电动技术在家庭用车、公务用车、租赁服务以及短途商用车等领域的推广应用。

第2章 新能源汽车产业发展

推动车辆轻量化、小型化
- 紧凑型及以下车辆占比2020年超过55%、2025年60%、2030年70%左右
- 轻量化产品、技术、工艺加速应用

大力发展混合动力
- 2020年占比达到8%，油耗4L/100km
- 2025年占比提升至20%，油耗3.6L/100km
- 2030年占比提升至25%，油耗3.3L/100km

动力总成升级优化
- 2020年汽油机热效率提升至40%
- 2025年汽油机热效率提升至44%
- 2030年后期通过HCCI等热效率提升至48%

提升电子电器节能效果
- 大力发展48V系统
- 电动空调、EPS等技术成为标配
- 持续电能损耗

降低摩擦损失
- 前期低滚阻
- 中期低内阻
- 后期低风阻

替代燃料分担
- 以天然气为主
- 2030年占比提高至8%

图2-6 乘用车节能路径

动力总成升级优化
- 高压低速高转矩、电控优化、小后桥速比实现热效率50%
- 发动机热管理技术、自动变速器等，热效率52%
- 朗肯循环等实现55%热效率目标

替代燃料分担
- 适度推动以天然气为主的替代燃料商用车稳定发展
- 示范运营和试点应用

持续推进轻量化

空气动力学优化
- 前期重点发展低滚阻
- 中后期大力开展流线型外观设计和优化

逐步发展混合动力
- 系统构型、关键零部件研究
- 中后期成本下降后，逐步向重型商用车推广

降低运行能耗
- 跟踪车辆队列、提升运输效率等新型节能技术
- 智能网联技术成熟后逐步应用

图2-7 商用车节能路径

2）以紧凑型及以上车型规模化发展插电式混合动力乘用车为主，实现插电式混合动力技术在私人用车、公务用车以及其他日均行驶里程较短的领域推广应用。

3）以动力蓄电池、驱动电机突破发展支撑整车竞争力提升并实现关键部件批量出口。

4）以覆盖全国的充电设施与服务网络建设支撑电动汽车大规模推广。

纯电动与插电式混合动力汽车的发展目标、技术路径和发展重点如图2-8所示。

4. 燃料电池汽车

总体思路为：

1）近期（5年内）以中等功率燃料电池与大容量动力电池的深度混合动力构型为技术特征，实现燃料电池汽车在特定地区的公共服务用车领域大规模示范应用。

2）中期（10年内）以大功率燃料电池与中等容量动力电池的电电混合为特征，实现燃料电池汽车的较大规模批量化商业应用。

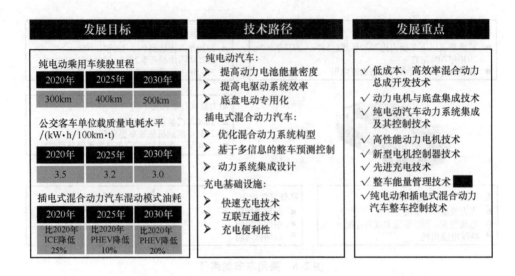

图 2-8　纯电动与插电式混合动力汽车的发展目标、技术路径和发展重点

3）远期（15年内）以全功率燃料电池为动力特征，在私人乘用车、大型商用车领域实现百万辆规模的商业推广；以可再生能源为主的氢能供应体系建设与规模扩大支撑燃料电池汽车规模化发展。

燃料电池汽车的发展目标、技术路径和发展重点如图2-9所示。

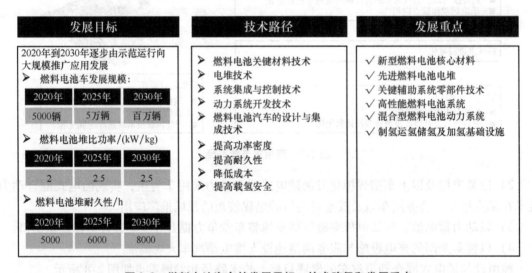

图 2-9　燃料电池汽车的发展目标、技术路径和发展重点

5. 智能网联汽车

总体思路为：

1）近期以自主环境感知为主，推进网联信息服务为辅的部分自动驾驶（即PA级）应用。

2）中期重点形成网联式环境感知能力，实现可在复杂工况下的半自动驾驶（即CA级）。

3) 远期推动可实现 V2X 协同控制、具备高度/完全自动驾驶功能的智能化技术。

智能网联汽车发展目标、技术路径及发展重点如图 2-10 所示。

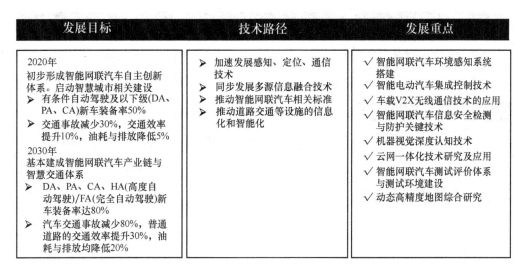

图 2-10 智能网联汽车发展目标、技术路径和发展重点

智能网联乘用车里程碑如图 2-11 所示。

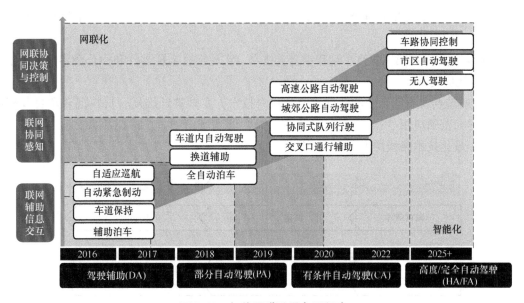

图 2-11 智能网联乘用车里程碑

6. 动力电池技术

总体思路为：

1) 近中期在优化现有体系锂离子动力电池技术满足新能源汽车规模化发展需求的同时，以开发新型锂离子动力电池为重点，提升其安全性、一致性和寿命等关键技术，同步开展新体系动力电池的前瞻性研发。

2) 中远期在持续优化提升新型锂离子动力电池的同时，重点研发新体系动力电池，显著提升能量密度，大幅降低成本，实现新体系动力电池实用化和规模化应用。

动力电池技术发展目标、技术路径和发展重点如图 2-12 所示。

发展目标	技术路径	发展重点
为了支撑新能源汽车的发展，需要持续提升电池单体能量密度和降低单体成本 ➢ 单体能量密度/(W·h/kg) | | 2020年 | 2025年 | 2030年 | | --- | --- | --- | --- | | BEV | 350 | 400 | 500 | | PHEV | 200 | 250 | 300 | ➢ 电池系统成本/(元/W·h) | | 2020年 | 2025年 | 2030年 | | --- | --- | --- | --- | | BEV | 1 | 0.9 | 0.8 | | PHEV | 1.5 | 1.3 | 1.1 |	▷加大新体系电池的研发 ▷提升关键材料及关键装备水平 ▷提高电池的安全性、寿命和一致性 ▷加速动力电池标准体系建设和电池回收再利用技术研究	✓动力电池新材料新体系 ✓动力电池安全性及长寿命技术 ✓动力电池设计及仿真技术 ✓动力电池及其关键材料产业化技术 ✓动力电池系统及控制技术 ✓动力电池测试分析技术及标准体系 ✓动力电池梯级利用及资源回收技术

图 2-12 动力电池技术发展目标、技术路径和发展重点

7. 汽车轻量化技术

总体思路为：

1）近期重点发展超高强钢和先进高强钢技术，实现高强钢在汽车应用比例达到 50% 以上。

2）中期重点发展第三代汽车钢和铝合金技术，实现铝合金覆盖件和铝合金零部件的批量生产和产业化应用。

3）远期重点发展镁合金和碳纤维复合材料技术，实现碳纤维复合材料混合车身及碳纤维零部件的大范围应用。

汽车轻量化技术路线图如图 2-13 所示。

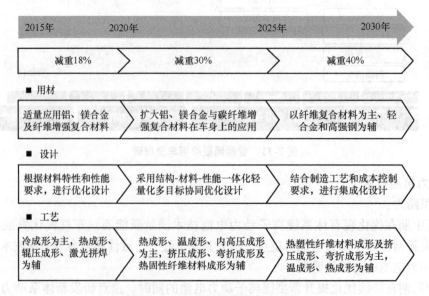

图 2-13 汽车轻量化技术路线图

8. 汽车制造技术

总体思路为：

1）以"绿色制造、智能制造、优质制造、快速制造"为发展主线，全面提质增效降耗。

2）以铝、镁合金和碳纤维复合材料为重点，逐步掌握轻量化材料制造技术。

3）以动力总成及新能源汽车电驱动系统为突破口，显著提升轴齿等加工制造技术，实现制造装备的数字化、智能化。

汽车制造技术发展目标、技术路径和发展重点如图 2-14 所示。

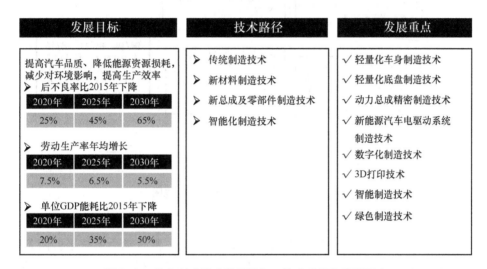

图 2-14 汽车制造技术发展目标、技术路径和发展重点

其中，车身覆盖件制造技术路线图中对于铝、镁合金车身覆盖件制造技术的路线描述如图 2-15 所示。

技术路线图将时间延展到 2030 年，对协同创新提供指引，引导企业结合自身确定发展方向和重点，引导市场和社会资源向产业战略重点领域聚集，为相关政府部门支持重点领域和部署创新资源提供重要参考和依据。

经过多年的发展建设，我国目前已经建有现代化新能源汽车知名制造企业几十个，如：

1. 北京新能源汽车有限公司

北京新能源汽车股份有限公司（简称"北汽新能源"）是目前国内纯电动汽车市场占有率最大、规模最大、产业链最完整的新能源汽车企业。目前，北汽新能源已形成辐射全国的产业布局，并与美国 Atieva 公司、德国西门子、韩国 SK 等著名企业开展了成功的合作，大大增强了技术实力和研发实力。截至目前，主要推出的车型有 EV 系列、EU 系列、EC 系列、EX 系列、ES 系列等，北汽新能源将实现年产 7 万辆纯电动乘用车的产能。

2. 比亚迪

比亚迪（五大电动汽车品牌，最具全球竞争力中国公司 50 强，中国汽车工业 30 强）发展至今，已建成西安、北京、深圳、上海四大汽车产业基地，在整车制造、模具研发、车型开发等方面都达到了国际领先水平，产业格局日渐完善并已迅速成长为中国最具创新的新锐品牌。但比亚迪初期的新能源汽车以混动类型为主，不久前推出的纯电动版还有待市场反响。

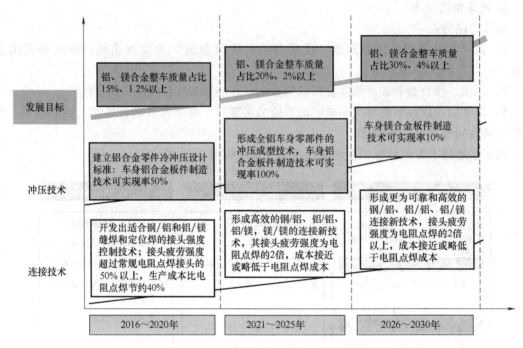

图 2-15 车身覆盖件制造技术路线图

3. 长城汽车

长城汽车在新能源汽车项目上主要靠纯电动系统平台、混合动力系统平台两条腿走路，目前已成功开发出了七款新能源的产品：纯电动车长城欧拉、精灵 EV、混合动力哈弗、炫丽智能起停、迪尔电动教练车、腾翼 C20EV、腾翼 V80 插电式混合动力等新能源产品。

4. 长安汽车

重庆长安汽车股份公司与重庆市科技风险投资公司共同出资组建了重庆长安新能源汽车公司，业务主要涉及纯电动、混合动力、燃料电池等节能与新能源汽车核心技术研发、系统集成设计，电驱动系统零部件制造及纯蓄电池观光车生产、销售等业务。公司较早承担了国家 863 计划《节能与新能源汽车》重大专项，是国家"十千工程"重庆市混合动力汽车大规模示范运行实施单位，"重庆新能源汽车节能与新能源汽车产业联盟"理事长单位。

5. 吉利

吉利并没有去大量铺新摊子，而是把基础技术做好，既增强了技术核心竞争力，又降低了成本。随着技术比较成熟，吉利也开始逐步推出新的电动车型，而且在市场上掀起了不小的波浪。

6. 安凯汽车股份有限公司

安徽安凯汽车股份有限公司是专业生产全系列客车和汽车零部件的上市公司。目前，安凯股份公司共有四个客车整车和一个汽车零部件生产基地，是国家创新型试点企业、国家火炬计划重点高新技术企业，拥有国家电动客车整车系统集成工程技术研究中心、国家级博士后科研工作站。安凯客车产品覆盖各类公路客车、旅游客车、团体客车、景观车、公交客车、新能源商用车等，大中型客车同步、高中档客车并举。安凯客车采用全承载和半承载两条技术路线，全承载技术主要用于大型客车和新能源客车。全承载客车车身强度为一般客车的 3~6 倍，质量比同级别车约轻 8%，整车安全性高、质量轻、燃油经济性好；半承载技术主要用于中轻型客车，半承载客车依托江淮汽车专业底盘的技术优势，经济性、舒适性受到客户广泛称赞。

7. 安徽江淮汽车股份有限公司

2002 年，江淮汽车开始新能源汽车产业化技术路线探索，先后研发铅酸版电动中巴、弱混 BSG、中混 ISG，历经千百次的研讨和验证，于 2009 年明确提出以"纯电动"为主攻方向，从此新能源汽车研发进入快车道。2010~2013 年，连续四年创造行业内纯电动轿车示范运行的最大规模，至今累计推广电动车 8000 多辆。

8. 阿尔特汽车技术股份有限公司

阿尔特汽车技术股份有限公司是一家集汽车整车开发、汽车总成及部件开发、样车试制、试验等业务于一体的高新技术企业。公司成立于 2002 年，2012 年初完成股份制改造并正式更名为阿尔特汽车技术股份有限公司。汽车产品策划、造型设计、整车/发动机/变速器/零部件工程设计、CAE 分析、NVH 优化、新能源汽车开发、电控技术开发、样车试制、同步工程分析、模/夹具设计制造、展车制作、整车及部件试验评价与咨询等。

9. 奇瑞新能源

早在 2010 年，奇瑞新能源汽车技术有限公司（简称：奇瑞新能源）便正式成立，其前身为奇瑞汽车股份有限公司新能源汽车项目组。目前，奇瑞汽车已经有芜湖弋江和山东齐河两大新能源车生产制造基地，最大设计年产能达 6 万辆和 10 万辆。

相继推出了奇瑞 QQ3EV 和奇瑞 EQ 纯电动车型。按照奇瑞新能源的规划，2018 年电池能量密度达到 250Wh 以上，纯电动车型续航里程超过 350km，百公里加速 5s 之内。在产品方面，2018 年年内还将推出四款车型，分别为小蚂蚁电动车、艾瑞泽 5e、瑞虎 3Xe 以及小型电动 SUV。此外，预计到 2020 年，有望实现年产 20 万新能源产能的战略目标。

2018 年中国国家科技部推动建设成立了国家新能源汽车技术创新中心，也是汽车行业首个国家技术创新中心。国家新能源汽车技术创新中心类似于一个实体企业，强调共建、共赢、共商、共享。首批联合共建方包括北汽、吉利、比亚迪、百度、奇虎、宁德时代、清华大学、北京理工大学、中科院电工所、华北电力大学、中国汽车技术研究中心等 21 家，囊括产、学、研各个领域，涵盖新能源汽车领域上下游产业链优势资源，包括整车制造企业、电池生产企业、互联网企业、科研机构，以及产业投资类企业。首批受聘科学家包括：美国前能源部部长、诺贝尔物理学奖获得者、斯坦福大学物理学教授朱棣文；"欧洲轻量化之父"、德累斯顿工业大学院士 Werner Hufenbach；美国斯坦福大学终身教授、英国皇家化学学会会士、美国材料学会会士崔屹；电气和电子工程师协会高级会员、中国"国家外专千人"首批电驱动领域专家 Macro Venturini；斯坦福大学人工智能实验室执行主任 Steve Eglash；斯坦福大学教授 Jimmy Chen；梅赛德斯奔驰能源美国公司首席执行官 Boris von Bormann；中国科学院院士、清华大学教授欧阳明高；中国工程院院士、北京理工大学教授孙逢春；中国汽车工程学会常务副理事长兼秘书长张进华；清华大学汽车系教授李克强；百度技术委员会联席主席、自动驾驶首席架构师陈竞凯等国内外知名专家学者。国家新能源汽车技术创新中心通过聚集"高精尖"人才，以打造一个世界级新能源汽车技术创新高地（策源地）为总体目标，力争打造一个"中心"、两个"高地"、三个"平台"：具有全球影响力的新能源汽车共性、前沿关键技术的集成创新中心。引领全球的新能源汽车研发、制造、服务的技术、标准、模式的输出高地；新能源汽车高端创新人才集聚高地。国际一流的新能源汽车科研成果转化与产业化平台；面向全球的新能源汽车学术交流、专业咨询、高端人才培养与交流平台；立足北京、面向全球的专注于新能源汽车科研转化的金融创投平台。

众所周知，2017年以来我国新能源汽车产业呈现高速发展的状态，同时新能源车出口数量大幅增长。如今，比亚迪新能源解决方案经过多方实践已相继被美国、日本、新加坡、英国等国家和地区所采用。美国洛杉矶大都会交通管理局与比亚迪签订定购协议。前者将从比亚迪位于美国加州兰开斯特市的工厂购买60辆纯电动公交，此次合同价值约4496万美元（约合3亿元人民币）。该订单是美国历史上单笔最大的纯电动大巴订单。早在2014年，江淮汽车就将首批100辆纯电动轿车从中国合肥港装船发运美国。彼时美国GTA向江淮汽车首期采购了200辆电动汽车。另外，我国新能源客车也已经出口到世界多个国家和地区。2015年，安凯新能源客车新基地建成投产，公司新增年产6000辆新能源客车的生产能力，"国家电动客车整车系统集成工程技术研究中心"也正式投入运行。安凯客车已分别出口美国、英国、俄罗斯、迪拜、澳大利亚等60多个国家和地区，美国华盛顿、洛杉矶等地标城市都能看到安凯的身影。

伴随着新能源技术的不断提高和国家对新能源汽车的补贴与扶持，以及相关环保理念不断深入人心，我国新能源乘用车产量已达到世界的40%以上水平，如果包含新能源客车等，世界占比达到50%以上。虽然中国自主品牌的民营企业家，如比亚迪王传福、吉利李书福做了大量积极有益的探索，试图弯道超车，但还是要客观看到中国新能源汽车与美国的特斯拉等品牌的差距。从长远来说，或会利好一些新能源汽车企业，倒逼中国自主品牌的技术创新，如在新能源电池取得重大技术突破，以及降低成本，补短板，量能达产等方面都需要取得实质性突破。2018年特斯拉在中国上海建设美国以外的首个工厂，应该说是一次令人期待的合作。与特斯拉在美国的工厂不同，新的"Dreadnought（无畏战舰）"工厂将同时生产电池和组装车辆。中国工厂或先期会生产 Model S 和 Model X 两款车型，但是未来将以生产 Model 3 轿车和入门级 Model Y 跨界 SUV 车型为主。

2.3 汽车应用新能源的素质

汽车是一种数量大、普及面广和具有高度机动性的运输工具，这就决定了汽车新能源必须具有来源丰富、能量密度高、污染小、经济和使用性能良好等一系列"特"质。

2.3.1 来源丰富

"来源丰富"指这种能源本身的储量或能够经济合理地转换为这种能源的原料丰富。世界上汽车的保有量，1950年为7000万辆，1960年为1.3亿辆，1970则年为2.5亿辆，1980年为4亿辆，1990年突破6亿辆，2009已达10亿辆。近期报道全球汽车保有量又增长了三分之一。这是一个相当庞大的数字，而且不断增加，意味着每年都要消耗大量的能源，如仅美国一个国家汽车每年消耗的汽油即达3.5亿t，目前汽车所消耗的燃料主要是石油制品。如果没有大量的储备和丰富的来源，根本不可能作为汽车的能源，即使作为过渡或局部地区应用的能源，其量值也不能太小。因此，来源丰富是汽车能源的基本条件之一。

我国是发展中国家,汽车的年产量和保有量增长很快,1960年为20万辆,1970年为40万辆,1990年360万辆,2001年底1802万辆,截至2017年底全国机动车保有量达3.10亿辆,其中汽车2.17亿辆。

在我国的汽车年产量和保有量保持强劲增长势头的同时,所需能源也大幅度增加。我国的石油消费逐年增长且大多数年份存在一定购差额。据预测,我国石油的供需差额,2020、2050年分别将达1.2~1.4亿t、3.0~4.4亿t。因此,作为汽车新能源,如果来源不丰富,连石油的缺额都不能填补,那就更谈不上替代了。

2.3.2 污染小

大气污染引起人们的注意始于19世纪。起初,涉及的范围很小。到了近代,人类的生产和消费活动释放到大气的物质急剧增加,超越了地球本身所具有的自然净化能力,大气污染日趋严重,已经明显地影响人们的健康和经济发展,成为一种社会性的公害。

大气污染之所以被公认为公害,还由于大气中一旦含有污染成分,人人有份。特别是人类一刻也不能停止呼吸。一个成年人每天要不知不觉地吸入空气约$10m^3$,质量约13.6kg,大大超过对于食物和水的摄入量。在不戴防毒面具情况下,无法阻止空气中的有毒物质进入人体。进入人体的空气中的有毒物质便乘机刺激或破坏呼吸器官的组织。通过肺泡得以进入血液的有毒物质,则绕过肝脏这个解毒机构而遍及人体,从而对内脏器官和组织直接产生影响。大气中的有毒物质还可以通过接触使感觉器官发生病变。每年有成千上万的人成了上述过程的牺牲品;和人一样,一切生物只要与有毒物质发生直接或间接的接触,都会在生命现象与有毒物质的形式繁多的联系中受害,这就在不同程度上对农业、林业、牧业和渔业起到破坏作用,大气中的有毒物质也使工厂的机器设备、建筑、文物以及家具等早期损坏。

从世界范围看,19世纪以来不乏大气污染祸害的案例。最早见诸记载的是发生于1873年12月的英国伦敦烟雾事件,造成168人的意外死亡。以后又发生6起,最严重的一次发生于1952年12月上旬,当时伦敦气温处于零下,湿度高达100%,5~8日,连续4天浓雾蔽日,空气寂然不动,冬季取暖和工业排放的大量煤烟无法扩散,整个伦敦城被浓烟覆盖。大气中尘粒浓度为平时的10倍,SO_2为平时的6倍,SO_2氧化生成的硫酸泡沫凝结在烟尘上形成硫酸雾。当时的能见度很低,以致飞机停飞,汽车停驶。4天中死亡人数比常年同期增多了4000人,45岁以上的中老年人死亡最多,约为平时的3倍。1岁以下婴儿的死亡人数为平时的2倍。在事件发生的1周内,因支气管炎、冠心病、心力衰竭和肺结核死亡的分别为事件前1周同类死亡人数的9.3倍、2.4倍、2.8倍和5.5倍。肺炎、肺癌、流感及其他呼吸道病死亡人数均有成倍增加。在浓雾渐渐散去的两个月内又陆续死亡8000人。当时的景象被记者描述为"世界末日"来临。

19世纪40年代以来大气污染事件发生的频率迅速增加,比较有名的有发生在美国洛杉矶、日本东京等市的多起大气污染事件。

美国洛杉矶从1943年起多次发生光化学烟雾事件。最严重的一次是1955年,造成65岁以上的老人死亡400人,数以万计的人倍受红眼、喉痛、胸闷等病症的折磨。与此同时,植物也受到危害,附近农作物和经济作物大面积受损,葡萄减产30%,甚至远离市区

100km 之外海拔 2000m 的高山上，很多松树枯死。

日本东京 1970 年 7 月 18 日发生光化学烟雾事件，正上体育课的东京女高学生呼吸机能受到损伤，当场晕倒 40 多人，全城受害人数达 6000 人。

日本四日市是日本 1955 年由渔港窑村迅速兴起的一座拥有几十万人口的石油化工城市。每年排出的 SO_2 和粉尘总量高达 13 万 t，大气中 SO_2 的最高含量超过人体允许浓度的 5~6 倍。浓厚的烟雾层中飘浮着多种有毒气体和铅、锰及铣等有害金属颗粒。这些有害物质及其在大气中形成的二次污染物——硫酸烟雾，长年累月地侵蚀人的呼吸器官，终于在 1961 年发作一种严重的"四日市哮喘病"，患者之中慢性支气管炎占 25%，支气管哮喘占 30%，哮喘支气管炎占 10%，肺气肿和其他呼吸道疾病占 5%。1964 年出现 3 次烟雾不散现象，开始有气喘病患者死亡的病历。1967 年，一些患者因不堪忍受痛苦而自杀。1972 年全市哮喘病患者达 817 人，死亡 10 多人。

20 世纪 60 年代末、70 年代初大气污染达到轰动世界的程度，工业发达国家的老百姓忍无可忍，"还我蓝天"、"只有一个地球"的呼声震天动地，治理大气污染成为工业发达国家制定国策和经济决策时压倒一切的因素。50 年代到 60 年代，工业发达国家先后颁布了《清洁空气法》，不断地推出越来越严格的排放法规和排放标准，一方面解决煤烟型污染问题，一方面加快汽车技术进步的步伐，电控技术和排气后处理技术得到迅猛发展并获得普及应用，机动车排放污染也得到有效的控制。如今，轿车单车排放的一氧化碳、碳氢化合物和氮氧化合物已分别降低到 60 年代末进行治理前的 4%、2% 和 10% 以下。

应当指出，虽然清水蓝天的确已经再现，但环境治理依然是任重道远。这是由于汽车的保有量持续增长，每年经由汽车排入大气的污染物数量仍相当可观。进入 20 世纪 80 年代，发达国家的汽车保有量基本饱和，但发展中国家的汽车保有量迅速增加，几亿辆汽车每年排入大气的污染物高达数十亿吨。据统计，全球汽车年度排放量，1990 年为 43 亿 t，按照预测，2010 年、2020 年和 2030 年将分别达到 57 亿 t、63 亿 t 和 70 亿 t。

造成大气污染的主要物质有 CO、HC、NO_x、微粒、SO_2 和二次污染物（如臭氧）等。这些物质来源于工业生产、交通运输、发电及民用燃料的燃烧等几大方面，它们在大气污染总量中的权重随年代和地域的不同而异，如交通运输所造成的大气污染，从年代看，就世界范围而言，在 20 世纪 40 年代之前尚不那么引人注目，40 年代之后已经明显地成了主导因素。从地域看，交通运输排污（主要是汽车排污）在大气污染尤其是城市大气污染中的比例，在工业发达国家早已上升为第一位。

比较不同的运输方式，发现在客运（以人/km 计）方面，道路造成的污染强度是铁路的 10 倍、空运的 1.2 倍。在货运（以 t/km 计）方面，道路造成的污染强度更大。

我国目前由于汽车保有量的迅速增长导致汽车排污迅速增加，有关数据和种种迹象表明我国的城市大气污染已经相当严重。

我国的 668 座城市中，大气质量符合国家一级标准的比例很低，经常不足 1%，超过三级标准的比例相当大，约达 20% 左右。其中空气污染指数范围及相应的空气质量级别规定列于表 2-4，我国从 2010 年 6 月 5 日起对 47 个环境保护重点城市开展空气质量预报，执行中国环境监测总站发布的《城市空气质量预报技术规定（暂行）》。

表 2-4　空气污染指数范围及相应的空气质量级别

空气污染指数 API	空气质量级别	空气质量状况	表征颜色	对健康的影响	建议采取的措施
0~50	Ⅰ	优	浅蓝	可正常活动	
51~100	Ⅱ	良	海绿		
101~150	Ⅲ$_1$	轻微污染	浅黄	易感人群症状有轻度加剧,健康人群出现刺激症状	心脏病和呼吸系统疾病患者应减少体力消耗和户外活动
151~200	Ⅲ$_2$	轻度污染			
201~250	Ⅳ$_1$	中度污染	红色	心脏病和肺病患者症状显著加剧,运动耐受力降低,健康人群中普遍出现症状	老年人和心脏病、肺患者应当停留在室内,并减少体力活动
251~300	Ⅳ$_2$	中度重污染			
301~500	Ⅴ	重污染	褐色	健康人运动耐受力降低,有明显强烈症状,提前出现某些症状	老年人和病人应当停留在室内,避免体力消耗,一般人应尽量减少户外活动

注:表中空气污染指数 API(Air Pollution Index)对应的污染物浓度限值见表 2-5。

表 2-5　空气污染指数 API 对应的污染物浓度限值

污染指数 API	污染物浓度/(mg/m³)				
	SO_2	NO_2	PM_{10}	CO	O_3
50	0.050	0.080	0.050	5	0.120
100	0.150	0.120	0.150	10	0.200
200	0.800	0.280	0.350	60	0.400
300	1.600	0.565	0.420	90	0.800
400	2.100	0.750	0.500	120	1.000
500	2.620	0.940	0.600	150	1.200

尽管空气污染问题得到了重视,但挡不住我国汽车保有量的迅猛增加,多种污染物在天空中肆虐,许多大城市已经多年看不到蓝天,致使我国的一些城市从卫星遥感图上消失,每个城市居民都会或深或浅地受到伤害,尤其是老幼病残和在城市交叉路口从事特殊行业工作的人员。2016 年的 11 月中国北方大部分城市全都笼罩在雾霾之中,而各国首脑正集聚法国巴黎召开气候峰会共同应对极端天气。11 月 30 日发布的卫星云图显示,从北京向西南延伸数百公里的区域上空都被雾霾所吞没。当天的 PM2.5 指数达到了 666。从 2003 年到现在已有 15 年,雾霾似乎已经成了中国冬季的"常客"。

环境污染除损害人的健康之外,还造成巨大的经济损失。以 1995 年为例,在我国,环境污染造成的经济损失达 1875 亿元,占当年 GDP 的 3.27%。其中大气污染占总损失的 16.1%。因总悬浮颗粒物导致的人体健康损失估算为 171 亿元。

以上活生生的实例都说明我国的大气污染,尤其是城市大气污染已经到了不治理不行的地步。我们应当从能否持续发展的高度来看待环境问题,毫无疑问,不论在世界范围或是在我国,低污染都应当是汽车能否生产、使用和某种能源能否作为汽车能源的决定性的因素之一。

2.3.3 能量密度高

能量密度指单位质量或单位容积能源所含的能量。对于内燃汽车而言，其所用燃料的能量密度用千焦每千克（或每升或每立方米）表示，即单位是 kJ/kg、kJ/L、kJ/m³。对于电动汽车而言，其动力电池的能量密度用瓦时（或千瓦时）每千克（或每升）表示，即单位是 W·h/kg、kW·h/kg，或 W·h/L、kW·h/L。

能量密度对汽车的续驶里程、动力性、汽车的质量指标和汽车的有效装载质量等一系列性能指标有重要影响。

1. 汽车的续驶里程

汽车应当具有必要的续驶里程，以保证足够的行驶半径。一般载货汽车的续驶里程为 450km 以上，轿车的续驶里程为 700km 以上，新能源的能量密度若比汽油（或柴油）小，则用同样大小的燃料容器，就不能保持原车的续驶里程。

2. 汽车的有用空间与有效装载质量

若新能源的能量密度较小，为保持原车的续驶里程，就会占据汽车更多的有用空间，并且不得不适当地减小汽车的有效装载质量。

3. 汽车总质量

若新能源的能量密度较小，为保证原车续驶里程又不降低原车的装载，势必造成新能源汽车总质量增加。即使适当（而不是过分）地减小续驶里程，对于微型小客车而言，采用某些新能源如 CNG、压缩氢等仍几乎不可避免地会使汽车总质量增加，进一步不同程度地影响汽车底盘重要部件（尤其是轮胎、车架等）的强度、刚度和寿命，而且影响汽车的通过性能和行驶安全性（如超载情况下车轮可能变成内倾，边滚边滑，温度升高，导致轮胎爆破，造成翻车）。

4. 汽车的轴荷分配

燃料容器重新布置后，会改变原车的轴荷分配，进而影响汽车的牵引性、通过性和操纵稳定性等。

（1）对驱动轮附着质量的影响

为获得足够的最大牵引力，驱动轮应有足够的附着质量。为此，对于后轮为单胎的双轴汽车，空载时后轮载荷的比例应不小于 40%，以避免汽车在克服最大阻力工况时因附着力不够而产生后轮滑转现象。满载时后轮载荷的比例则应保持在 60% 以上。燃料容器重新布置后，可能会使驱动轮的附着质量发生不利的变化。

（2）对等寿命原则的干扰

原车设计时已经考虑了保证汽车质量尽可能均匀的分配给各个车轮，使各轮胎负荷能力充分利用并保证其使用寿命相互接近。燃料容器重新布置后，可能使原车精心设计的最佳轴荷分布发生不利的变化。

（3）对操纵稳定性的影响

操纵稳定性是指在驾驶人不感到过分紧张、疲劳的条件下，汽车能遵循驾驶人通过转向系及转向车轮给定的方向行驶，且当遭遇外界干扰时，汽车能低抗干扰而保持稳定行驶的能力。

轴荷分布变化后，若前轴载荷过大，则转向沉重，且下坡紧急制动时容易向前翻车。若后轮载荷过大，则前轮负荷过轻容易失去操纵且上坡加速时容易向后翻车。

轴荷分布变化后，可能会使汽车由不足转向变为过多转向。过多转向是应当避免的不良转向特性。过多转向汽车较易达到临界车速（表征过多转向量的参数。在这个转速下，具有过多转向的汽车，其稳态横摆角速度增益为无穷大），一旦达到临界车速汽车将失去稳定性，只要极其微小的前轮转角也将导致极大的横摆角速度，汽车的转向半径变为极小，汽车将发生危险的急转。虽然陷入临界车速并不多见，但人们已经习惯于驾驶具有不足转向的汽车，假如改装后使汽车的转向特性由不足转向变为不良的过多转向，其感觉就像是骑惯了自行车的人改骑三轮车一样。驾驶人不能适应，在紧急情况下极易因操作失误而酿成大祸。

有关标准规定，与原车相比满载条件下轴荷变化超过5%的车辆应进行汽车操纵稳定性试验。

（4）对通过性的影响

通过性是指汽车能以足够高的平均速度通过各种坏路和无路地带及各种障碍的能力。

轴荷分布改变后，可能会使汽车的最小离地间隙、接近角、离去角、纵向通过角（或纵向通过半径）等参数（图2-16）发生不利的变化，从而在越野行驶情况下容易产生顶起失效、触头失效及托尾失效等间歇失效故障。

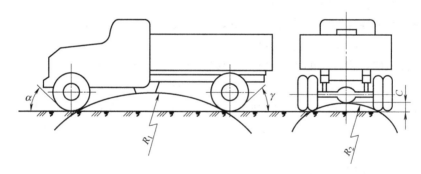

图2-16 汽车通过性参数

1）最小离地间隙——是汽车除车轮外的最低点与路面之间的距离 C（mm）。

2）接近角——汽车前端下部最低点向前轮外缘引的切线与地面的夹角 α（°）。

3）离去角——汽车后端下部最低点向后轮外缘引的切线与地面的夹角 γ（°）。

4）纵向通过半径——是指在汽车侧视图上做出的与前后车轮及两轴间中间轮廓线相切圆的半径 R_1(mm)。纵向通过半径表示汽车能够无碰撞的越过小丘、拱桥等障碍物的轮廓尺寸，纵向通过半径越小，通过性越好。

5）横向通过半径——是指在汽车后视图上做出与左、右两车轮轮胎内侧及底盘最低处相切圆的半径 R_2(mm)。

6）最小转向半径——转向盘转到极限位置时，外侧车轮轨迹上的切点到转向中心的距离。最小转向半径是汽车机动性的重要指标，它表征汽车在最小面积内的回转能力和通过狭窄地带或绕过障碍物的能力。

最小离地间隙 C 或纵向通过半径太大，容易发生顶起失效故障（汽车中部零件碰到地面）。

接近角 α 太小容易发生触头失效故障（汽车前端碰地）。
离去角 γ 太小容易发生托尾失效故障（汽车后端碰地）。
许多情况下能量密度成为某种能源能否用作汽车能源的关键因素。

2.3.4 经济

作为替代燃料应当在其整个周期中具有良好的经济性。

1. 主机成本低

要求主机不太复杂，继承性好，制造或改装容易。

2. 使用成本低

要求采用新能源时的热效率高，新能源的市场价格低，还要求采用新能源后主机的可靠性高，维修费用少，寿命长。

3. 配套设施经济合理

推行某种新能源还要求配套的运输设备、储存设备和销售站点设施不能太昂贵，必须有合理的投资回收期和诱人的效益。

2.3.5 使用性能好

1）运输性好：指储运方便、安全，添加速度快。

2）燃料供给方便：指由燃料容器（如燃油箱及储气瓶等）容易供到发动机气缸。要求燃料有良好的流动性，输送装置简单。

3）工作性能好：指汽车的动力性好，故障率低，发动机的起动性能好，驾驶人的工作条件好等。汽车的动力性好坏，不但直接影响汽车的重要标志性指标最高车速、加速性和爬坡能力，而且影响汽车的操纵性能和驾驶人的劳动强度。发动机的起动性能影响驾驶人的劳动强度和车辆的使用效率。工作条件不仅是一个劳动强度和工作环境的问题，也涉及安全。

2.4 汽车新能源分析方法

汽车新能源应当符合一系列的条件，对这些条件需要用正确的方法去分析，才能得出正确的结论和合理的结果。

2.4.1 新能源来源与应用评价

怎样判断某种新能源是否丰富？可以从以下几个方面来分析：

1. 新能源的储产比和再生性

对本身是一次能源的交通新能源可直接看它的储产比和再生性，如天然气，不能再生，但储产比大，来源应当说是丰富的。

若是二次能源则要看用来转化为这种能源的一次能源的储产比和再生性。如电能，可以由任何一种能源转化而得，其中包括多种可再生能源，其来源当然是非常丰富的。氢可由水来制取，而且燃烧后又生成水，来源也必然在非常丰富之列。

有的交通新能源如液化石油气，既包括一次能源，也包括二次能源，就要分别分析。液化石油气一部分来自油气田，一部分来自石油冶炼的副产品，来源比较丰富，但程度上不如天然气，更比不上电能和氢气。

2. 新能源的技术经济合理性

来源种类的多寡不是来源是否丰富的指标，因为能源具有可以相互转换的特性决定了它必然具有来源多样性的性质，也就是说每一种能源都有多种来源。

来源丰富甚至储量丰富也不表明实际意义上的丰富。如海洋的热能应当说非常丰富，但利用起来难度相当大。

我们所说的来源包含着技术经济的因素，即这种来源用以转换为目标能源的经济上的合理性和技术上的成熟性。

对新能源技术成熟程度的理解不尽相同。有人认为在技术上已经可以实现就算是成熟的技术。实际不然，完成科研项目与实际应用之间一般还有一定的距离，尤其是以使用量特别大的交通机械为对象，仅仅可以做到是远远不够的。还要注意商业广告与商业应用之间的差别。

3. 前瞻性

考察新能源还要考虑技术上的前瞻性。现在就可以应用固然好，但大多数新能源是需要进行一系列准备工作的，如能源转换方面的技术经济准备工作，新能源在汽车或其他交通机械上的适应性工作等。有一些新能源经过短时间的努力就可以上马，有一些新能源则需要中长期的运筹。如电能，虽然目前在汽车上应用问题很多，但是根据技术发展的情况，可以相信，电能一定会成为汽车的主要能源。

2.4.2 新能源净化性能考评

1. 汽车排污主要成分的危害

（1）对人体的毒害（表2-6）

表2-6 汽车排污主要成分对人体的毒害见表

污染成分	危害系统或器官	派生危害
CO	循环系统：破坏血液输氧 　　　　　造成煤气中毒症状 神经系统：智力衰退	
HC	神经系统：神经衰弱，汽油癔症 造血系统：贫血 呼吸系统：肺的免疫能力下降 感觉器官：恶臭（醛类等） 　　　　　致癌（硝基烯烃等）	光化学烟雾
NO_x	循环系统：破坏血液输氧 呼吸系统：肺气肿，支气管炎 神经系统：瘫痪，痉挛 感觉器官：眼疾 　　　　　恶臭（NO_2等）	光化学烟雾

(续)

污染成分	危害系统或器官	派生危害
光化学烟雾	呼吸系统：中毒性肺气肿 循环系统：破坏血液输氧 感觉器官：眼疾 恶臭（O_3 等）	
SO_2	呼吸系统：上呼吸道感染 感觉器官：眼疾	

（2）其他危害

1）对植物的危害。光化学反应中的臭氧妨碍农作物、牧草和树木等植物的正常发育。重烃成分可附着于植物叶片，减弱其光合作用，也影响植物的正常发育。

2）对动物的危害。大气污染对动物的危害与对人体的危害，机理和形式相仿。污染可使动物致病，死亡，或发生变异。大气污染可通过对动物的直接危害和经由植物的间接危害，使畜牧业减产。

3）对材料的危害。臭氧等物质与文物、建筑物，以及橡胶等工业材料的制品接触，促使这些材料的表面老化，发生剥蚀和裂纹等早期损坏。

4）对汽车的负反馈。排气中的铅化物会反过来使催化剂和氧传感器失效，从而影响电控汽油喷射和催化转化装置的有效应用，已为人们熟知。

近年来，SO_x 对汽车的负反馈愈来愈引起汽车界的重视。研究表明，SO_x 会导致催化器起燃时间延迟、起燃温度增加、转换效率下降。SO_x 也会使氧传感器失效，并影响车载诊断系统的正常工作。目前，许多国家和地区已经制定实施车载诊断系统（OBDⅡ）法规，要求车辆装备催化转换器监测数据，用以检测催化剂效率的变化。催化剂效率的损失会使某些催化转换器监测器产生错误的故障码，并向驾驶人发出错误的故障信号。

为了降低油耗，稀薄燃烧技术受到重视。采用这种技术的发动机装备有 NO_x 吸附器，但是 SO_x 能被更强地吸附而降低吸附器对 NO_x 的吸附能力。

2. 不同能源排污性能的比较方法

当分析不同能源的污染情况时，有一些比较单纯，各污染物高低分明，好坏十分明了。有一些就比较复杂，所排放的多种污染物成分中，有些增加，有些减少。怎样评价谁的污染轻谁的污染重呢？这是一个相当复杂的问题，至少目前还没有评价的标准。如我国的空气质量标准并不考核碳氢化合物等的浓度，国务院 2014 年出台的《大气污染防治行动计划实施情况考核办法（试行）》以各地区细颗粒物（$PM_{2.5}$）或可吸入颗粒物（PM_{10}）年均浓度下降比例作为考核指标。实际只考核空气中的颗粒悬浮物、NO_x 和 SO_x。对其他污染物应当作何评价？再以汽油机和柴油机为例，汽油机排放的 CO 和 HC 明显比柴油机多，而柴油机排放的微粒明显比汽油机多。汽车界一般认为汽油机比柴油机污染严重。但有些城市禁止柴油车进城，说明还是有人认为柴油机比汽油机污染严重。上述情况的确存在值得商榷之处，但是说明有许多未知因素有待研究，尤其是横向比较的量化。按目前的认识水平，究竟谁的危害更大，大到什么程度，不仅从量化的角度做不到，即使做定性比较也很困难。

当我们考核新能源时，会碰到更多更复杂的说不清的情况。那么我们可以参考下面的几点意见：

1）如果一部分排污成分的浓度明显减小，一部分排污成分的浓度增加但增幅很小，则认为排污改善。

2）如果一部分排污成分浓度减小的幅度与另一部分排污成分浓度增加的幅度接近，若从超标变为不超标，则认为可取。实际上，不管什么情况，从超标变为不超标，都应认为可取。

3）如果某一排放成分特高或特别讨厌，用某一种新能源可以大幅度降低它的排放浓度，即使其他一些成分的排放浓度有所增加，只要不超标，也认为可取。

4）其排污主要成分容易治理的，认为改善。

5）碳成分少的燃料，一般洁净程度高。

6）要从勘探、开采、加工、运输、使用、储存以及废品处理等整个"生命周期"的污染进行综合评价。

2.4.3 能量密度考评

1. 能量密度、能量密度系数和容积系数的概念

能量密度指单位质量或单位容积某能源所包含的能量，它有以容积为基础和以质量为基础之分：

$$\rho_v = \frac{Q_v}{V}$$

或

$$\rho_M = \frac{Q_M}{M}$$

式中 ρ_v——以容积为基础的能量密度（MJ/m^3 或 MJ/L），如汽油、CNG（200bar）和LPG（液态）的 ρ_v 分别为 32.72MJ/L、7.134MJ/L 和 24.47MJ/L；

V——某能源的容积（m^3 或 L）；

Q_v——容积为 V 的某能源所包含的能量（MJ）；

ρ_M——以质量为基础的能量密度（MJ/kg），如汽油、CNG（NG）和LPG的 ρ_M 分别为 44.52MJ/kg、49.54MJ/kg 和 45.31MJ/kg；

M——某能源的质量（kg）；

Q_M——质量为 M 的某能源所包含的能量（MJ）。

以容积形式表示的能量密度 ρ_v 用来评价为保证规定续驶里程所需某能源容积的大小。

以质量形式表示的能量密度 ρ_M 用来评价为保证规定续驶里程所需某能源质量的多少。

传统汽车所用能源基本上是石油制品——汽油或柴油，当我们用某种新能源去代替汽油或柴油时，就要将它的能量密度与汽油或柴油相比较，进而计算保证规定续驶里程时所需要携带的这种新能源的质量和相应的容积。为了便于比较和计算，引出能量密度系数的概念。我们将能量密度系数定义为某新能源的能量密度与被代替能源的能量密度之比，它也有以容积为基础和以质量为基础之分：

$$\beta_{\mathrm{v}} = \frac{\rho_{\mathrm{vn}}}{\rho_{\mathrm{vo}}}$$

式中 β_{v}——以容积为基础的能量密度系数,如 CNG（20MPa）和 LPG 相对于汽油的能量密度系数分别为 0.224 和 0.748；

ρ_{vo}——以容积为基础的某替代新能源的能量密度（MJ/L）；

ρ_{vn}——以容积为基础的某新能源的能量密度（MJ/L）。

或

$$\beta_{\mathrm{m}} = \frac{\rho_{\mathrm{mn}}}{\rho_{\mathrm{mo}}}$$

式中 β_{m}——以质量为基础的能量密度系数；

ρ_{mo}——以质量为基础的某被替代能源的能量密度（MJ/kg）；

ρ_{mn}——以质量为基础的某新能源的能量密度（MJ/kg）。

实践表明，在设计或改装新能源汽车时，以容积为基础的能量密度和以容积为基础的能量密度系数实用价值较大。

为了评价和计算更换能源之后所需能源容器的大小，引出容积系数的概念，它等于在保持相同续驶里程前提下某新能源的容积与被代替能源的容积之比，实际上与以容积为基础的能量密度系数互为倒数：

$$V_{\mathrm{v}} = \frac{V_{\mathrm{n}}}{V_{\mathrm{o}}} = \frac{1}{\beta_{\mathrm{v}}}$$

式中 V_{v}——容积系数，如 CNG 和 LNG 相对于汽油的容积系数分别为 4.47 和 1.34；

V_{o}——被替代能源的容积（L 或 m^3），一般用 L；

V_{n}——在保持与被代替能源相同续驶里程前提下某新能源的容积（L 或 m^3），一般用 L。

表 2-7 列举了若干新能源及汽油、柴油的能量密度、能量密度系数和容积系数。

利用表 2-7 可以从能源的能量密度入手方便地对表中所列能源在汽车上的应用态势进行分析。

表 2-7 若干种能源的能量密度、能量密度系数和容积系数

能源品种	被替代能源的能量密度 ρ_{vo}/(MJ/L)	新能源的能量密度 ρ_{v}/(MJ/L)	相对于汽油的能量密度系数 $\beta_{\mathrm{v汽}}$	相对于柴油的能量密度系数 $\beta_{\mathrm{v柴}}$	相对于汽油的容积系数 $V_{\mathrm{v汽}}$	相对于柴油的容积系数 $V_{\mathrm{v柴}}$
汽油	32.72		1	0.917	1	1.09
柴油	35.69		1.09	1	0.917	1
常态 NG		0.03567	0.0011	0.000999	927	1000.56
CNG（20MPa）		7.134	0.224	0.200	4.47	4.87
LNG		20.81	0.636	0.583	1.57 [1.963]	1.715 [2.144]
LPG		24.47	0.748	0.686	1.34 [1.675]	1.459 [1.824]

(续)

能源品种	被替代能源的能量密度 ρ_{vo}/(MJ/L)	新能源的能量密度 ρ_v/(MJ/L)	相对于汽油的能量密度系数 $\beta_{v汽}$	相对于柴油的能量密度系数 $\beta_{v柴}$	相对于汽油的容积系数 $V_{v汽}$	相对于柴油的容积系数 $V_{v柴}$
甲醇		16.01	0.489	0.449	2.04	2.229
乙醇		21.22	0.649	0.595	1.54	1.682
二甲醚（液态）		18.77	0.574	0.526	1.74 [2.175]	1.901 [2.376]
常态氢		0.0102	0.000312	0.000286	3210	3499
压缩氢（200MPa）		2.045	0.0625	0.0572	16	17.45

2. 与新能源能量密度有关的几点说明

（1）应当正视新能源的缺点

在推广新能源初期，为了有助于克服人们心理上的障碍，求得人们的理解和支持，往往注重宣传它们的优点，这是无可厚非的。如今新能源汽车如 CNGV 和 LPGV 在我国已经度过了艰难的务虚阶段，进入了实质性的推广时期，我们有必要强调指出任何一种能源都不是十全十美的，没有必要忌讳它们的缺点。只有我们充分地重视新能源的短处，才能够充分地发挥它们的长处。如果忽视新能源的不足之处，不按汽车自身的规律行事，无视汽车的全面性能和有关的标准及规范，势必导致新能源汽车的许多重要性能指标严重下降或者故障频繁，到头来反而制约了新能源汽车的健康发展。

迄今为止，人们所发现的对汽、柴油有实质性替代意义的新能源（表2-7 中所列），以容积为基础的能量密度都比汽油、柴油小，容积系数也就较大，其直接后果之一是需要较大容量的储存容器。容积系数愈大，在保证必要的续驶里程和燃料容器的布置等方面的难度愈大，研制及改装新能源汽车时应当给予充分的重视。

（2）容积系数的把握

新能源的容积系数比常规汽车能源的大一些并不妨碍对它的应用，但不能超出合理的限度。由表 2-4 知，常态 NG 和常态氢的容积系数 927 和 3210，这意味着若用常态 NG 和常态氢去替代汽油，要保证相同的续驶里程，燃料容器的容积必须等于原汽油箱的 927 和 3210 倍，显然是不能接受的。而且它们存在很大的安全隐患。由于种种原因，目前在我国少数地区仍有少量携带常态的 NG 汽车运行，正如国内仍存在不少排污严重超标的汽车一样，有待取缔。

乙醇、LPG、LNG、甲醇和 CNG 相对于汽油的容积系数分别为 1.54、1.34、1.57、2.04 和 4.47，都在可以容忍的范围内。但是，实事求是地讲，CNG 用于轿车是存在严重缺陷的，一个 50L 的储气瓶只够运行大约 200km，扩大或增多储气瓶的余地也很有限。看来，如果将容积系数的合理限值定为 4.5，应当不算苛刻。

考虑到目前更换新能源时往往采用两用方式，即保留原供油系统不动，另加一旁新能源的供给系统，汽车其他结构不变，汽车既可以燃用新能源，又可以燃用原来的汽油。在这种情况下，可以放宽对新能源在满足续驶里程上的要求，适当地减小新能源容器的容积，缓解总布置等方面的难度。

对于特定用途的汽车如城市公共汽车，行驶半径较小，每回的行驶里程也较小，可以根据实际情况适当减少车载燃料的容量，但一般以保证汽车的续驶里程不小于1天的实际行驶里程为准。

(3) 新能源容积计算和容器选择的方法

利用表2-4先计算出更换能源时需要配置的燃料箱容积。如当将BJ130汽油车改装为LPG或CNG汽车时，已知原车汽油箱的容量为70L，查表知LPG和CNG的容积系数分别为1.34和4.47。LPG和CNG的容积应为9.38L和312.9L从安全考虑，LPG只允许充填储罐容量的约80%，为了充入9.38L的LPG储罐的容量应当加大为93.8/0.8L＝117.3（L）。

为了计算方便引入实用容积系数的概念，它等于容积系数与充填系数之比。于是LPG的实用容积系数为1.34/0.8＝1.675。很显然，在罐内为气体形态的CNG、压缩氢和不需要采取加压或降温措施储存的液态燃料甲醇、乙醇、汽油、柴油等燃料的实用容积系数与容积系数相等；而需要加压或降温储存的液态燃料如LPG、LNG等，其实用容积系数与容积系数不相等，由于充填率小于1，实用容积系数总是大于容积系数。

计算出新能源的容积和容器的容积之后，即可根据现有容器（燃料箱、储罐、储气瓶）的容量、形状和汽车的相应空间位置选定容器的品种和数量。如BJ130汽车改装为LPG汽车，先确定LPG储气瓶的容积约为117L参照表2-8，在20～250档内可有多种选择，如选用30L的储气瓶四个或60L储气瓶两个即可保证原车的续驶里程。

表2-8 钢瓶的水容积和外径

公称容积/L	20～250							150～240		
内径D_1/mm	200	230	250	280	314	350	400	400	450	500
		(217)		(294)		(367)				

(4) 对质量变化的把握

在根据必要的续驶里程确定燃料箱容积时，除要考虑布置上的问题外，还应考虑换用新能源后质量增加是否在允许范围内。这个问题对于轿车尤其是微型汽车十分重要，甚至可以决定某种新能源在某些类型的汽车上能否应用。这是因为汽车总质量的增加必须保持在一定的范围内。

按行业的一般规定，车辆最大总质量的增加应不超过5%。

现考察某微型轿车改装为天然气/汽油两用燃料汽车时的质量变化情况。原汽油车的燃油箱容积为37L，改燃CNG，欲保持原车续驶里程，储气瓶容量应为37×4.47L＝165（L）。但所占空间和质量都太大。若按日行程200km计，汽油需要37×200/740L＝10（L），而储带20MPa天然气的储气瓶容量至少应为10×4.47L＝44.7（L）。选容量50L储气瓶1只，可满足要求。但采用钢瓶超重过多，采用复合材料气瓶总质量基本上不超标。若在质量更小的汽车上实施天然气改装，很可能就达不到行业一般的规定要求。

(5) 对轴荷分配变化的把握

除考核汽车总质量是否超标之外，还应当检测汽车的轴荷分配是否合理、是否具有良好的牵引特性、通过性和操纵稳定性。虽然行业一般规定不大于5%即可，但对于质量小的汽车如微型汽车，假如新增加的燃料容器置于汽车的后部，即使总质量的增加不超过5%，后轴的质量增加也很可能大于5%。应当检查它的牵引特性、通过性和操纵稳定性并采取相应的措施，以求不使原车的使用性能降低过多。

为了综合满足汽车牵引性、通过性和操纵稳定性等方面的要求，各类汽车前后轴载荷分配应在表2-9所列范围内。在更换新能源时，建议作一下操纵性试验，检查汽车的转向特性是否仍保持为不足转向。

表2-9 各类汽车前后轴载荷分配的合理范围

车　　型		满　载　时		空　载　时	
		前轴（%）	后轴（%）	前轴（%）	后轴（%）
载货汽车	4×2型后轮单胎	35~40	60~65	51~60	40~49
	4×2型后轮双胎	27~34	66~73	40~44	56~60
	6×4型后轮双胎	19~21	79~81	32~34	66~68①
小客车					

① 中桥与后桥载荷之和。

综上所述，能源的能量密度对汽车的续驶里程、有用空间和有效装载质量乃至汽车的牵引性、操纵稳定性等有重要的影响，在更换汽车能源时应当对新能源的能量密度、能量密度系数和容积系数进行分析比较，结合汽车的实际应用场合，按照重新确定的续驶里程，计算新能源容量的大小，并同时根据汽车的总布置情况，选定和布置能源容器。还应当检测汽车总质量是否符合有关标准的规定，对于微型汽车最好还要检测其牵引特性、通过性和转向特性等是否符合要求。千万不能迁就应付、能跑即可，否则只会是欲速则不达，适得其反。

2.4.4 经济性考评

1. 能源运行经济性

能源运行经济性，对于以内燃机为动力源的汽车就是通常所说的燃料经济性，对于电动汽车是指用电经济性，它是汽车用户最关心的问题，关系到新能源汽车能否得到用户的认可和欢迎，因此也是新能源汽车能否推广的最实际的问题之一。

（1）汽车运行能源经济性的比较单位

1）动力源能源经济性的比较单位。评价内燃机燃料经济性的指标是有效燃料消耗率g_e，通常采用的单位是做同样功时所消耗的燃料质量，即克每千瓦小时 [g/(kW·h)]。这种单位适用于同种燃料不同应用场合之间或热值相同的不同燃料之间的比较。对于同种燃料或等热值的燃料也可以采用做同样功时所消耗的热量，即兆焦每千瓦小时 [MJ/(kW·h)]，比较的结果与采用 g/(kW·h) 等效。

当对不同热值的燃料进行比较时，应当采用 MJ/kW·h。若采用 g/kW·h 就不能反映能源利用的实际情况，甚至得出相反的结果。

2）整车运行能源经济性的比较单位。

① 内燃机汽车运行能源经济性的比较单位。

同种燃料不同应用场合之间或热值相同的不同燃料之间用单位里程（或单位周转量、单位换算周转量）的燃料消耗量或能量消耗量来比较单位是 L/100km，kg/100km

[L/(100t·km),kg/(100t·km)] 或 MJ/100km [MJ/(100t·km)]。

当对不同热值的燃料进行比较时应当采用 MJ/100km 或（MJ/100t·km）。也可以用燃料的当量值进行比较。

② 电动汽车运行能源经济性的比较单位。

电动汽车运行能源经济性的比较单位也是用单位里程（或单位周转量、单位换算周转量）的能量消耗量来比较，单位是 MJ/100km [或 MJ/(100t·km)]，或 kW·h/100km [或 kW·h/(100t·km)]。

电动汽车运行能源经济性也可以用运行能量效率（单位能量的行驶里程或单位能量的周转量）来评价，单位是 km/MJ（或 t·km/MJ），或 km/(kW·h)[或 t·km/(kW·h)]。

③ 不同能源汽车运行能源经济性的比较单位。

不同能源（包括电能和各种燃料）汽车运行能源经济性的比较单位是 MJ/100km，或 MJ/100t·km。

④ 用货币形式表示的汽车运行能源经济性。

用货币形式表达的汽车运行能源经济性的单位是 y/100km，或 y/100t·km（y 为人民币，元）。

(2) 燃料类汽车新能源燃料经济性分析

燃料经济性好应当具有燃料消耗率低和燃料价格低两个要素。发动机的有效燃料消耗率 g_e 从取决于发动机的指示效率 η_i 和机械效率 η_m。燃料类新能源替代汽油或柴油后，原机的机械效率 η_m 变化很小，我们可以把注意力放在指示效率 η_i 上面。

1) 热效率高。

这里的热效率指的是指示效率 η_i，指示效率 η_i 的高低取决于循环过程中热损失的大小。在理论循环中，由热力学第二定律所决定，必须有一部分热量传给冷源（相当于实际循环的排气损失），这部分热损失是不可避免的。在实际循环中，除此之外，还有一系列附加的热损失，如由于比热改变引起的损失，传热、流动和不完全燃烧引起的热损失，非瞬时燃烧和补燃引起的热损失等。

不论压燃式发动机的工质——空气和燃气，或是点燃式发动机的工质——可燃混合气和燃气，都具有比热随温度升高而增大的性质。此外工质的比热还随混合气浓度的增加而增大。

工值比热高，意味着同样的热量所引起的压力和温度的升高较低，其结果是循环功减少，指示效率降低。

点燃式发动机的混合气浓度一般比压燃式发动机大许多，这是前者的热效率比后者低、燃料消耗比后者高的重要原因之一。近几十年来发展起来的稀混合气燃烧技术是提高点燃式发动机燃料经济性的重要措施。稀混合气燃烧技术的重要优点就是稀混合气的比热较小，此外采用稀混合气还为提高压缩比提供了有利条件。

我们在分析新能源的相应特性时，可以考察以它为燃料时使混合气稀化的可能性，在这方面气体燃料应当有天然的优势。着火界限宽的燃料，如甲醇和乙醇也有较好的稀燃特性。

传热损失取决于燃烧室的面容比、冷却液温度和燃烧的即时性的控制等，比较不同的能源时，燃烧室的面容比和冷却液温度的控制视为一样，仅考察燃烧的即时性。假定点火或喷油时刻这些调整因素都是最佳（应当做得到），则重点落实到燃烧速度。燃烧速度高，传热损失少，非瞬时燃烧和补燃损失也少。

燃烧完全度是影响燃料经济性的重要因素，它主要取决于燃烧速度和混合气形成的质量气体燃料的混合气形成质量应当比液体燃料好。

在分析热效率时，涉及的因素很多，为简明起见，可重点考察下列因素：

① 辛烷值（当用作汽油机的燃料时）。辛烷值高，则许用压缩比高。已知汽油机理论循环的热效率与压缩比有如下关系：

$$\eta = 1 - \frac{1}{\varepsilon^{k-1}}$$

可见，采用辛烷值高的燃料，通过适当提高压缩比可使热效率得以提高。在两用情况下一般不改变压缩比、如果汽油机的点火提前角因爆燃的限制而不能调整到热力学上的最佳值，采用辛烷值高的新能源就有了通过适当增大点火提前角使热效率有所提高的调整余地。

② 混合气形成质量。混合气形成质量好的四个要素是雾化良好、汽化良好、混合均匀和分配均匀。

完全汽化和均一的状态有利于燃料分子与氧分子的充分接触，使燃烧的完全度极高。分配均匀还使得对整机实施最佳的燃料调整、避免违心的不必要的加浓成为可能。良好的混合气形成质量是实现稀温合气燃烧的必要条件。

气体燃料应当比液体燃料优越。气体燃料一般在进入气缸时已不存在任何雾状颗粒是完全的气态。而要使汽油在进入气缸前完全汽化则是不可能的，一项实验表明，在通常的温度条件下，使汽油进入气缸前完全汽化，进气管的长度必须大于 2m。在实际发动机中即使到压缩行程终了时汽油也达不到完全的汽化。

纯气态的燃料，其全部个体（分子）具有相同的运动惯量，又不存在汽油机令人头痛的管壁油膜，其混合与分配的质量优于汽油，自不待言。

对于液体燃料，可以从沸点和饱和蒸气压来判断它的汽化性能。沸点低、饱和蒸气压高，则汽化性能好。但应注意到，汽化性能好的燃料工作时产生气障的可能性大。

对于点燃式发动机，若燃料的辛烷值高和混合气形成质量好，应当有较好的燃料经济性。

而对于压燃式发动机，混合气形成质量好同样有利于提高燃料经济性，但可能以工作粗暴为代价。十六烷值是作为压燃式发动机燃料的重要指标，但不是越高越好，而且十六烷值与燃料经济性没有很直接的关系。

2）燃料价格低。

影响燃油价格的因素很多。除了燃料开采、提炼以及运输的成本之外，从能源结构和环保等因素出发，各国均从政策上对新能源尤其是绿色能源给予了倾斜，在考察新能源的价格时，要充分考虑国家现行的和即将出台的政策，应当说在很大程度上，政策是决定新能源与汽油价差的基本因素。

2.4.5 使用性能考评

1. 关于运输性

运输性与能源的物理状态密切相关。燃料类有液态、气态和固态三种形态，除少数地区仍保留的蒸汽机车以固态煤为燃料之外，汽车和火车基本上采用液态燃料或气态燃料。

液态和气态燃料的运输方便性，基本不分伯仲，用车辆（汽车或火车）或用管道都很方便。

在储存方面，为了提高能量密度，气态燃料需要加压，其方便性不如液态。往车上添加燃料，液态比气态时间略短，都可以在几分钟内完成，可以认为与添加燃料的方便性相当。

关于安全性，可从不同燃料的自燃点、闪点、蒸发性（馏程、沸点、饱和蒸气压）、密度和爆炸极限等方面进行分析。

自燃点是指不与明火焰接触时靠自身温度而起火燃烧的温度。自燃点低，则在车辆发生意外剧烈碰撞或翻车时起火爆炸的可能性大。

闪点是指有明火焰接触情况下起火燃烧的温度。闪点低，则在车辆燃料系统发生泄漏时起火爆炸的可能性大。爆炸极限低，容易起火燃烧。蒸发性好，容易起火燃烧。密度大，易在地面沉积，容易起火燃烧。

同一种燃料的一些性质对安全性来说可能相互矛盾，如蒸发性好的燃料往往密度小，究竟更安全还是更危险，要作具体分析。如汽油与柴油相比，汽油的蒸发性好但密度小。我们注意到汽油和柴油的密度与空气相比都较大，都易于在地面沉积，密度这个因素对于分析汽油和柴油的安全性而言已经不那么重要，而蒸发性好则成了主要的因素，因此汽油比柴油危险的多。再看天然气与汽油相比，也是蒸发性好、密度小。从蒸发性看，天然气比汽油危险，但汽油毕竟也是蒸发性良好的燃料。而另一方面，天然气的密度不但比汽油小，比空气还小许多，如果不是处于密闭的空间里，当发生泄漏时，天然气会很快向上飘逸，不在地面沉积。因此，天然气应当比汽油安全。

2. 燃料供给的方便性

从流动性看，已经或可能在汽车上应用的液体或气体燃料没有明显的差别。从输送装置看，复杂程度各异，但都不足以影响他们的推广应用。

3. 工作性能

（1）故障率

采用新能源后的故障率取决于系统的复杂性和技术成熟程度。结构越简单、技术越成熟，故障率越小。

（2）动力性

如果汽车的底盘不变，考察整车的动力性，只需要考察发动机的动力性。表征发动机动力性能的平均有效压力可用下式表示：

$$P_e = (H_u/\alpha L_o)\eta_m \eta_i \eta_v \rho_0$$
$$= (H_u/\alpha L_o)\eta_m \eta_i (V_T/V_h)\rho_0$$
$$= (H_u/\alpha L_o)\eta_m \eta_i (m_k/V_h)$$

式中 H_u——燃料的低热值（kJ/kg）；

         α——过量空气系数；

         L_o——燃料完全燃烧所需的理论空气量（kg/kg）；

         η_m——发动机的机械效率；

         η_i——发动机的指示热效率；

         η_v——发动机的充气效率；

         ρ_0——大气的密度（kg/m³）；

m_k——发动机每循环的实际进气量（kg）；
V_h——发动机气缸工作容积（m^3）；
V_T——实际进气量在进气状态下的体积（m^3）。

可见，发动机的动力性取决于发动机的热效率、机械效率、充气效率以及燃料的热值等因素。在讨论经济性的分析方法时，已经涉及热效率和机械效率。

（3）热值

燃料的热值固然重要，但更重要的是混合气的热值特别是以容积计的混合气热值或称混合气容积热值，它决定了气缸里包容的能够用来转变为机械功的热量。在其他条件相同的条件下，混合气的容积热值越大，则动力性越高。而燃料的热值与动力性之间就没有这种直接的因果关系。例如，天然气的低热值比汽油高，但混合气的热值却较低，成为天然气汽车的动力性不如汽油车的重要原因。

（4）充气效率和进入的空气量

对于常规的汽油和柴油燃料而言，因其密度大，所占空间很小，可将燃料挤占空间的影响忽略不计，但对于新能源尤其是气体燃料，燃料挤占空间的影响就不能忽略不计了。充气效率的变化分析采用新能源之后进气阻力的变化以及充量在进气过程中的温升情况。如果采用新能源时，需要在进气线路上增设装置，如采用真空进气方式的天然气汽车和液化石油气汽车的混合器，或多或少地会使进气阻力增加、充气效率下降。

在理论空燃比下，空气与天然气的体积比为9.52:1，也就是说天然气占混合气总容积的1/10.5，使进入的空气量减小9.5%（与燃料不占容积相比）；而空气与汽油的体积比为58.1:1，也就是说汽油占混合气总容积的1/59.1，使进入的空气量减小1.7%（与燃料不占容积相比）。于是，不论燃用天然气或是燃用汽油，如果在进气门关闭后缸内混合气均已是纯气态，则燃用天然气时进入的空气量比燃用汽油减少约7.8%。

值得注意的是，在汽油机上很难保证进入气缸的汽油都是纯气态。有关文献指出，要保证压缩行程结束时形成完全气态的均质混合气，需要长达1m以上的进气管，显然一般发动机都不可能达到。可以肯定进气门关闭时缸内混合气中必然还存在液态汽油，但比例不大，因此按进气门关闭后缸内混合气均已是纯气态来计算，误差不大。

总之，从挤占空气容积和充气效率下降两方面综合，可以认为燃用天然气时充入的空气量比燃用汽油减少约8%~10%。

第 3 章 新能源汽车类型

作为石油制品的汽油和柴油尽管有这样或那样的不尽人意之处，但它们毕竟是综合性能优良的汽车能源，否则就无法解释从 1886 年第一辆汽车问世经历了上百年之后的今天，它们依然是汽车的基本能源。

作为汽车能源，应当具备一系列的基本性能。一种能源很难在所有方面都很优秀，决定其可否用作汽车能源，取决于它的综合性能。在不同的时代这些素质或条件具有不同的权重。如 20 世纪 60 年代之前人们几乎没有实质性的环境意识，而时至今日对环境的影响早已成为决定能源取舍的十分重要的砝码。

经过多年的研究已知，能用于汽车的石油替代能源有电能、氢气、甲醇、乙醇、天然气、液化石油气、二甲醚、太阳能和生物质能等。它们的优缺点和应用前景见表 3-1。这些能源类型有的处于研究开发阶段，如电能、氢气、二甲醚、太阳能和生物质能等，有的已经获得实用，甚至有了一定的规模，如天然气汽车、液化石油气汽车和醇类汽车和电动汽车都有了几十年的应用历史，保有量均达数百万辆。但相对于目前汽车的基本能源——汽油和柴油，仍属于新能源，从应用角度，数百万辆只能算是初具规模，如约 600 万辆的天然气（含液化石油气）汽车，还不到世界汽车保有量 7.2 亿辆的 1%。

表 3-1 汽车新能源的比较与展望

新能源	主要优点	主要缺点或问题	现状与前景
电能	1. 电能来源非常丰富，且来源方式多 2. 直接污染及噪声很小 3. 结构简单，维修方便	1. 蓄电池能量密度小，汽车续驶里程短，动力性较差 2. 电池重量大，寿命短，成本高 3. 蓄电池充电时间长	从总体看仍处于试验研究阶段，要完全解决技术上的难题并降低成本，还需要一定的时间 公认的未来汽车的主体
氢气	1. 氢气来源非常丰富 2. 污染很小 3. 氢的辛烷值高，热值高	1. 氢气生产成本高 2. 气态氢能量密度小且储运不便，液态氢技术难度大，成本高 3. 需要开发专用发动机	仍处于基础研究阶段，制氢及储带技术有待突破 有希望成为未来汽车的重要组成部分，但前景尚难估量

(续)

新 能 源	主要优点	主要缺点或问题	现状与前景
天然气	1. 天然气资源丰富 2. 污染小 3. 天然气辛烷值高 4. 天然气价格低廉	1. 建加气站网络要求投资强度大 2. 气态天然气的能量密度小，影响续驶里程等性能 3. 与汽油车比动力性低 4. 储带有所不便	在许多国家获得广泛使用并被大力推广，已有约100多万辆 是21世纪汽车重要品种
液化石油气	1. 液化石油气来源较为丰富 2. 污染小 3. 液化石油气辛烷值较高	面临天然气汽车的类似问题，但程度较轻	目前世界上液化石油气汽车的保有量达400多万辆 是21世纪汽车的重要品种
甲醇[乙醇]	1. 甲醇[乙醇]来源较为丰富 2. 辛烷值高 3. 污染较小	1. 甲醇的毒性较大 2. 需解决分层问题 3. 对金属及橡胶件有腐蚀性 4. 冷起动性能较差	已获得一定程度的应用 可以作为能源的一种补充，在某些国家或地区可能保持较大的比例
二甲醚	1. 二甲醚来源较为丰富 2. 污染小 3. 十六烷值高	面临与液化石油气类似的储运方面的问题	正在研究开发 采用一步法生产二甲醚成本大幅度下降后，可望有较好的发展前景
太阳能	1. 来源非常丰富，可再生 2. 污染很小	1. 效率低 2. 成本高 3. 受时令影响	正在研究 达到实用需要相当长的时间
生物质能	1. 来源丰富，可再生 2. 污染小	1. 供油系部件易堵塞 2. 冷起动性能较差	可以作为能源的一种补充，应用于某些国家或地区

3.1 电能与电动汽车

3.1.1 电能用作汽车能源的主要优点

1. 来源非常丰富

电能是二次能源，严格地讲，它可以来源于任何一种其他的能源。能源的种类很多，许多并不适合在汽车上直接应用。如水力、地热能和海洋能等不可能直接用于汽车，在小巧机动的汽车上建核电站也不可设想。风能汽车曾由荷兰人汉斯·范·文恩变成现实——他将风车的支架和叶片焊接在一辆小汽车上，制成了速度为10km/h的风能汽车，但风能汽车成为汽车的一个商业品种并不实际。应当指出，这些即将成为21世纪重要能源而且更长远考虑会成为人类能源基础的能源品种不宜在汽车上直接应用，并不意味着它们转化为二次能源后仍不适合在汽车上应用。因此电动汽车的能源来源是极其丰富的。

2. 运行零污染而且噪声小

电动汽车在行驶中无废气排出，因此不污染环境。从这个意义上讲，电动汽车可以称为

"零污染汽车"。

电动汽车的电动机只作回转运动,振动和机械噪声都很小,同时没有内燃机令人讨厌的燃烧噪声和进排气噪声。

3. 结构简单,维修方便

电机相对内燃机而言,结构较为简单,工作条件较好(不承受内燃机所承受的高温、高压和交变载荷),零件故障少,维修较为方便。

4. 能源效率高

图3-1为电动汽车与汽油机汽车能源利用总效率的比较。

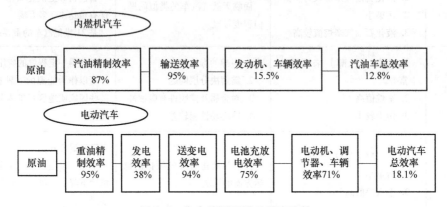

图3-1 汽车能源利用总效率比较

除图中所示之外,电动汽车还具有停车可不消耗能源和制动能量易于回收的优点,按目前的水平,电动汽车的能源利用总效率比汽油车约高40%,比柴油机也高。此外,电动汽车可利用夜间剩余电力充电,使发电设备的利用率提高。

3.1.2 电能用作汽车能源的主要问题

电动汽车目前面临的主要问题是成本高、蓄电池充电时间长、寿命短和电池能量密度低及由此派生出来的汽车续驶里程短、动力性差及体积质量大等问题。

1. 能量密度低

能量密度(W·h/kg)指的是单位质量的电池所储存能量的多少,1W·h等于3600J的能量。

能量密度是由电池的材料特性决定的,普通铅酸蓄电池的能量密度约为40W·h/kg,常用的电动两轮车用铅酸蓄电池包为48V,10A·h,储能480W·h,所以可以简单估计这种电池包的重量至少在12kg以上。

由于铅酸蓄电池的能量密度低,所以无法用作电动汽车的动力源,因为如果使用铅酸蓄电池驱动家用汽车行驶200km以上,需要将近1t的电池,这个重量太大了,无法达到实用。而目前比较热的锂离子电池的能量密度约在100~150Wh/kg,这个值比铅酸蓄电池高出2~3倍,且锂离子电池的循环性要远远高于铅酸蓄电池,所以目前锂离子电池是开发电动汽车的首选电池。燃料电池是近年各国竞相开发的电动汽车电池。

由于能量密度低,为了保证必要的续驶里程,就要装备庞大、笨重的电池组,既占空间，又影响有效装载。若减少电池组，必然会使续驶里程缩短，同时又影响动力性。常常实行折中，几方面都不理想。如通用汽车公司推出的两人乘"冲击号"电动汽车，它的加速性虽然相当好，8s即从静止增速到96km/h。但一次充电的续驶里程，在市内只有110km，在高速公路只有140km。总的说来，高能量密度蓄电池技术尚有待突破。

2. 充电时间长

电池充电一般需要6~10h，就像是在汽车上用一个小口径滴管向油箱慢慢注油一样。上班族可以利用夜间不用车的空闲时间让电动汽车充电，这虽不失为解决问题的一个办法，但毕竟是一种无奈的选择。根本方法是研究出一种实用的快速充电技术。可喜的是已有快速充电技术问世，如日本五十铃汽车公司与富士电气化学公司共同研制成功采用活性炭和低浓度硫酸的新型电池，容量达到普通电池的30~50倍，充电时间仅需几十秒钟，但有待进一步商业化。

3. 成本高

据美国三大汽车公司委托塞拉研究公司所做的一项专题研究报告，对于新开发的电动汽车，在生产的最初几年比燃油汽车贵2.5万美元。若在原车基础上改装，则多花5000美元。克莱斯勒公司估计，若批量达到30万辆，电动汽车（除电池外）的成本就会下降到与普通汽车一样。

3.1.3 电能在汽车上的应用前景

电能用作汽车的能源，有许多突出的优点，首先是它的来源极其丰富，即便是地球上的矿物能源消耗殆尽，作为二次能源的电能仍然可以从太阳能、水能、风能、地热能以及海洋能等无穷尽地获取。再就是电能在运行中不排放污染物，是各种交通新能源中难得的可以称得上零污染的汽车能源。电动汽车的噪声低、能源效率高、结构简单、维修方便等优点也相当突出。这些优点为一个多世纪以来人们追求电能用作汽车能源提供了无穷动力。

当然，电能用作汽车能源，也存在一些无法回避的突出缺点，如蓄电池的能量密度小，导致汽车的续驶里程短、动力性差和较为笨重，蓄电池的充电时间太长，多有不便。此外，电动汽车的成本也高了一些。

成本高并不致命，大量生产后电动汽车的成本自然会有较大幅度下降，即使按目前水平，由于电能的能源效率高，电动汽车的总成本也并不见得高。真正制约电动汽车发展的因素还是能量密度和充电时间两大技术因素。好在这两项技术不断有所进展。电动汽车在特殊用途车辆方面早已进入市场。混合动力和燃料电池的发展使电动汽车的主要缺点得到一定程度的弱化。近30年来，世界范围内能源意识和环保意识空前强化，电动汽车受到广泛地重视，在高度发达的现代科技面前，攻克电动汽车技术难关应当不再是旷日持久的事情。

根据世界能源的发展格局、电动汽车基础能源多样性的特点以及世界各国对电动汽车的重视程度和研究势头，预计一二十年内，电动汽车将从实验车型成长为真正的商品并成为汽车市场上的一个活跃品种。到21世纪中叶，电动汽车将成为汽车的主要品种之一。21世纪后期电动汽车有可能成为汽车市场的领头羊。

3.2 电动汽车的定义、类型

3.2.1 电动汽车的定义

电动汽车是电动车辆的一种,是指由车载电源提供全部或部分动力,用电动机驱动车轮行驶,符合道路交通、安全法规等各项要求的汽车。电动汽车具有内燃机汽车的性能,只是动力线路与内燃机动力线路不同,且具有电动车辆的基本特征。电动汽车的车载电源一般采用高效充电电池或燃料电池,其驱动电动机相当于传统内燃机汽车的发动机,蓄电池或燃料电池相当于传统内燃机汽车的油箱。电动汽车通常被分为纯电动汽车(Electric Vehicle, EV)、混合动力电动汽车(Hybrid Electric Vehicle, HEV)和燃料电池电动汽车(Fuel Cell Electric Vehicle, FCEV)三大类。

如图3-2所示,纯电动汽车也称电池电动汽车(Battery Electrical Vehicle, BEV)。一般我们认为,混合动力电动汽车是以内燃机为主、蓄电池为辅的汽车,但按照国际上的标准定义,则是用"有两种和两种以上的储能器、能源或转换器作为驱动能源,其中至少有一种能提高电能的车辆称为混合动力电动汽车"来判定。在这一标准定义下,混合动力汽车所涵盖的类型要广泛得多。

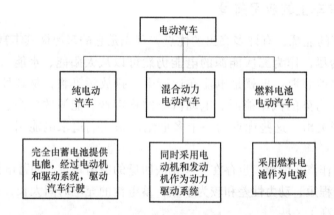

图3-2 电动汽车的类型

3.2.2 电动汽车的类型

现在自携电力源或动力源的电动汽车基本有两种模式,即多电源电力混合驱动模式电动汽车和多动力源动力混合驱动模式电动汽车。

1. 多电源电力混合驱动模式电动汽车

如前所述,纯电动汽车和燃料电池电动汽车可以采用单独的电源(蓄电池或燃料电池)来驱动汽车,但在大多数情况下,采用主电源与辅助电源相结合的多电源电力混合驱动模式来驱动汽车。

纯电动汽车和燃料电池电动汽车都是以电力作为能源,其电力变换系统、电力控制系统基本相同，都是用电动机来驱动。纯电动汽车和燃料电池电动汽车的不同之处是：

1）纯电动汽车的蓄电池必须由外接电源提供电能；蓄电池的电能是间断供给的；其行驶状态是间断的；续驶里程受蓄电池的荷电状态限制。

2）燃料电池电动汽车的燃料电池是一种自携式"发电"设备，只要连续供给燃料，燃料电池就可以连续产生电能；燃料电池电动汽车的行驶状态是连续的，续驶里程只受燃料箱容积的限制。

2. 多动力源动力混合驱动模式

混合动力电动汽车采用现代新技术的低油耗和低污染的发动机来取代普通的发动机，并配置了不同的变速器和驱动系统，与普通内燃机汽车基本相似。另外，混合动力电动汽车还采用电力辅助动力系统，以减少燃料的消耗。按配置的电力辅助动力系统形式的不同，其动力混合的方式有串联式、并联式和混联式等混合形式。发动机驱动模式仍然是其主要的驱动模式，电动机驱动模式一般是辅助驱动模式。不同的混合动力电动车辆，可以实现不同程度的节能、"低污染"或"超低污染"。

3.2.3 电动汽车的优点

1. 污染少

电动汽车由电力驱动，在行驶中不排放有害气体。即使电动汽车所消耗的电力由使用石油燃料的火力发电厂提供，火力发电厂的大气污染物主要是NO_x，根据电动汽车所消耗电力折算出以火力发电而估计的NO_x排放量，也不到同类型汽油车的10%。

2. 可使用多种能源

由于电动汽车使用二次电力能源，因而不受石油资源的限制，其应用可有效地减少我们对石油资源的依赖，可将有限的石油用于更重要的物质生产。向蓄电池充电的电力可以由煤炭、天然气、水力、核能、太阳能、风力、潮汐等转化而来，从而节省日渐枯竭的石油资源。此外，电动汽车可在夜间利用大量富裕电力充电，有利于电网均衡负荷，减少了能源浪费，提高了电力系统的整体效益。

3. 效率高

电动汽车的研究表明，其能源效率已超过普通内燃机汽车。特别是在城市运行时，汽车走走停停，行驶速度不高，而电动汽车并不会产生怠速损失，在制动时能回收能量。据调查发现，80%以上的电池能量可通过电动机转为汽车的动力，电动汽车停止时不消耗电量；在制动过程中，电动汽车的电动机可自动转化为发电机，实现制动减速时能量的再利用。即使考虑原油的发电效率、配送电效率、充放电效率等因素，电动汽车的最终效率也比内燃机汽车高。

4. 噪声低

噪声对人的听觉、神经、心血管、消化、内分泌、免疫系统有着极大的危害。发动机性能是影响汽车噪声、振动的重要因素。电动汽车由动力部分引起的噪声和振动，特别是在加速时，其电机的噪声和振动要比传统汽车的发动机低得多。

5. 更有利于智能化

由于电动汽车已达到电气化，更利于在电动汽车系统中采用先进的电子信息技术，提高汽车的智能化程度。电动汽车的电动机控制系统可与各个电子控制系统，包括无级变速、防抱死制动系统（ABS）、制动能量回收系统、安全气囊系统、自动空调系统等相协调，实现电动汽车的智能控制。

3.3 电动汽车的构造特点

各种各样的内燃机汽车已融入人类的生活。研发电动汽车的目的只是改变汽车的能源品种和改善传统内燃机汽车对环境的危害，因此电动汽车的结构除了内燃机和与之有关的进气系统、燃料供给系统、排气系统、传动系统、起动系统、冷却系统外，汽车造型、车身、底盘系统，甚至驾驶人的操作习惯也保留下来。虽然电动汽车处于研发、示范或推广阶段，结构形式多样，但概括起来，电动汽车一般包括电源供给系统、驱动系统、管理系统等子系统。

3.3.1 电源供给系统

电动汽车的电源供给系统主要由储能装置、变换装置和电源馈电线路组成。

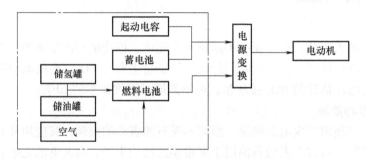

图3-3 电动汽车的电源供给系统

不同类型的电动汽车，其储能装置不尽相同（图3-3）。对于纯电动汽车，储能装置主要有各种蓄电池所组成的电源组件，有的还配有超级电容或飞轮储能装置作为辅助电源。蓄电池一般充满电后再安装，车上配有充电装置，可以在车上充电。对于以燃料电池为动力的电动汽车，要有供电池发电所需的燃料储备装置，燃料电池的类型不同，供给的燃料不同。如纯氢燃料电池须配有储氢罐，富氢型燃料电池则要有富氢燃料供给和重整装置等。

3.3.2 驱动系统

电动汽车主要是通过电动机把电能转化为机械能，因而其电动汽车驱动系统的作用是在驾驶人的控制下，高效率地将电池（蓄电池或燃料电池）或发动机的能量转化为车轮的动能，或者将车轮上的动能反馈到蓄电池中。由于电动机、电源种类的多样性，电动汽车的动力线路不像内燃机汽车的动力线路一样单一。从现有电动汽车的动力线路概括分析，一般来说，动力线路由储燃料（电能）装置、燃料电池发电站（蓄电池）、功率转换器、电动机、发电机、馈电线路、信号线路和电子空气器等组成。按照电动汽车选用的电源动力组合来分类，可分为纯电动汽车动力线路、燃料电池汽车动力线路和混合动力汽车动力线路三类，每类又根据选用的电动机的不同，细分为多种。在驱动和能量回收过程中，电能与电动机是经过功率转换器进行调节的。车轮通过不同的方式用电动机直接驱动或通过机械传动间接驱动。机械部分主要包括机械传动装置和车轮。电动汽车驱动系统如图3-4所示。

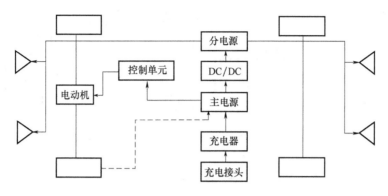

图3-4 电动汽车的驱动系统

1. 纯电动汽车的动力线路

与内燃机汽车的动力线路相比，纯电动汽车动力线路可分为常规型、无变速器型、无差速器型和电动轮型四种（图3-5）。常规型与内燃机汽车相比，在结构上只是用电动机代替了内燃机，无变速器型是去掉了内燃机、变速器，无差速器型是去掉了内燃机、变速器和差速器，而电动轮型则是用全新的形式代替原动力线路。

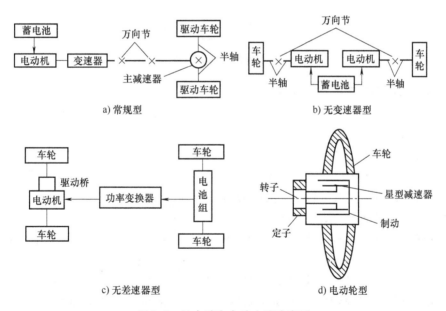

图3-5 纯电动汽车动力线路类型

2. 燃料电池电动汽车的动力线路

燃料电池的种类结构不同，所选配的辅助电池组的种类不同，这使燃料电池电动汽车的动力线路呈现出了多样性。一般来说，电动汽车由储料装置、重整装置、燃料电池发电站、控制器、功率转换器、电动机、发电机、馈电线路、信号线路等组成（图3-6～图3-8）。

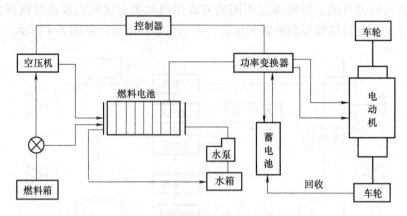

图 3-6　燃料电池动力系统示意图

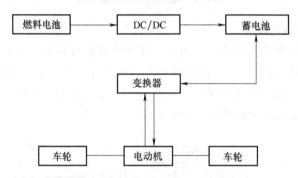

图 3-7　串并联式动力系统示意图

3. 混合动力电动汽车的动力线路

混合动力电动汽车是指内燃机 + 电动力的组合形式，本书讨论的这种混合动力电动汽车在技术上暂时回避了燃料电池的昂贵成本和蓄电池仅能支撑较短续驶里程的不足，突出了内燃机汽车经济运行时的优点，利用电池作为辅助动力来克服内燃机汽车的缺点。动力线路有串联型、并联型和混联型三种方式，如图3-9所示。

串联型的特点是发动机带动发电机发电，送给蓄电池，再经蓄电池使电能驱动电动机，以驱动汽车运动；蓄电池容量大。并联型可实

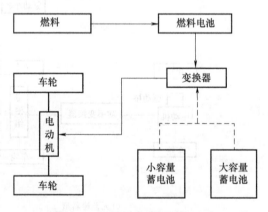

图 3-8　燃料电池汽车动力分类

现电动机或发动机的单独驱动，又可联合驱动，通常以发动机为主动力，蓄电池作为辅助动力，本田思域、大众高尔夫属此类型。混联型则综合了并联型的优点，既有串联型的电力传动，又有并联型的机械传动，如丰田普锐斯的 THS 动力系统即属串联型。

4. 能量转换方式

无论采用何种动力传递方式，电动汽车都需要通过电动机将电能转换为机械能而对汽

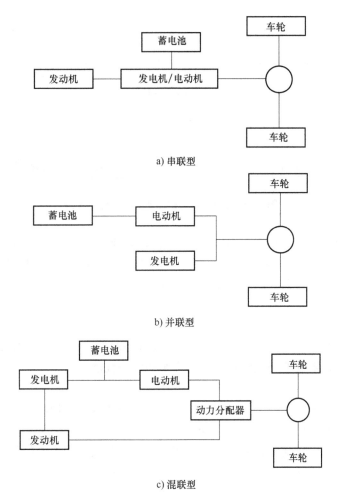

图 3-9 混合动力电动汽车动力线路示意图

车做功。适宜车用的电动机主要包括直流电动机、交流异步电动机、交流同步电动机、永磁电动机、开关磁阻电动机和超导型电动机等，它们分别适合不同类型、不同用途的电动汽车选用。

3.3.3 管理系统

相对于传统内燃机汽车而言，电动汽车与现代化的电子技术、计算机技术结合得更为紧密。在研发电动汽车的过程中，人们更加注重汽车的自动化、智能化以及整车的性能。目前而言，电动汽车的管理系统主要包括能源管理系统、能量回收利用系统和能量供给系统等组成部分。

1. 能源管理系统

能源管理系统就是对电动汽车动力系统的能源持续稳定的工作进行协调、分配和控制的软硬件系统，如图 3-10 所示。能源管理系统的硬件包括传感器、车载电脑、执行元件等部分。能源管理系统的功用就是在满足汽车基本技术性能和成本等要求的前提下，根据各部件的特性及汽车的运行状况，使能量在转换时能按最佳方式传递，实现整车能源利用效率的最合理化。

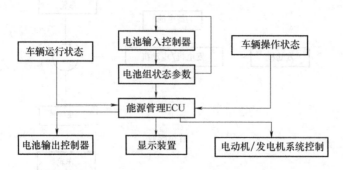

图 3-10　纯电动汽车能源管理系统组成图

电动汽车的种类不同，其能源规格、系统构成也不同。如纯电动汽车的能源转换装置由电动机/发电机、蓄电池、功率交换模块及动力传递装置组成；燃料电池电动汽车如果加上能量回收系统，则仅在纯电动汽车的基础上，加了储能装置及功率变换模块；混合动力汽车则较为复杂，一般包括发电装置（发动机/发电机）、储能装置、功率变换模块、动力传递装置、充放电装置等。

能源管理软件部分主要是对能量系统的工作进行有效监测和控制，使电动汽车的能量进行最佳控制，以最大限度地利用能量，提高汽车的经济性能。

2. 能量回收系统

由于汽车运行处于频繁的条件变化中，常常因下坡或减速而使能量白白浪费，而电动汽车可以利用电动机的可逆性（运行于发电状态）或专用转换装置将这些能量回收起来，变成电能储存在蓄电池里或其他储能器里重新使用，其中最具利用价值的就是汽车制动时的能量回收。这种把减速制动（刹车或下坡）时车辆的部分动能转化为电能，并储存于储能器的系统叫作制动能量回收系统。

电动汽车的制动能量回收系统由电动机/发电机、逆变电动驱动系统、蓄电池或储能装置、充电系统、回收发电控制系统组成，如图 3-11 所示。

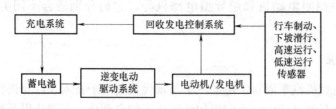

图 3-11　电动汽车能量回收原理

3. 能量供给管理系统

能量供给管理系统一般包括车载能源使用最佳分配体系和供车用地面支持供给体系。车载能源使用最佳分配体系主要通过对车载能源的实时消耗量与库存量的分析判断，根据汽车运行工况，合理使用并科学调配能源，提出补充能源的最佳方案。如果车用二次电池容量不足，应让汽车从能源库（站）及时得到补充。要得到电能，车上必须有充电设施，必须与地面能源库（站）设施相匹配。电源供给管理系统应解决如何使充电时间最短，如何建立能源供给网络，保证汽车有满意的续驶里程和合理的能源成本等诸多问题。如燃料电池的能源供应必须科学管理，将运能、储能和供能作为开口系统规划研究，设计最佳的能源供应网络链，重点研究氢原料的选择（是纯氢、富氢还是回收氢）、原料站点的设置规划和氢燃料的运输方式、储能站点的安全管理等。只有这些前期平台发展或设置完善，才能使电动汽车被顺利推广和广泛选用。如我国上海市已开始从有关工业副产品中回收氢气，作为氢燃料电池的原料。上海市还根据当地的客观条件，采用自己研制的储罐储能技术，使电动汽车的使用更为安全、方便，对推广和普及电动汽车、做好环境保护工作起到了重要的保证作用。

3.3.4 电动空调系统

电动汽车不仅与传统内燃机汽车在系统构成上存在着差别，不同类型的电动汽车也有不同的特点。纯电动汽车没有发动机作为空调压缩机的动力源，也没有发动机余热可以利用，以达到取暖、除霜的效果。燃料电池电动汽车也没有发动机作为空调压缩机的动力源，但是燃料电池发动机可以产生比较稳定的余热。对于混合动力电动汽车而言，发动机由其控制策略决定，不能作为制冷压缩机稳定的动力源。

汽车空调对车厢内部空气的调节，首要的是调节空气的温度，通过制冷来降低空气温度。根据电动汽车的特点，对于电动汽车而言，目前可以选择的空气制冷调节方式主要包括热电式制冷、电动压缩机制冷、余热制冷等，其中余热制冷可以考虑在燃料电池电动汽车上采用。

第 4 章 电动汽车储能装置

作为电动汽车储能装置的电池，其发展的历史可以追溯到一个多世纪前。1859 年法国科学家普兰特（Plante）发明的铅酸蓄电池是世界上第一个可充电的电池。1889—1901 年，瑞典的扬格纳（Jungner）和美国的爱迪生（Edison）先后研制成功了镍铁蓄电池和镍镉蓄电池。这些电池在实际应用中都经历了数次结构、工艺、材料等方面的改进，性能得到大幅度提高。随着 20 世纪 80 年代镍氢蓄电池（全称为金属氢化物镍电池）的问世以及 20 世纪 90 年代锂离子电池的出现，电池的性能和寿命有了极大的提升。同时，电池从研制成功到规模化生产的周期也大大缩短。目前，电动汽车用动力电池主要有蓄电池、燃料电池、超级电容、飞轮电池（飞轮储能器）等储能装置。

动力电池性能的提高是电动汽车发展的关键技术之一。它既是制约普及电动车的瓶颈也是电动汽车能否与传统内燃机汽车竞争的重要因素之一。

4.1 动力电池概述

4.1.1 电池的种类

电池的种类繁多，划分的方法也多种多样。动力电池按电池原理主要分为生物电池、物理电池和化学电池三大类。

1. 生物电池

生物电池主要利用生物（如生物酶、微生物或叶绿素等）分解反应过程中的带电现象进行能量转换，主要有酶电池、微生物电池和生物太阳电池等。生物电池有体积小、无污染、寿命长、可在常温常压下使用等优点。随着全球能源危机的日益加重，目前对电池的研究也日趋深入。因为海底是诸多动植物残骸的集聚地，所以很多人希望能将一望无际的海洋变为一个巨大的天然生物电池。

2. 物理电池

物理电池是指利用物理原理制成的电池，其特点是能在一定条件下实现直接的能量转换，主要有太阳能电池、飞轮储能装置、核能电池和温差电池等。

太阳能电池是通过光电效应或者光化学效应，直接把光能转化成电能的装置。太阳能电池以光电效应工作的薄膜式太阳能电池为主流，而以光化学效应工作的湿式太阳能电池则还处于萌芽阶段。

飞轮储能装置突破了化学电池的局限，用物理方法实现储能。众所周知，当飞轮以一定角速度旋转时，就具有了一定的动能。飞轮储能装置正是将此动能转换成电能的。

核能电池是依靠核子发生裂变或聚变工作的。

温差电池是一种直接将热能转换为电能的电池。化学电池是将化学反应产生的能量直接转换为电能的装置，也称化学电源，有多种类型和分类方法。

此外，超级电容是一种介于传统电解质电容器和电化学电池之间的新型储能元件。

3. 化学电池

化学电池是日常生活中使用得最多的电池。化学电池常按电解液种类、正负极材料和其功能进行分类。

1）按电池的电解液种类不同可分为碱性电池、酸性电池、中性电池及有机电解液电池等四类。碱性电池的电解质主要是以氢氧化钾水溶液为主，如碱性锌锰电池、镍镉蓄电池、镍氢蓄电池等；酸性电池主要以硫酸水溶液为介质，如铅酸蓄电池；中性电池是以盐溶液为介质，如锌锰干电池；有机电解液电池是主要以有机溶液为介质的电池，如锂离子电池等。

2）按电池的正负极材料不同常分为锌系列电池、镍系列电池、铅系列电池、锂系列电池、二氧化锰系列电池及空气（氧气）系列电池等。锌系列电池有锌锰电池、锌银电池等；镍系列电池有镍镉蓄电池、镍氢蓄电池等；铅系列电池有铅酸蓄电池等；锂系列电池有锂离子电池、锂锰电池、聚合物锂离子电池、磷酸铁锂电池；二氧化锰系列电池有锌锰电池、碱锰电池等；空气（氧气）系列电池有锌空气电池、铝空气电池等。

3）按电池功能分类也是根据电池的工作性质或储存方式而进行的分类方法。按电池功能不同主要分为一次电池、二次电池、燃料电池和储备电池等四类。

一次电池又称原电池，即不能再充电的电池。如果原电池中电解质不流动，则称为干电池，如锌锰干电池、锌汞干电池、锌银干电池等。

二次电池即可充电电池，习惯上称为蓄电池。它是目前电动汽车上用得最多的动力电池，主要有铅酸蓄电池、锂离子电池、镍氢蓄电池、钠硫电池等。

燃料电池又称"连续电池"，即将活性物质连续地注入电池，使其连续放电的电池。

储备电池又称激活电池，这类电池的正、负极活性物质在储存期不直接接触，使用前临时注入电解液或用其他方法使电池激活，如锌银电池、镁银电池等。

4.1.2 化学电池的组成

化学电池一般由电极（正极、负极）、电解质、隔膜和容器（外壳）四部分组成（图4-1）。

电极是电池的核心部分，一般由活性物质和导电骨架组成。所谓活性物质，是指通过化学变化释放出电能的物质。导电骨架主要起传导电子和支撑活性物质的作用。例如，铅酸蓄电池负极板的铅为活性物质,燃料电池质子交换膜上的氢为活性物质。单个电池或电池组上常标有"+""-",这是指示电池的正极端和电池的负极端,便于使用者分辨和外电路接线方便,以免接错。我们知道,按常规,电流的方向是出为"+"、入为"-",而电子的流动方向则是出为"-"、入为"+"。对于电池内电路,从回路的原理来看,电池内部的电解质应该是将电子送给外电路的负极,恰好与外电路相反,而对于电池内回路,则是发生还原反应,得到电子的电极应叫阴极;发生氧化反应,失去电子的电极应叫阳极。根据这个原则,则电池的负极对内应该是阳极,电池的正极对内应该是阴极。

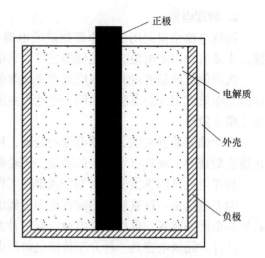

图4-1 化学电池的组成

电解质通常为固体或液体,液体电解质常被称为电解液,一般是酸、碱、盐的水溶液;固体电解质一般为盐类,由固体电解质构成的电池称为干电池。当构成电池的开路电压大于2.7V时,水易被电解为氢和氧,故液体电解质多选用非水溶剂的电解质。由于电池结构趋于小型化,阳极和阴极因距离近而容易内部短路,为避免此类现象发生,常在阴阳极之间加放绝缘的隔膜(板),这种隔离阴阳极的材料,称为电池的隔离物。对于多数电池而言,这种隔离物还能够起到阻挡电池储存或使用过程中的活性物质微粒的迁移或枝晶生长穿透的作用。目前电池的隔离物多用板材、膜材和胶状物。例如,铅酸蓄电池用的微孔橡胶隔板或塑料隔板均为板材,用多层浆纸无纺布、玻璃纤维等软性材料做隔离的称为膜材,干电池中的硅胶体、糊状物等隔离材料为胶状物。

电池的外壳是包容、保护电极、电解质和隔离物的保护层。一般要求壳体应有足够的强度和抗冲击性、耐蚀性,有足够的化学稳定性。

4.1.3 动力电池的基本术语

1. 电池的放电制度

电池的放电制度是指放电率、放电形式(恒流、变流或脉冲)、终止电压和温度。终止电压指充放电结束时的电池电压,分为充电终止电压和放电终止电压。在研究电池容量时要规定统一的放电电流,常用n小时放电率表示。如果以电流I放电,电池在n小时内放出的电量为额定容量的话,这个放电率称为n小时放电率。

2. 电池的容量

电池的容量是指充满电的电池在指定的条件下放电到终止电压时输出的电量,单位为$A \cdot h$。关于电池的容量,有理论容量、i小时率放电容量、额定容量、实际容量和剩余容量等概念,下面分别予以说明。

1)理论容量是假定电池中的活性物质全部参加成流反应,根据法拉第定律计算所能给出的电量。理论容量是电池容量的最大极限值。电池实际放出的容量只是理论容量的一部分。

2) i 小时率放电容量是在恒流放电条件下，正好用 i 小时把充满电的电池放电到终止电压时能够放出的电量，通常用 Ci 表示。通常，起动电池用 C_{20}、牵引电池用 C_{50}、电动汽车用电池用 C_{30} 表示。

3) 额定容量是在规定条件下电池应放出的电量。额定容量是制造商标明的安时容量，是验收电池质量的重要技术指标。我国的国家标准中，使用了小时率放电容量来定义电动汽车电动道路车辆用动力蓄电池的额定容量。新电池达不到额定容量为不合适产品；旧电池的实际容量与其额定容量之差超过某一限度时，则应报废。

4) 实际容量是指充满电的电池在一定条件下所能输出的电量，它等于放电电流和放电时间的乘积。

5) 剩余容量是电池经过使用后，在指定的放电率和温度状态下可以从电池中放出的电量。

3. 电池的开路电压

蓄电池处于开路（断路）状态下电极两端的电位差称为开路电压，一般用高内阻的电压表或万用表测量。电池的开路电压主要取决于构成电池的材料特性，如正、负极材料及电解液的性质。对于同一系列的电池，如果材料来源不同，晶型结构不同，则制成电池的开路电压也会略有差异，这一点在进行电池组合时需特别注意，即要求选性能尽可能一致的单体电池为同一组。开路电压是电池体系的一种特征数据，随着电池存放时间的延长，其开路电压会有所下降，这是电池自放电引起的，但下降幅度不大。如果电池的开路电压下降很快，则说明电池内部可能存在慢性短路，或电池性能趋于衰退，接近报废。

4. 电池的内阻

电池放电时的内阻包括欧姆内阻和极化电阻。欧姆内阻是电池中各组成部分的电子导电阻力、离子导电阻力及接触电阻之和，与电极结构和装配工艺有关。极化电阻是电极反应形成的，与电极反应的本质及材料有关。电池内阻越小，电池工作输出电流时电池内部的压降就越小，电池就能输出较高的工作电压和较大的电流，输出能量和容量也就越大。

5. 电池的工作电压、放电终止电压和放电曲线

电池工作电压是指电池放电时，电池两极之间的电位差，也叫放电电压或端电压。工作电压应等于其开路电压减去电池内阻的压降，与放电制度有关。放电制度是指电池放电时所规定的各种条件，主要包括放电方式（指连续或间断）、放电电阻、放电电流、放电时间、放电终止电压及放电环境温度等。

放电终止电压是指电池放电时，电压下降到不宜再继续放电的最低工作电压。根据不同的电池类型及放电条件，对电池容量和寿命的要求也不同，因此所规定的电池放电终止电压也不同。一般在低温或大电流放电时，终止电压要求低，因为此时电极极化大，活性物质不能得到充分利用，电池电压下降较快。而在小电流放电时，终止电压就规定得较高，因小电流放电电极极化小，且活性物质能得到充分利用。

放电曲线表示在一定放电条件下连续放电时，电池的工作电压随时间变化的关系曲线。图 4-2 所示为某电池在不同放电率（1 小时率、3 小时率、5 小时率、8 小时率、10 小时率）下的放电曲线。从中可清楚地看出放电时其工作电压随时间的变化过程，通过放电曲线也可计算出放电时间和放电容量。放电时率小者，其电压下降速度快，终止电压低，放电时间也短，还影响了电池的实际使用效果。反之，放电时率大者，其工作电压下降慢，往往也能输出较多的能量。工作电压的变化速度也被称为放电曲线的平稳度。

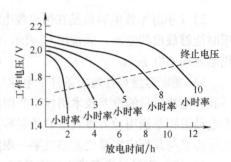

图4-2 不同放电时率下的放电曲线

6. 电池的能量

电池的能量是指在按一定标准所规定的放电制度下，电池所输出的电能，单位为瓦时（W·h）或千瓦时（kW·h）。

电池能量通常有如下几种：

1）总能量。蓄电池在其寿命周期内输出电能的总和。

2）充电能量。通过充电器输入蓄电池的电能。

3）放电能量。蓄电池放电时输出的电能。

在此需特别强调容量与能量的区别：前者表示电池输出的电量，而后者表示其做功能力的能量。能量可以用容量乘以放电平均电压获得。电气设备用电流控制时，则用容量衡量；当电压显得重要时，则多用能量衡量；分析比较电动汽车能量利用效率时也用能量衡量。

7. 能量密度

电池的能量密度有质量能量密度和体积能量密度之分。质量能量密度是指电池单位质量所能输出的电能，单位为瓦·时/千克（W·h/kg）。体积能量密度是指电池单位体积所能输出的电能，单位为瓦·时/升（W·h/L）。

8. 电池的功率与功率密度

电池的功率是指在一定的放电制度下，单位时间内电池输出的能量，单位为瓦（W）或千瓦（kW）。单位质量的电池输出的功率称为质量功率密度，单位为W/kg。单位体积的电池输出的功率称为体积功率密度，单位为W/L。

9. 电池的寿命

电池的寿命是指电池使用时间或充电循环次数所表示的电池耐用性。循环充电电池经历一次充电和放电的过程，称为一个循环或一个周期。在一定的充放电制度下，电池容量下降到某一规定值时，电池所能经受的循环次数，称为蓄电池的循环寿命。影响蓄电池循环使用寿命的主要因素如下：在充放电过程中，电极活性表面积减小；电极上活性物质脱落或转移；电极材料发生腐蚀；电池内部短路；隔膜损坏或活性物质晶型改变，活性降低。在每个充放电循环中，电池中的化学活性物质都要发生一次可逆性的化学反应。随着充放电次数的增加，电池中的化学活性物质会逐渐老化变质，活性衰减，化学功能减弱，使得电池的充放电效率逐渐降低，最后电池丧失功能而报废。蓄电池的循环周期与其充电和放电的形式、使用环境温度和放电深度有关，放电深度"浅"时，有利于延长电池的寿命。蓄电池在电动汽车上的使用环境（包括所受的振动、温度变化），电池组中各个电池的均衡性和安装方式等，都会影响电池的工作循环次数和使用寿命。

10. 电池的温度特性

环境温度是影响电池性能的重要因素。实际上，电池也有以工作温度状态分类的，如铅酸蓄电池在常温下工作，而钠硫电池需在高温下才能工作。电池对环境温度及温度升高的情况都较敏感，大部分都要求在较狭窄的温度范围内工作才能保持较高的性能，否则就会损坏。因此，蓄电池在电动汽车上的安装使用，还需注意其环境温度和温升状态的调节控制。

11. 成本

电动汽车的普及使用与车用蓄电池的制造成本有密切关系。目前选用铅酸蓄电池作动力源的纯电动汽车，电池组成本一般占总成本的25%~35%。目前研究开发的高比能量电池成本很高，平均占总成本的50%以上，使电动汽车的价格偏高，还不能被市场普遍接受。电池成本是影响电动汽车发展普及的关键。例如，燃料电池中的电极活性物质是金属铂（Pt），起初只能做到$10mg/cm^2$，一个单元电池组（35kW）则需铂金属1400g，折合人民币约40万元。随着技术的改进，现在可以达到$0.05mg/cm^2$的水平，折合人民币2000元，尽管如此，仍不能与内燃机汽车的发动机价格相比。蓄电池，尤其是燃料电池的成本已成为制约电动汽车发展的瓶颈。

4.2　铅酸蓄电池

自1859年普兰特（Plante）发明铅酸蓄电池以来，至今已有160年的历史，铅酸蓄电池的有关理论与技术取得了许多突破性进展。铅酸蓄电池由于具有成本低、适用性宽、可逆性好、大电流放电性能良好、可制成密封免维护结构等优点，被广泛地应用于车辆和电力、铁路、矿山、采掘、计算机等领域。但是，以往的铅酸蓄电池均为开口式或防酸隔爆式，充放电时析出的酸雾污染及腐蚀严重，又需经常维护，即补加酸和水。

1957年，德国阳光（Sonnenschein）公司首次将凝胶电解质技术用于铅酸蓄电池，制成接触变性凝胶工业电池并投放市场。同年，英国克劳瑞德（Chloride）公司发明了Tovgue starter再化合免维护汽车电池，标志着实用密封铅酸蓄电池的诞生。1971年，美国盖茨（Gates）公司首次将超细玻璃纤维应用于密封铅酸蓄电池中，生产出吸液式卷绕极板圆筒形电池，获得专利并批量生产，第一次将氧气复合原理在商品电池中应用，实现了铅酸蓄电池技术上的重大突破。1973年，第一个商业化的阀控式铅酸蓄电池诞生了。密封铅酸蓄电池的生产为古老的铅酸蓄电池带来了勃勃生机，并以优良的性能价格比、安全可靠的使用性能迅速占领了市场。

4.2.1　铅酸蓄电池的型号

铅酸蓄电池是采用稀硫酸做电解液，用二氧化铅和绒状铅分别作为电池的正极和负极的酸性蓄电池，通常按用途、结构和维护方式来分类。实际上，我国铅酸蓄电池产品型号的中间部分就包含其类型。

通常，铅酸蓄电池型号用三段式来表示：第一段用数字表示串联的单体电池数，第二段用两组字母分别表示其用途和特征，第三段用数字表示额定容量。如型号6DAW150表示由6个单体电池串联组合（通常单体电池电压为2.0V）成为额定电压12V，用于电动道路车辆干荷电式免维护，额定容量为150A·h的蓄电池。表4-1列出了铅酸蓄电池型号中表示用途和特征的两组拼音字母含义。

表 4-1　铅酸蓄电池型号中表示用途和特征的两组拼音字母含义

字母	用　　途	字母	特　　征
Q	起动用（起动发动机，要求大电流放电）	A	干荷电式（极板处于干燥的荷电状态）
G	固定用（固定设备中作保护等备用电源）	F	防酸式（电池盖装有防酸栓）
D	电池车（作牵引各种车辆的动力电源）	FM	阀控式（电池盖设有安全阀）
N	内燃机车（用于内燃机车起动和照明等）	W	无需维护（免维护或少维护）
T	铁路客车（用于车上照明等电器设备）	J	胶体电解液（电解液使用胶状混合物）
M	摩托车用（摩托车起动和照明）	D	带液式（充电态带电解液）
KS	矿灯酸性（矿井下照明等）	J	激活式（用户使用时需激活）
JC	舰船用（潜艇等水下作业设备）	Q	气密式（盖子的注酸口装有排气栓）
B	航标灯（航道夜间航标照明）	H	湿荷式（极板在电解液中浸渍过）
TK	坦克（用于坦克起动及其用电设备）	B	半密闭式（电池槽半密封）
S	闪光灯（摄像机等用）	Y	液密式

4.2.2　铅酸蓄电池的工作原理

铅酸蓄电池的活性物质在充电和放电时，发生的可逆的化学变化过程，可以用以下化学方程式来表示：

$$\underset{\text{正极}}{PbO_2} + 2H_2SO_4 + \underset{\text{负极}}{Pb} \underset{\text{充电}}{\overset{\text{放电}}{\rightleftharpoons}} \underset{\text{正极}}{PbSO_4} + 2H_2O + \underset{\text{负极}}{PbSO_4}$$

铅酸蓄电池经过灌装电解液和充电后，就可以从铅酸蓄电池的接线柱上引出电流。单体铅酸蓄电池的电压为2V，通常所使用的蓄电池组是由多个单体蓄电池串联组成。在使用或存放一段时间后，单体电池的电压可能降低到1.8V以下。如果电压继续下降，铅酸蓄电池将会损坏。

4.2.3　铅酸蓄电池的构造

1. 普通型铅酸蓄电池

汽车用普通铅酸蓄电池（图4-3）一般由3个或6个单体电池串联而成，每个单体电池的电压约为2V。现代汽车用普通型蓄电池主要由极板、隔板、电解液、外壳、联条、极桩等组成。

1）极板。极板是蓄电池的核心部件，由栅架和活性物质组成。极板栅架是由铅锑合金铸造而成的，其中锑的作用是可以提高栅架的机械强度。但是锑含量不能过高，因为它会加重蓄电池的自放电，以及加速栅架腐蚀，缩短蓄电池的使用寿命。目前多采用低锑极板栅架或不含锑的栅架。极板上的活性物质有两种：正极板上的是二氧化铅，呈深棕色；负极板上的是纯铅，呈青灰色。在每个蓄电池的单格中都有多片正、负极板，这主要是为了增大蓄电池的容量，并且在每个单格中负极板要比正极板多一片，这样每个正极板两侧都有一片负极板，可以保证正极板两侧放电均匀。另外，由于正极板处的化学反应比较剧烈，反应前后活性物质体积变化较大，正极板夹在负极板中间，还可减少正极板的翘曲和活性物质

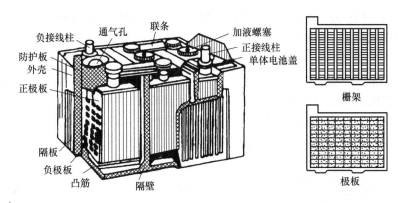

图 4-3 普通铅酸蓄电池的构造

的脱落。

2）隔板。为了减小蓄电池的尺寸，蓄电池的正负极板应尽可能地靠近。为了防止正负极板彼此接触而短路，需要在正负极板间加装隔板。隔板材料应具有良好的多孔性，以便于电解液的渗透，还应具有良好的耐酸性和抗氧化性。隔板的材料有木质的、微孔橡胶、微孔塑料、玻璃丝、玻璃棉毡等。目前用得比较多的是微孔塑料，因为它做成的隔板孔径小、孔率高、成本低。安装时隔板带槽的一面应朝向正极板，且沟槽必须与外壳底部垂直。因为正极板在充放电过程中化学反应剧烈，沟槽只能使电解液上下流通，也能使气泡上下流通，还能使脱落的活性物质沿槽下沉。现在有的厂家把隔板做成信封式，套在正极板上，可以有效防止活性物质脱落。

3）电解液。汽车用铅酸蓄电池的电解液使用专用的纯硫酸和蒸馏水，按一定的比例配制而成。电解液的相对密度对蓄电池的性能和使用寿命影响很大。为了提高蓄电池的容量和降低电解液的冰点，电解液的密度大一些较好。但是电解液的相对密度过大，会使流动性变差，反而降低蓄电池的容量，缩短蓄电池的使用寿命。另外，电解液的密度也和地区及环境温度有关。

4）外壳。外壳是用来盛装极板组合和电解液的，使蓄电池构成一个整体，因此又叫容器或壳体。外壳常用的材料有两种，硬橡胶和塑料。目前用得比较多的是塑料。因为硬橡胶的脆性较大，所以抗振性能不是很好，对蓄电池的使用性有一定的影响。而塑料不仅价格低廉、脆性小、实用性强，而且半透明状的塑料还有利于观察电解液的液面。

5）联条。联条的作用是将单个蓄电池串联起来，提高整个蓄电池的端电压。联条一般由铅锑合金铸造而成。硬橡胶外壳蓄电池的联条位于电池上方，塑料外壳蓄电池则采用穿壁式联条。

6）极桩。普通蓄电池首尾两极板组的横板上焊有极桩，极桩有圆锥形、"L"形和侧孔形三种。为了便于区分，一般正接线柱上或旁边标有"+"或"P"记号，负接线柱上标有"-"或"N"记号。有些蓄电池正接线柱上涂有红色油漆。

2. 水平式铅酸蓄电池与双极式蓄电池

所谓"水平式蓄电池"就是极板为水平安置的电池，其结构如图 4-4a 和图 4-4b 所示。水平式铅酸蓄电池的极板的外面，是用高强度玻璃纤维和铅丝编织成的网状织布，用它做成极板基体。在网状织布极板基体上涂敷铅和二氧化铅，构成双层格网板，作为水平铅酸蓄电池的负极和正极。极板水平重叠分层置放,使得极板上的活性物质能够充分地接触。在水平铅酸蓄电池的电池组上,装有控制阀,防止气体发生膨胀。

所谓"双极式蓄电池",是将原蓄电池的隔板去掉,正、负极板合一,一面涂正极板活性物质,另一面涂负极板活性物质,如图4-4c所示。据报道,英国-家公司用钛化合物作电极制成的铅酸蓄电池比能量达到60W·h/kg,几乎接近镍-氢电池、锂电池的比能量。如果在技术上取得突破,价格低廉的铅酸蓄电池会大力推动纯电动汽车的推广和普及。

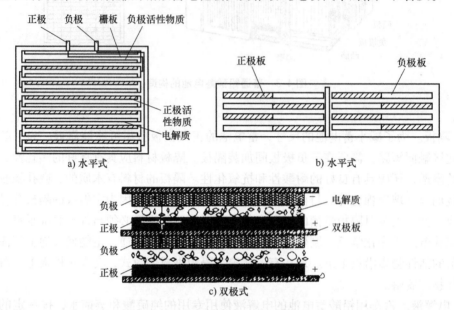

图4-4 水平式蓄电池及双极式蓄电池的结构

3. 干荷电式蓄电池

极板组在干燥状态下仍能长期保存自身电荷,具有这种独特功能的蓄电池叫作干荷电式蓄电池。这种蓄电池的负极板的活性物质在铅中配有一定比例的抗氧化剂,如松香、羊毛脂、油酸、有机聚合物和脂肪酸等。经深化处理后,使活性物质形成较深层的海绵状结构,再经防氧化浸渍处理,使极板表面附着了一层极薄的保护膜,提高了抗氧化性能,最后经惰性气体或真空干燥处理。经过这样处理后,负极板上的海绵状纯铅在空气中能长期保存而不氧化,在反应中获得的大量负电荷不至于消失。以上就是干荷电式蓄电池具有长期保存其电荷功能的原因。

4. 湿荷电式蓄电池

湿荷电式蓄电池与普通蓄电池所不同的是采用极板群组化成,化成后将极板浸入密度为$1.35g/cm^3$(15℃),内含0.5%(质量比)硫酸钠的稀硫酸溶液中浸渍10min。硫酸钠在负极板活性物质表面起抗氧化作用,经离心沥酸后,不经干燥即进行组装密封。湿荷电式电池极板和隔板仍带有部分电解液,蓄电池内是湿润的,因此称为湿荷电式蓄电池。

5. 免维护型蓄电池

免维护型蓄电池是指在使用寿命期限内,除要保持表面清洁外,不需其他维护的蓄电池。这与它自身的结构特点密切相关。

1) 免维护蓄电池采用低锑合金或铅钙合金做极板栅架。因为栅架含锑少或不含锑，提高了氢在蓄电池负极、氧在正极析出的低电位，从而有效地保存了蓄电池中的水分，也有效地减少了蓄电池的自放电，这使蓄电池在使用过程中不需要加蒸馏水。

2) 采用信封式隔板。这样就可以有效地避免正极板上活性物质的脱落，延长蓄电池的使用寿命。

3) 采用内装饰密度计。从密度计指示器指示的不同颜色，可以判断蓄电池的存电状态及液面高度。

4) 采用安全通气装置（阀控制装置）。这使得蓄电池可避免其内部硫酸气与外部的火花直接接触，防止爆炸。另外，通气塞处还装有催化剂钯，可把氢气和氧气催化化合成水重新流回到蓄电池中，从而保持了水分。

5) 联条采用穿壁式连接。这种连接方式可以减小蓄电池的内阻，提高蓄电池的容量。

车用阀控铅酸蓄电池的外形如图 4-5 所示。

图 4-5 车用阀控铅酸蓄电池的外形

6. 胶体型蓄电池

胶体型蓄电池的电解液是由稀的硫酸钠溶液和硅酸溶液混合而成的胶状物质。这种蓄电池因为电解液的流动性不强，所以在储存、保管、运输及使用过程中都比较安全，但容量与普通蓄电池相比有所降低。

4.2.4 铅酸蓄电池的特性

图 4-6 所示为铅酸蓄电池充放电时，其电压随时间的变化关系曲线，其中实线为充电特性，虚线为放电特性。下面结合其工作原理的化学反应方程式来分别讨论充放电过程中电压的变化因素。

在充电开始时，硫酸铅转化为二氧化铅和铅，相应地有硫酸生成，使活性物质表面硫酸浓度迅速增大，因此，电池端电压沿着图 4-6 中实线 OA 而急剧上升。当达到 A 点后，由于扩散使活性物质表面及微孔内的硫酸浓度不再急剧上升时，端电压也就上升得较缓慢（ABC 部分）。这样，活性物质逐渐从硫酸铅转化为二氧化铅和铅，活性物质的孔隙也逐渐扩大，孔隙率增加。随着充电的进行，逐渐接近于电化学反应的终点，即充电曲线的 C 点。当极板上所存硫酸铅不多，通过硫酸铅的溶解，提供电化学氧化和还原所需的 Pb^{2+} 离子极度缺乏时，电化学反应的极化增加，这时正极的电极电势变得更正使得氧气大量析出。负极的电极电势变得更负，达到析出氢的电势，结果充电的电池端电压迅速升高，大量气体析出，进行水的电解过程，表现为充

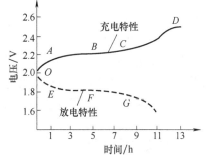

图 4-6 充放电时电压随时间的变化关系曲线图

电曲线的 CD 段电压急剧上升。

蓄电池充电还受到充电电流条件的影响，充电电流越大，活性物质的反应越快，反应生成 H_2SO_4 的速度越快，浓度增加得越快，蓄电池的端电压上升越快。一般来说，用较大的电流来充电时，固然可以加快充电过程，但能量损失也大，在充电终期大部分的电能用于产生热量和分解水。另外，用较大的电流来充电时，在电极上电流的分布也更加不均匀，电流分布多的部分活性物质的反应快，电流分布少的部分活性物质不能充分转化。因此，在蓄电池充电的后期应减小充电电流。

蓄电池在未放电期间，其活性物质微孔中的电解液 H_2SO_4 浓度与极板外部主体的电解液 H_2SO_4 浓度相等。电池的端电压（开路电压）与此硫酸浓度相对应。然而放电一旦开始，活性物质表面处的硫酸被消耗，浓度立即下降，而硫酸由溶液主体向表面的扩散过程缓慢，不能及时补偿所消耗的硫酸，故活性物质表面处的硫酸浓度继续下降。而决定电极电势数值的正是活性物质表面处的硫酸浓度，结果导致电池的端电压也急剧下降（图 4-6 中虚线的 OE 段）。但随着活性物质表面处硫酸浓度的降低，造成了与主体溶液浓度之间的浓度差别，促进了向表面的扩散过程，于是活性物质表面及微孔内的硫酸得到补充。在一定电流放电时，单位时间消耗的硫酸量基本上可由扩散来的硫酸予以补充，活性物质表面处的硫酸浓度较稳定，因而端电压也较稳定。但由于硫酸被消耗，整体的硫酸浓度降低，活性物质表面的硫酸浓度也缓慢下降，故放电曲线的 EFG 段表现出电压缓慢下降。另一方面，在此期间，正、负极活性物质二氧化铅和铅也逐渐转变为硫酸铅，随着放电反应的进行，硫酸铅逐渐向活性物质深处扩展，加之硫酸铅的生成使活性物质孔隙率降低，硫酸从极板外部向活性物质微孔内部的扩散越来越困难。硫酸铅的导电性不良，电解液电阻的增加，这些原因的综合，最后在放电曲线的 G 点附近出现端电压的急剧下降，达到所规定的终止电压。

蓄电池的放电电压还与放电电流密切相关，大电流放电时蓄电池的端电压下降明显。平缓部分（图 4-6 中的 EFG 段）缩短，曲线的斜率也加大，放电时间缩短。随着放电电流的减小，蓄电池电压的下降趋缓，曲线也较平缓，放电时间延长。这种放电特性对蓄电池的正确使用有重要意义。

虽然密封铅酸蓄电池的能量低，但其价格低廉，因此仍是多数情况下被使用的蓄电池。它的制造技术成熟，可靠性和安全性方面也都很优越。此外，由于其单体电池电压高，串联起来的电池数少，比功率（决定了汽车加速爬坡性能的优劣）也很大。对于铅酸蓄电池来说，密封式比开放式寿命短，但因为它几乎是免维护的，所以是通常情况下的选择。但是，如果密封铅酸蓄电池长期处于过放电状态，其性能就会急剧恶化，此外由于它不太适合于快速充电，所以充电的时候需要特别注意。

4.3 镍氢蓄电池

镍氢（Ni-MH）蓄电池属于碱性电池，是在镍镉蓄电池基础上发展起来的，它的许多基本特性和镍镉（Ni-Cd）蓄电池相似，但镍氢蓄电池不存在重金属污染问题，因而又被称为绿色电池。20 世纪 70 年代，荷兰飞利浦（Philips）公司成功运用 $LaNi_5$ 储氢合金开发了镍氢蓄电池，但是由于容量衰减太快，进展很慢。20 世纪 80 年代，飞利浦公司制成了 $LaNi_{2.5}Co_{2.5}$ 储氢合金材料，成功研制了镍氢蓄电池。20 世纪 90 年代随着电动汽车，尤其是混合动力汽车研究开发的需要,镍氢蓄电池向高能量动力电池的方向迅速发展。

4.3.1 镍氢蓄电池的分类

镍氢蓄电池(也称氢镍蓄电池)和镍镉蓄电池同属碱性电池,两者的特性也基本相似。碱性电池的比功率、比能量和循环寿命等性能指标都要远远高于铅酸蓄电池。但镍镉蓄电池存在严重的记忆效应,并且镉是剧毒物,而镍氢蓄电池不含镉、铜,不存在重金属污染问题。

镍氢蓄电池可分为高压镍氢蓄电池和低压镍氢蓄电池两类。高压镍氢蓄电池是20世纪70年代初由美国克莱恩(M. Klein)等首先研制的,单体电池采用镍(Ni)电极为正极,氢(H_2)电极为负极,因此高压镍氢蓄电池也多称为Ni-H_2电池。Ni-H_2电池的氢电极与镍电极之间夹有一层吸饱氢氧化钾(KOH)电解质溶液(20℃密度为$1.30g/cm^3$)的石棉膜。氢电极是用活性炭作载体,聚四氟乙烯(PTFE)黏结式多孔气体扩散电极,它由含铂催化剂的催化层、拉伸镍网导电层、多孔聚四氟乙烯防水层组成。镍电极可以用压制的Ni$(OH)_2$电极,也可用烧结的Ni$(OH)_2$电极。高压镍氢蓄电池具有比能量较高、寿命长、耐过充放电以及可以通过氢压来指示电池荷电状态等优点。其主要缺点是容器需要耐高氢压,一般充电后氢压达3~5MPa。这就需要用较重耐压容器,降低了电池的体积比能量及质量比能量;自放电较大;不能漏气,否则电池容量减小,并且容易发生爆炸事故;成本高。因此,目前研制的高压镍氢蓄电池主要是应用于空间技术。

低压镍氢蓄电池又被分为两种:一种是在镍氢蓄电池中放入具有可逆吸放氢的储氢合金,以降低氢压;另一种低压镍氢蓄电池以储氢合金(MH)为负极,氧化镍Ni$(OH)_2$为正极,氢氧化钾(KOH)溶液为电解质。这种镍-金属氢化物(Ni-MH)电池(也简称镍氢蓄电池)与镍镉蓄电池相比,两者的结构相同,只是所使用的负极不同,镍镉蓄电池使用海绵状的镉为负极,而镍氢蓄电池使用储氢合金为负极材料。镍-金属氢化物电池有许多独特的优点:能量密度高,是镍镉蓄电池的1.5~2倍;可快速充放电,低温性能好;可密封,耐过充放电能力强;无毒,无环境污染,不使用贵金属;无记忆效应。镍-金属氢化物电池被称为环保绿色电池。

4.3.2 镍氢蓄电池的工作原理

如图4-7所示,镍氢蓄电池的正极,是球状氢氧化镍(Ni$(OH)_2$)粉末与添加剂钴等金属、用塑料和黏合剂等制成的涂膏涂在正极板上。在正极材料中添加Ca、Co、Zn或稀土元素,对稳定电极的性能有明显的改进。采用镍粉、石墨等作为导电剂时,可以提高在大电流时的放电性能。

镍氢蓄电池的负极的关键技术是储氢合金,要求储氢合金能够稳定的经受反复的储氢和放氢的循环。储氢合金有稀土系(LaN_5)、钛系列(TiNi、Ti_2Ni等)、锆系列($ZrMn_2$)、镁系列(Mg_2Ni、Mg_2Cu等)与钴、锰等金属元素烧结的合金,是一种允许氢原子进入或析出的多金属合金的晶格基块。储氢合金的种类和性能,对镍氢蓄电池的性能有重要影响。储氢合金经过热处理和表面处理,可以增加储氢合金的防腐性能,这有利于提高镍氢蓄电池的比能量、比功率和使用寿命。

电解质是水溶性氢氧化钾和氢氧化锂的混合物。在充电过程中,水在电解质溶液中分解为氢离子和氢氧离子,氢离子被负极吸收,负极的金属转化为金属氢化物。在放电过程中,氢离子离开了负极,氢氧离子离开了正极,氢离子和氢氧离子在电解质氢氧化钾中结合成水并释放电能。

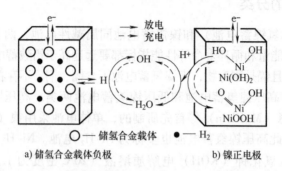

a) 储氢合金载体负极　　　b) 镍正电极

图 4-7　镍氢电池在碱性电解液中进行反应的模型

4.3.3　镍氢蓄电池的构造

镍氢蓄电池的负极是储氢合金,正极是氢氧化镍(Ni(OH)$_2$),用氢氧化钾(KOH)作为电解质,在正负极之间有隔膜,共同组成镍氢单体电池。在金属铂的催化作用下,完成充电和放电的可逆反应。氢气是没有毒性的物质。镍氢蓄电池无污染,安全可靠,使用寿命长,而且不需要补充水分。

镍氢蓄电池的极板有发泡体和烧结体两种。发泡体极板的镍氢蓄电池在出厂前必须进行预充电,且放电电压不能低于 0.9V,其工作电压也不太稳定,特别是在存放一段时间后,会有近 20% 的电荷流失,老化现象比较严重,为避免发泡镍氢蓄电池老化所造成的内阻增高,镍氢蓄电池在出厂前必须进行预充电。经过改进的镍氢蓄电池的烧结体极板本身就是活性物质,不需要进行活性处理,也不需要进行预充电,电压平衡、稳定,具有低温放电性能好、不易老化和寿命长的优点。

镍氢蓄电池的基本单元是单体电池,每个单体电池都由正极板、负极板和装在正极板和负极板之间的隔板组成。每节电池的额定电压为 13.2V(充电时最大电压为 16.0V),然后将电池按使用要求组合成不同电压和不同容量镍氢蓄电池总成。该种镍氢蓄电池比能量达到 70W·h/kg,能量密度达到 165W·h/L,比功率在 50% 的放电深度下为 220W/kg,在 80% 的放电深度下为 200W/kg,可以大幅提高混合动力汽车的动力性能。通常镍氢蓄电池的外形有方形和圆形两种,如图 4-8 所示。

4.3.4　镍氢蓄电池的性能特征

镍氢蓄电池由于采用了储氢合金(MH)为负极,此合金可吸收高达本身体积 100 倍的氢,储氢能力极强,使得其能量密度得到较大提高。由于采用了高导电性电解液,电池内阻较小,可以适应大电流放电。镍氢蓄电池可分为低倍率电池、中倍率电池、高倍率电池,适用于较大功率输出的场合。镍氢蓄电池采取恒电流充电方式充电,根据电池对电流的接受能力可采用不同的电流对电池充电,充电过程中对电池的单体电压限制要求较低,并可实现快速充电。镍氢蓄电池在较高温度充电时,副反应氧析出反应会加速,如果有较好的负极性能,在正极上析出的氧气可以在负极上还原,从而使电池内压得以消除,通过调整配方工艺

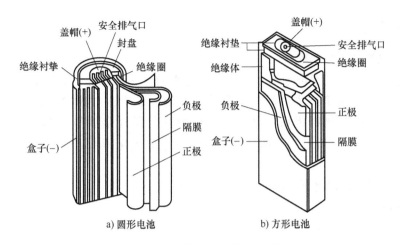

图 4-8 镍氢蓄电池的基本构造

有望提高电池在高温时的充电效率。

目前镍氢蓄电池所能达到的性能指标：单体电池的标称电压为 1.2V；能量密度为 55~70W·h/kg；功率密度为 160~500W/kg；快速充电从满容量的 40% 充到 80% 为 15min；工作温度为 -30~50℃。镍氢蓄电池的优点是能量密度、功率密度均高于铅酸蓄电池和镍镉蓄电池，循环使用寿命在实际电动汽车用电池中也是较高的；快速充电和深度放电性能好，充放电效率高；无重金属污染，全密封免维护。

镍氢蓄电池的缺点是成本高，价格为相同容量铅酸蓄电池的 5~8 倍；单体电池电压低（1.2V）；自放电损耗大；对环境温度敏感，电池组热管理要求较高。

近几年，随着电动汽车的发展，镍氢蓄电池也受到了普遍的关注。随着镍氢蓄电池技术的不断发展，其能量密度、功率密度、循环寿命和快速充电能力还会大幅度提高，价格也将大幅度降低。许多公司都把镍氢蓄电池作为今后电动汽车的首选电池。

4.4 二次锂电池

锂电池是用金属锂作负极活性物质的电池的总称，它包括一次锂电池和可充电的二次锂电池。锂的标准电极电位最低可达到 -3.045V，因此以锂为负极组成的电池具有比能量大、电池电压高、放电电压平稳、工作温度范围宽（-40~50℃）以及寿命长等优点。可以说，锂电池是目前车用动力电池中最具发展潜力的蓄电池。近年来世界各国对锂电池的进一步开发研究投入不少，并取得了一些成果。我国对发展锂电池有着得天独厚的资源优势。据报道，世界上锂的储存量大约有一半在我国，青海、西藏等地蕴藏着丰富的锂，特别是我国的一些盐湖，储存了大量的锂，通过蒸干等方法就能得到碳酸锂，再经提纯后就可以做锂离子电池的原料。

二次锂电池有多种分类方法：按温度可分为高温二次锂电池和常温二次锂电池；按所用电解质状态可分为液体二次锂电池、凝胶二次锂电池和全固态二次锂电池；按电极材料不同又可分为锂离子电池、锂-聚合物电池和磷酸铁锂电池等，这三种也是目前看来最具发展前途的锂电池。下面就对它们分别予以介绍。

4.4.1 锂离子电池

1. 锂离子电池的工作原理

锂离子电池是在二次锂电池的基础上发展起来的。它从原理上解决了二次锂电池安全性差和充放电寿命短两个技术难题。典型的电池构成如下：电池的正负极均由可以嵌入和脱出 Li^+ 的化合物或材料组成，其中，正极为锂化跃迁金属氧化物（$LiMO_2$、M-CO、Mn 或 Ni 等跃迁金属）；负极为可嵌入 Li^+ 的碳（形成碳化锂 Li_xC）；电解质为有机溶液或固体聚合物。

在充放电过程中，锂离子电池的反应方程式如下：

正极：$LiMO_2 \longrightarrow Li_{1-x}MO_2 + xLi^+ + xe^-$

负极：$C + xLi^+ + xe^- \longrightarrow Li_xC$

锂离子电池的表达通式为 $Li_xC + Li_{1-x}MO_2 \longrightarrow C + LiMO_2$

锂离子电池的工作原理如图 4-9 所示（以 Co 金属为例进行说明）。在电池充电时，Li^+ 从正极脱出，经过电解质嵌入负极；电池放电时，Li^+ 则从负极脱出，经过电解质再嵌回正极。电池的操作过程实际上是 Li^+ 在两电极之间来回嵌入和脱出的过程，故锂离子电池也称为"摇椅式电池"。由于锂离子在正负极中有相对固定的空间和位置，锂离子电池充放电反应的可逆性很好。

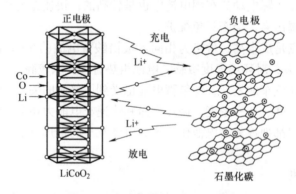

图 4-9 锂离子电池工作原理示意图

2. 锂离子电池的特性

1）充电特性。锂离子电池用标准充电电流充电一定时间，电池电压上限达到 4.15V 时，改用恒压充电。根据不同倍率的充电条件，锂离子电池的充电特性也略有不同。图 4-10 所示为苏州星恒电源有限公司 XH-10A·h 型锂离子电池组在 0.2C 和 1.0C 的倍率充电条件时的充电曲线。

2）放电特性。在正常情况下，锂离子电池在不同倍率的放电条件下，其放电特性也有所不同。当放电量接近终止时，电压将急剧下降。图 4-11 所示为苏州星恒电源有限公司 XH-10A·h 型锂离子电池组在不同倍率时的放电曲线。

在温度变化时，温度对锂离子电池的放电容量有明显的影响。图 4-12 所示为苏州星恒电源有限公司 XH-10A·h 型锂离子电池组模块在不同温度时的放电曲线。

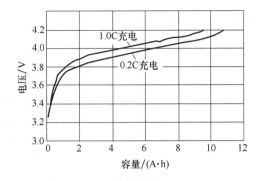

图 4-10 XH-10A·h 型锂离子电池组的充电曲线

环境温度为 20℃

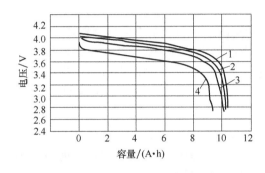

图 4-11 XH-10A·h 型锂离子
电池组在不同倍率时的放电曲线
（环境温度为 20℃）
1—0.2C 放电　2—0.5C 放电　3—1C 放电　4—2C 放电

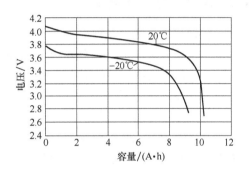

图 4-12 XH-10A·h 型锂离子电池组
在不同温度下的放电曲线
（放电电流为 2A）

3. 锂离子电池的特点

锂离子电池的主要特点如下：

1) 密度高，密度是镍氢蓄电池的 1.5~2 倍。
2) 电压高，端电压可达 3.7V，是镍氢蓄电池端电压（1.2V）的约 3 倍。
3) 无污染。
4) 循环寿命长，大于 1000 次。
5) 负载能力大，可以大电流连续放电。
6) 安全性好，使用了改良的负极材料，克服了充电过程中锂枝晶生长问题，大大提高了安全性。

我国有不少锂电池生产厂家，产品畅销国内外，还突破了不少关键技术。例如：清华青鸟公司研究成功的锂电池组管理模块，解决了电池组的过充电、过放电、过热的"三过"技术瓶颈；MGL 公司用锰酸锂代替钴酸锂作正极材料所制造的电池，经在公共汽车上测试，运行 20000km 性能依然优良、安全可靠。

为了鼓励制造商创新，我国还制定了有关标准，如 GB/Z 18333.1—2001，对电动道路车辆用锂离子电池做了规定。额定容量 C_3。锂离子电池型号中用 I 代表锂离子电池，C 代表氧化钴锂正极，N 代表氧化镍锂正极，M 代表氧化锰正极，P 代表方形单体电池，R 代表圆柱形单体电池。电池型号中符号含义如图4-13所示。

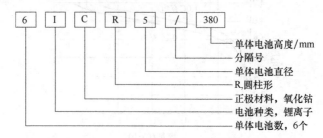

图4-13 锂离子电池型号中的含义

4.4.2 聚合物锂离子电池

聚合物锂离子电池是在锂离子电池的基础上开发的，它们的基本原理与构造大致相同。美国3M公司和加拿大Hydro-Quebec公司共同开发的固态免维护聚合物电池，电极用氧化钒（VO_x）及石墨制成。该电池由五层薄膜组成：第一层用金属箔做集电极；第二层为负极；第三层是电解质；第四层用铝箔作正极；第五层为绝缘层。五层叠起来的总厚度为0.1mm，工作温度为60~100℃。

聚合物锂离子电池单电池的指标如下：工作电压为3.8V；质量比能量为150W·h/kg；功率密度为246W·h/L；循环寿命大于300次；自放电小于0.1%/月；工作温度为-20~55℃；充电速度为1h达到80%的容量，3h达到100%的容量。

1. 聚合物锂离子电池的结构特性

聚合物锂离子电池的电解质是将液态有机电解质吸附在一种聚合物基质上，称作胶体电解质。这种电解质既不是游离电解质，也不是固体电解质，因此可制成任意形状和尺寸的电池。例如，可制成厚度仅为1mm的极薄电池，一只12V的电池组可以做到只有3mm厚。由于电池中不存在游离电解质，电池可以在较低压力下工作，不会产生漏液与燃烧爆炸等安全问题，因此可使电池结构大大简化，不需要金属外壳和高压排气装置。例如，用铝塑复合薄膜制造电池外壳，从而可提高整个电池的比容量，并且可简化甚至取消充电保护装置。聚合物锂离子电池还可以采用高分子作正极材料，使其质量比能量极大地提高。此外，聚合物锂离子电池在工作电压、充放电循环寿命等方面也比锂离子电池都有所提高。

锂聚合物单体电池的结构比较特殊，它由五个薄层叠加组成：第一层用金属箔作集电极；第二层为负极；第三层是胶体电解质；第四层用锂箔作为正极；第五层为绝缘层。五层叠起来的总厚度为0.1mm。这种聚合物锂离子电池的工作温度为60~100℃。为防止电池瞬间输出大电流时引起过热，该电池有一个严格的热管理系统来控制其正常工作温度。聚合物锂离子电池由于消除了液体电解质，可以避免在电池出现故障时电解质溢出而造成的污染。

2. 聚合物锂离子电池的性能特点

从以上描述来看，聚合物锂离子电池与液态锂离子电池相比，具有安全性能好、小型化程度更高、超薄化、轻量化、适用温度范围更宽、自放电小、能量密度高及成本低等多种明显优势，是一种较理想的动力电池。其安全性能好，是因聚合物锂离子电池由于不存在漏液问题，故在结构上采用了铝塑软包装。而液态锂离子电池需用金属外壳，容易爆炸。聚合物锂离子电池最多只会起鼓，并且其保护线路的设计也可相应简化，从而可节约其成本。其外形可根据需要定制,厚度能做得很薄,应用领域相当广泛。由于聚合物锂离子电池是柔性固态聚合物,金属锂箔密封在电池中,使得在较高温度下仍然能正常工作。电池的安全性也已经过碰撞试验证明。需要注意的是,当多个聚合锂电池串联使用时,要防止过充电和过放电。另外,聚合物锂离子电池的快速充电性能还有待进一步提高。

4.4.3 磷酸铁锂电池

磷酸铁锂电池是指用磷酸铁锂($LiFePO_4$)作为正极材料的锂离子电池。

1. 磷酸铁锂材料特点与发展

自 1997 年帕西(A. K. Padhi)等人开创性地提出磷酸铁锂具有脱嵌锂功能,可被用作锂离子电池正极材料以来,引发了广泛关注和大量研究。$LiFePO_4$ 晶体属橄榄石型结构,具有 170mA·h/g 的理论容量和 3.2V 左右的对锂充放电电压平台,其电化学反应在 $LiFePO_4$ 和 $FePO_4$ 两相间进行。由于该材料本身导电性较差,故使用时需往磷酸铁锂颗粒内部掺入导电碳材料或导电金属微粒。例如,往磷酸铁锂颗粒表面包覆导电碳材料,提高材料的电子电导率;掺杂金属离子可提高导电性。添加了导电剂后的磷酸铁锂材料应为 $LiFePO_4/C$ 的复合材料。磷酸铁锂($LiFePO_4$)与传统的 $LiCoO_2$、$LiNiO_2$、$LiMnO_2$ 和 $LiMn_2O_4$ 等正极材料相比,制备 $LiFePO_4$ 的原料来源广泛、价格低廉、对环境友好,用作正极材料时具有良好的电化学性能,充放电平台十分平稳,充放电过程结构稳定,并且该材料还具有无毒、无污染、安全性能好、可在高温环境下使用等优点,被认为是动力锂离子电池的理想正极材料。为此磷酸铁锂电池于 2002 年成为锂离子电池家族的新成员后,因其在动力驱动方面的优势,被当前电池界与汽车工业竞相开发研究并成为人们关注的热点。

2. 磷酸铁锂电池的结构与工作原理

磷酸铁锂电池的内部结构如图 4-14 所示。

左边是橄榄石结构的 $LiFePO_4$。作为电池的正极,由铝箔与电池正极连接;中间是聚合物的隔膜,它把正极与负极隔开,锂离子可以通过隔膜而电子不能通过;右边是由碳(石墨)组成的电池负极,由铜箔与电池的负极连接。电池的上下端之间是电解质,用金属外壳密闭封装。充电时,正极中的锂离子通过聚合物隔膜向负极迁移;放电时,负极中的锂离子通过隔膜向正极迁移。

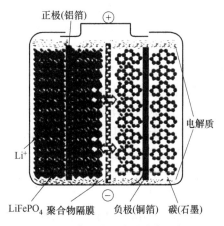

图 4-14 磷酸铁锂电池内部结构图

3. 磷酸铁锂电池的性能特点

磷酸铁锂电池的标称电压为 3.2V、终止充电电压为 3.6V、终止放电电压为 2.0V。由于目前磷酸铁锂电池还处于行业的萌芽阶段,各生产厂家所采用的正、负极和电解质的材料质量及其工艺不同,即使同一型号的电池其性能也有差别。

磷酸铁锂电池的优点主要如下:

1)安全性好。即使电池内部或外部受损,电池也不会燃烧或爆炸。这有助于汽车行驶中发生碰撞等交通事故时的消除安全隐患和避免扩大损失。

2)成本低。由于磷酸铁锂的资源磷酸、铁、锂都很丰富,材料易得,所以随着制造工艺等技术的进一步成熟，其价格有望大幅下降。

3）循环寿命长。经 500 次循环，其放电容量仍大于 95%，最高循环寿命可达 2000 次。

4）充放电特性好。可大电流快速充放电，在专用充电器下，1.5C 充电 40min 即可使电池充满，短时放电电流可达 2~10C，瞬间（10s）脉冲放电可达 20C，过放电到 0V 也不会损坏，充放电无记忆效应，并在一定的亏电存放条件下，仍能保持较好的电池性能。

5）环保性好。磷酸铁锂电池的所有原料都无毒，使得整个生产过程清洁无毒，生产与使用对环境均无污染。

6）温度特性好。适于常温下使用，耐高温，即使温度升至 160℃，电池的结构仍安全、完好。磷酸铁锂电池的主要缺点是振实密度较低，一般只能达到 1.3~1.5g/cm³。低的振实密度使得比表面积很大，体积也较大，因此磷酸铁锂主要是用来制作动力电池。由于目前还处于研发、使用初期，对电池生产中的制浆、拉浆、辊轧等一些特殊处理工序需加强产业化改进。工艺的成熟必将使批量生产的性价比大幅提高。

4.5 空气电池

空气电池（Aircell）是以空气中的氧气作为正极活性物质，以常用金属为负极活性物质的一类电池。它的电解质常用碱性氢氧化钾（KOH）溶液。因为制作负极的金属材料可选性很多，所以空气电池的种类也较多。一般以所选负极材料的金属名为电池的第一个字，后加空气电池即为电池名。常见的是用锌（Zn）作为负极的锌空气电池和以铝（Al）为负极材料的铝空气电池。

4.5.1 锌空气电池

1. 锌空气电池的工作原理

锌空气（Zinc-air）电池以锌（Zn）为正极，以氧为负极，以氢氧化钾（KOH）为电解质。锌空气电池的化学反应与普通碱性电池类似，在特殊的催化剂的催化作用下，在电池放电时，锌摄取从空气中吸附到疏松炭块内的氧气，锌和氧发生化学反应成氧化锌。锌空气电池的电化学反应过程中，要与空气中的氧气发生作用，只要阻隔空气进入锌空气电池，即可使锌空气电池的电化学反应无法进行，可以使锌长时期保持其活性。锌空气电池的自放电率很低，接近于 0，具有长期保持电能的能力。

2. 锌空气电池的构造

锌空气单体电池的结构如图 4-15 所示，其中图 4-15a 为结构图，图 4-15b 为空气极板的局部放大图。

电池的氧由电池下端（图 4-15a）的空气孔供给，负极活性物质为锌粒，电解质为胶体化的 30% 的氢氧化钾电解液。其空气极板（图 4-15b）由隔离层、催化剂层、集电层和空气扩散层等组成。催化剂层使用表面活性的活性炭或炭黑材料，集电层用导电良好的金属网和塑料制成，空气扩散层用纤维素作扩散纸，催化剂层和空气扩散层之间有用聚四氟乙烯树脂做的含水层。

车用锌空气动力电池组需由多节单体电池串联组成，它还有空气流通保障系统和电池组热管理系统，以确保动力电池组能长期稳定地运行。空气流通保障系统用来调节进入锌空气电池阴极的空气量，当不使用电池时可自动阻隔空气。热管理系统主要用来保证锌空气电池能够可靠地工作。

3. 锌空气电池的充、放电特性

1）锌空气电池的充电和其他蓄电池的充电概念不一样，它需采用更换锌空气电池中的锌板或锌粒和电解质的机械式充电模式，这种充电模式的最大特点是快捷、可行，只需3min即可完成充电全过程。如同传统加油站，在公路沿线设置锌板或锌粒匣和电解质容器匣的机械式整体更换站，即可为电动汽车用户提供充电服务。更换下来的氧化锌集中到专业工厂进行回收处理，实现锌的再生循环。

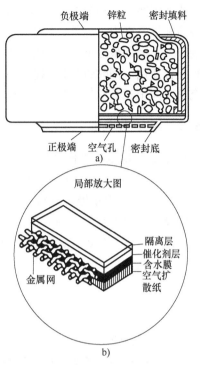

图4-15 锌空气单体电池的结构图

2）锌空气电池具有大电流持续放电的能力。图4-16为某锌空气电池组以恒电流放电随时间变化的曲线，可看出放电斜率较平缓，说明大电流持续放电能力强，能够满足电动汽车连续爬坡和加速的要求。锌空气电池的电化学反应中离不开氧气的作用，只要阻隔空气进入电池中，即可终止锌空气电池的电化学反应，因此隔绝空气即可长时间保持锌空气电池活性物质锌的活性，使得电池的自放电率接近于零，从而也节约了锌材料。

4. 锌空气电池的特点

锌空气电池的理论比能量可达1350W·h/kg，目前，锌空气电池的实际比能量只达到180~230W·h/kg。采用锌空气电池后，能够明显地延长电动车辆的续驶里程。成组的锌空气电池具有良好的一致性，没有像其他类型电池的充电和放电不均匀的现象，允许深度放电，电池的容量不受放电强度和温度的影响，能在-20~80℃的温度范围内正常工作。锌空气电池可以完全实现密封免维护，便于电池组能量的管理。锌空气电池能够有效地防止因泄漏、短路引起的起火或爆炸。锌没有腐蚀作用，对人体不会造成危害。锌的来源丰富，生产成本较低，回收再生方便，成本也较低，可以建立废电池回收再生工厂。锌在循环使用过程中，不会污染环境。

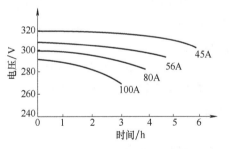

图4-16 某锌空气电池的放电特性

锌空气电池的主要问题是对空气湿度和二氧化碳非常敏感。由于锌空气电池在呼吸空气的过程中，也使得空气中的水分和二氧化碳不断地进出电池。如果空气的相对湿度发生变化，电池的特性也会发生相应变化。锌空气电池的临界相对湿度（最佳湿度）大约为60%，实际值取决于具体的电池设计参数。如果偏离这个临界值，就会缩短电池寿命并发生电力不足。当湿度低于临界值的60%时，电池会失去水分；当湿度高于临界值的60%时，电池会因水分过多而出现泄漏。随空气进入的二氧化碳，将使碱性电解液碳酸化，形成碱金属的碳酸盐或亚碳酸盐，在电极上形成结晶，使阴极损坏，并堵塞空气的通路，进而降低电池的使用寿命和供电能力。另外，锌空气电池释放电流速度缓慢，比功率较低，对车辆的动力驱动影响较大，因此最好能与比功率较大而比能量较小的一类储能装置，如超级电容或飞轮储能装置配合使用。同时也需采用整体更换锌粒的方法，否则如用通常的充电方法，锌空气电池的充电时间很长，给使用带来不便。

4.5.2 铝空气电池

1. 铝空气电池的工作原理

铝空气（Aluminium-air）电池的化学反应与锌空气电池类似，铝空气电池以高纯度铝（含铝99.99%）为正极，以氧为负极，以氢氧化钾（KOH）和氢氧化钠（NaOH）水溶液为电解质。铝摄取空气中的氧，在电池放电时产生化学反应，铝和氧作用转化成氧化铝。铝空气电池的进展十分迅速，它在电动车辆上的应用已取得良好效果，是一种很有发展前途的空气电池。其化学反应方程式为

$$\text{负极} \quad \text{正极} \\ 2Al + 3O_2 + 3H_2 \underset{\text{放电}}{\overset{\text{充电}}{\rightleftharpoons}} 2Al(OH)_3$$

2. 铝空气电池的构造

在单体电池中以铝为正极，以氧为负极，在铝空气电池两侧有一对辅助空气电极，作为铝空气电池负极，在工作时只消耗铝和少量的水。

3. 铝空气电池的特点

铝空气电池的理论重量比能量可达 $8100W \cdot h/kg$，目前的铝空气电池的实际比能量只达到 $350W \cdot h/kg$，还具有很大的开发潜力。铝空气电池质量轻，可以减轻电动车辆的整备质量。铝对人体不会造成伤害。铝可以回收循环使用，不污染环境。铝的原材料丰富，已具有大规模的铝冶炼厂，生产成本较低。可以采取更换铝电极的方法，来解决铝空气电池充电较慢的问题。

虽然铝空气电池有较高的比能量，但比功率较低，充电和放电速度比较缓慢，电压滞后，自放电率较大，需要采用热管理系统来防止铝空气电池工作时的过热，铝材料的成本也较高。

4.6 燃料电池

4.6.1 燃料电池的概念

燃料电池的概念是1839年G. R. Gmve提出的。燃料电池（Fuel cell）是一种将存在于燃料与氧化剂中的化学能直接转化为电能的发电装置。它从外表上看有正负极和电解质等，像一个蓄电池，但实质上它不能"储电"，而是一个"发电厂"。

燃料电池是一种不经过燃烧过程直接以电化学反应方式将燃料和氧化剂的化学能转变为电能的高效发电装置。它是继水力、火力、核能发电之后的又一发电技术，因此各国政府都将此项技术作为重点研发对象。迄今为止，美国、俄罗斯、加拿大、日本等国家已研制成功

了从几瓦的小功率燃料电池到兆瓦级发电站、燃料电池样车和燃料电池概念车、示范车。我国在国家科技部组织下，也研制成功了燃料电池轿车和公共汽车概念车，部分示范公交车在北京、上海、汕头、武汉等示范公交线上在线运营。

4.6.2 燃料电池的基本原理

燃料电池实质上是电化学反应发生器。燃料电池的反应原理是将燃料中的化学能通过电化学反应直接转化为电能。氢氧燃料电池供电的过程实际上就是一个电解水的逆过程，通过氢氧的化学反应生成水并释放电能。氢气和氧气分别是燃料电池在电化学过程中的燃料和氧化剂。图4-17是燃料电池发电原理图，其反应过程如下：

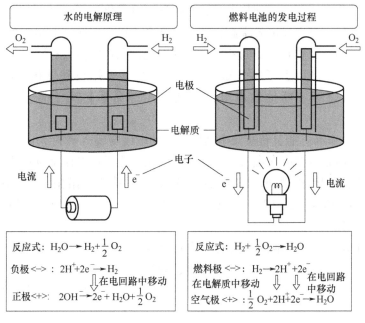

图 4-17 燃料电池的发电原理

1）氢气通过管道或导气板达到阳极。

2）在阳极催化剂的作用下，一个氢分子分解为两个氢离子，并释放出两个电子，阳极反应为

$$H_2 \longrightarrow 2H^+ + 2e^-$$

3）在电池的另一端，氧气（或空气）通过管道或导气板到达阴极，同时，氢离子穿过电解质到达阴极，电子通过外电路也到达阴极。

4）在阴极催化剂的作用下，氧和氢离子与电子发生反应生成水，阴极反应为

$$\frac{1}{2}O_2 + 2H^+ + 2e^- \longrightarrow H_2O$$

总的化学反应为

$$H_2 + \frac{1}{2}O_2 \longrightarrow H_2O$$

与此同时，电子在外电路的连接下形成电流，通过适当的连接可以向负载输出电能。

燃料电池的工作原理与普通的电化学原电池或充电电池类似，都是通过电化学反应将化学能转换成电能。但两者之间还是有本质差别的。普通的原电池或充电电池是一个封闭系统，封装后与外界只存在能量交换而没有物质交换。当电池内部的化学物质耗尽或反应条件发生变化时，系统就无法继续输出能量。而燃料电池则不同，参与反应的化学物质，如氢和氧，是由燃料电池外部的单独供气系统供给的，只要保证物质供应的连续性，就可以保证能量输出的连续性。从这个意义上来讲，燃料电池本身是一个开放的发电装置，这正是燃料电池与普通电池的最大差别。

4.6.3 燃料电池的特点

燃料电池十分复杂，涉及化学热力学、电化学、电催化、材料科学、电力系统及自动控制等学科的有关理论，具有发电效率高、环境污染少等优点。通过上述对燃料电池基本原理的了解，即可进一步讨论燃料电池的特点，总的来说，燃料电池具有以下特点：

1) 使用寿命长。从以上所述可知，燃料电池只要有燃料和催化剂能从外部源源不断地供给，它即可持续不断地输出电能，其使用寿命远远高于普通的原电池或充电电池。

2) 能量转换效率高。能量转换效率是指产出的电能与输入燃料经化学反应所能释放的能量之比。燃料电池是将储存在燃料和氧化剂中的化学能通过电极反应直接转化为电能，其反应过程不涉及燃烧和热机做功，因此能量转换效率不受"卡诺循环"的限制。理论上燃料电池的化学能转换效率可达100%，其实际能量转换效率也高达60%~80%，是普通内燃机热效率的2~3倍。

3) 环保性能好。燃料电池的主要反应产物是水及CO_2，向大气排放的有害物质极少。由于没有往复及回转运动的机械部件，其噪声也就很小。

4) 响应性能好。燃料电池响应汽车负载的变化，能在几秒钟之内从最低功率变到额定功率，具有良好的响应速度。

5) 能源补充快。燃料电池所需的燃料主要是氢，充气或更换氢气瓶一般只需几分钟，比纯电动汽车的蓄电池充电时间要短得多，并且一次加注燃料后其续驶里程基本能达到内燃机汽车的标准。

6) 制氢原料多。氢燃料可以从甲醇、天然气、石油气、甲烷及其他能分解出氢的烃类化合物等获得。燃料电池不仅可以作为宇航、军事动力及汽车用能源装置，也是继火力、水力和核能发电之后具有广阔发展前途的第四类发电技术。

由于燃料电池是同时兼备寿命长、效率高、污染小、噪声低、响应性好、可快速补充能源和连续工作等优势的动力装置，被公认为是今后替代传统内燃机的最理想的汽车动力装置，并同样将在国防、通信和民用电力等更多领域发挥其重要作用。

燃料电池已被列为新经济和21世纪可持续发展的三大支柱之一，与信息技术、生物技术并驾齐驱。燃料电池不仅在汽车等交通工具中具有广阔的应用前景，而且在我们的日常生活中也将被广泛使用。但目前存在制氢、储氢的成本和安全等问题，还有待通过技术上的进一步探索提高来解决。燃料电池技术的发展将为我们人类带来"氢能经济"或"氢能社会"的新时代。

4.6.4 燃料电池的分类

燃料电池种类繁多,通常可按燃料电池的工作温度、燃料种类、电解质类型来进行分类。

按照工作温度,燃料电池可分为高温、中温及低温三类。工作温度从常温至100℃的,称为低温燃料电池,这类电池包括固体聚合物电解质燃料电池等;工作温度介于100~500℃的为中温燃料电池,如磷酸型燃料电池;工作温度在500℃以上的为高温燃料电池,包括熔融碳酸盐燃料电池和固体氧化物燃料电池。

按照燃料的来源,燃料电池也可分为三类。第一类是直接式燃料电池,即燃料直接使用氢气;第二类是间接式燃料电池,不是直接使用氢气,而是通过某种方法把甲烷、甲醇或其他烃类化合物转变成氢或含富氢的混合气后,再供给燃料电池发电;第三类是再生燃料电池,指把燃料电池生成的水经适当方法分解成氢和氧,再重新输送给燃料电池进行发电。

国内外燃料电池研究者一般按照燃料电池的电解质类型分类。目前正在开发的商用燃料电池,依据电解质类型可以分为质子交换膜燃料电池(Proton Exchange Membrane Fuel Cell,PEMFC)、碱性燃料电池(Alkaline Fuel Cell,AFC)、磷酸燃料电池(Phos-Dhoric Acid Fuel Cell,PAFC)、熔融碳酸盐燃料电池(Molten Carbonate Fuel Cell,MCFC)和固体氧化物燃料电池(Solid Oxide Fuel Cell,SOFC)五大类,现分别介绍如下:

1)质子交换膜燃料电池的效率高,结构紧凑,质量小,比功率大,无腐蚀性,不受二氧化碳的影响,燃料来源比较广泛。质子交换膜燃料电池的最大优势在于它的工作温度,其最佳工作温度是80~90℃,但在室温下也可以正常工作,因此特别适合用作交通车辆的移动电源。正因为如此,质子交换膜燃料电池最有希望替代内燃机而成为汽车动力源。现今对于质子交换膜燃料电池的研究开展得越来越多,无论从电池本身,还是从电池与车辆的匹配以及样车的试制,都进行了比较深入的探索。下文将对质子交换膜燃料电池进行专门的介绍。

2)碱性燃料电池采用如KOH之类的碱性溶液作电解质。以氢氧作燃料的碱性燃料电池的电极反应如下:

正极: $H_2 + 2OH^- \longrightarrow 2H_2O + 2e^-$

负极: $\frac{1}{2}O_2 + H_2O + 2e^- \longrightarrow 2OH$

总反应: $H_2 + \frac{1}{2}O_2 \longrightarrow H_2O$

碱性燃料电池的基本结构如图4-18所示。

与质子交换膜燃料电池不同的是,在电介质内部传输的离子导体为OH^-。正极侧生成的水要及时排除,以免稀释电解质。碱性燃料电池可分为多孔基体型及自由电解液型两类。前者是将电解液吸在作为电极间隔离层的多孔性材料中。后者电解液存于空室内,外设循环系统,将反应生成的热及水分散发掉。碱性燃料电池的特点是工作温度低,可以用价格低的耐碱塑料制作电池本体。可以用镍作催化剂,而不用价高的铂。缺点是电池对燃料中的CO_2敏感,电解液与CO_2接触会生成碳酸根离子,从而影响输出功率;另外需要冷却装置维持其较低的工作温度。碱性燃料电池是最早进入实用阶段的燃料电池之一,也是最早用于车辆

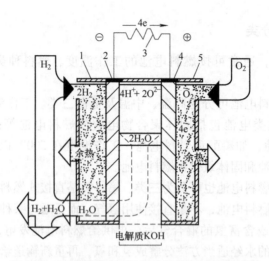

图 4-18 碱性燃料电池的基本结构及工作原理图
1—多孔质燃料夹层 2—氢电极 3—负载 4—氧电极 5—多孔质空气夹层

的燃料电池。1959 年驱动叉车的培根（Bacon）型中温、中压氢氧燃料电池就是碱性燃料电池。可以说，碱性燃料电池是目前技术最成熟的燃料电池之一。

碱性燃料电池的缺点是需要以纯氢 H_2 为燃料，如果燃料中含有碳（C），碳与氧化合成一氧化碳（CO），它会引起催化剂产生"中毒"现象而令其逐渐失效，使燃料电池效率减低或完全损坏，二氧化碳（CO_2）也会被碱性溶液所吸收化合成碳酸盐，因此碱性燃料电池的燃气必须经过处理来清除一氧化碳（CO）和二氧化碳（CO_2）后方能使用，增加了燃料和空气的净化处理装置。碱性燃料电池的工作温度低，其余热利用价值较低。另外在阳极上铂（Pt）的用量大，使得碱性燃料电池的成本增加。

3）磷酸型燃料电池是以磷酸为电解质，由两块涂有催化剂的多孔碳素板电极和经浓磷酸浸泡的碳化硅系电解质保持板组合而成。通过具有隔离与集流双功能的双极性板，将单电池串联成电池组。图 4-19 为磷酸型燃料电池单元电池的结构示意图，在电池盒的上下两侧为燃料气体通道和空气通道。燃料气中的氢气在正极表面反应生成氢离子并释放出电子，而氢离子通过电解质层迁移至负极，其电极反应与质子交换膜燃料电池一样。与质子交换膜燃料电池及碱性燃料电池不同的是，磷酸型燃料电池不需要纯氢作燃料。

磷酸型燃料电池的缺点是用贵金属作催化剂成本较高，如燃料气中 CO 含量过高，则催化剂容易被毒化而失去催化活性。磷酸型燃料电池的工作温度为 463~483℃，工作压力为 0.3~0.8MPa，单电池的电压为 0.65~0.75V。磷酸型燃料电池是目前使用最多的燃料电池之一。以天然气为燃料的 11kW 磷酸型燃料电池验证性电站已建成并投入运行。它的综合热效率可达到 70%~80%。采用磷酸型燃料电池的 50~250kW 的独立发电设备可用于医院、旅馆等，作为分散的发电站。实践证明了磷酸型燃料电池电站运行的可靠性。磷酸燃料电池的缺点是需要用贵重金属铂作为催化剂，使用成本高；氧电极极化大、消耗大，对燃料气体的质量要求较高。

4）熔融碳酸盐燃料电池的工作温度为 650~700℃，属高温燃料电池，其基本结构如图 4-20 所示。

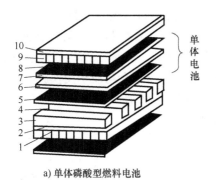
a) 单体磷酸型燃料电池

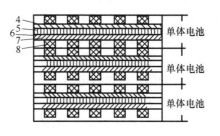
b) 层叠式磷酸型燃料电池组

图 4-19　磷酸型燃料电池的基本结构
1—负极集流体加强肋　2—隔离板、集流板　3—正极集流体加强肋　4—空气通道　5—正极
6—电解质基体　7—负极　8—燃料气体通道　9—负极集流体加强肋　10—隔离板、集流板

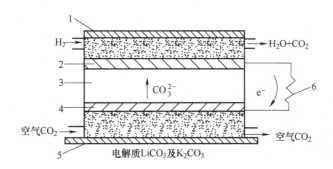

图 4-20　熔融碳酸盐燃料电池的基本结构与工作原理
1—多孔质燃料夹层　2—氢电极　3—电解质　4—氧电极　5—多孔质空气夹层　6—负载

熔融碳酸盐燃料电池可用净化煤气或天然气作燃料，以浸有碱金属（Li、K、Na、Cs）碳酸盐混合物的 $LiAlO_2$ 为隔膜。正极由氧化镍（添加少量锂以增加电子导电能力）制成。负极由氧化镍还原，烧结成多孔镍电极。由于镍在 650℃ 左右具有良好的电催化性，因而不需用贵金属作电催化剂。

熔融碳酸盐燃料电池中的熔融碳酸盐作为惰性载体。

其电极反应为

负极反应：$CO + H_2O \longrightarrow CO_2 + H_2$

$H_2 + CO_3^{2-} \longrightarrow H_2O + CO_2 + 2e^-$

正极反应：$\frac{1}{2}O_2 + CO_2 + 2e^- \longrightarrow CO_3^{2-}$

因为 CO_2 循环参加反应，使 CO_2 分压得以保持恒定，因而电极的极化很小。

熔融碳酸盐燃料电池的缺点是它以 Li_2CO_3 及 KCO_3 混合物作电解质，在使用过程中易烧损或脆裂，降低了熔融碳酸盐燃料电池的使用寿命，其强度与寿命还有待于进一步解决。在整个化学反应过程中，CO_2 要循环使用，从燃料电极排出的 CO_2 要用经过催化除 H_2 的处理后，再按一定的比例与空气混合送入氧电极。CO_2 的循环系统增加了熔融碳酸盐燃料电池的结构和控制的复杂性。

5）固体氧化物燃料电池（简称 SOFC）是属于高温燃料电池，是目前国际上正在积极研发的新型发电技术之一，它是一种在中高温下直接将储存在燃料和氧化剂中的化学能高效转化成电能的全固态化学发电装置。SOFC 高效率、无污染、全固态结构和对多种燃料气体的广泛适应性等，是其广泛应用的基础，被普遍认为是在未来会与质子交换膜燃料电池一样得到广泛普及应用的一种燃料电池。其基本结构如图 4-21 所示。

电池燃料是碳氢化合物或一氧化碳。固体氧化物成分一般为氧化锆（ZrO_2）和三氧化二钇（Y_2O_3）。应用时，将这些固体氧化物的混合物烧结成陶瓷体。这种陶瓷体具有良好的离子导电性，阻值近似为零的电子导电性，有良好的气体渗透性。其基本反应原理是在 600~800℃ 的环境中，通过空气中的氧得到电子，通过电解质传输到阳极中的燃料来源（如氢气、一氧化碳），把阳极中燃料失去电子后的离子，与氧离子反应生成水、二氧化碳，驱动外部的负载，其是一个发电装置。

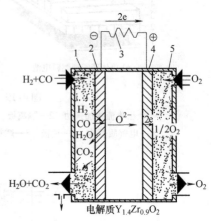

图 4-21 固体氧化物燃料电池
的基本结构与工作原理
1—多孔质燃料夹层 2—氢电极 3—负载
4—氧电极 5—多孔质空气夹层

SOFC 是以固态的氧化钇、氧化锆为电解质，在电池中起着传导氧离子、分隔氧化剂（如氧）和燃料氢的作用。构成固体氧化物燃料电池的关键部件为阴极、阳极、固体氧化物电解质隔膜和双极板或连接材料。按照电池结构的不同，固体氧化物电解质可分为平板形结构和圆管形结构。

SOFC 工作时，若以重整气（氢气和 CO 的混合物）为燃料，在电池内部发生以下反应。
在阴极，氧分子得到电子被还原为氧离子，即
$$O_2 + 4e^- \longrightarrow 2O^{2-}$$
氧离子在电解质隔膜两侧电位差与浓差驱动力的作用下，通过电解质隔膜中的氧空位，定向跃迁到阳极侧并与燃料进行氧化反应，即
$$H_2 + O^{2-} \longrightarrow H_2O + 2e^-$$
$$CO + O^{2-} \longrightarrow CO_2 + 2e^-$$
总反应为
$$H_2 + CO + O_2 \longrightarrow CO_2 + H_2O$$

固体氧化物燃料电池在 600~1000℃ 条件下工作，不但电催化剂无需采用贵金属，而且还可以直接采用天然气、气化煤气和碳氢化合物作燃料，简化了电池系统。

固体氧化物燃料电池的燃料面广，可以直接使用氢气、一氧化碳、天然气、液化气、煤气及生物质气等多种碳氢燃料。高温条件下，它可以不用催化剂即可发生化学反应。由于采用了全固态固体氧化物的催化剂，在电池中不会发生酸、碱或熔融盐等对电池结构材料腐蚀。还可能实现内重整，使得固体氧化物燃料电池结构可以进一步简化。由于在化学反应过程中温度达到 800~1000℃，每平方厘米电解质输出的功率能达到传统燃料电池的 5 倍。所产生的热量可以用来加热空气和甲醇等燃料，利用余热时的热效率约 60%，不利用余热时的热效率约 45%。

全固态固体氧化物制作工艺复杂。由于其性脆易裂,在制成固体氧化物燃料电池所需要的大面积薄壳结构时,会大量地增加固体氧化物燃料电池的制造成本。固体氧化物燃料电池的工作温度为 800~1000℃,需要采用隔热材料来隔热。经过近几十年的大力发展,世界各国的科学家和工程师们正试图努力降低固体氧化物燃料电池的操作温度,实现中温化(500~800℃)甚至低温化(低于 500℃),进一步降低各部件(包括阴极、阳极、电解质、连接材料和封接材料等)的制造成本和电池的操作成本。

固体氧化物燃料电池具有能量转换效率高、全固态、模块化组装、零污染等优点,作为船舶动力电源、交通车辆动力电源等移动电源,都有广阔的应用前景。

4.6.5 质子交换膜燃料电池

1. 质子交换膜燃料电池的组成

质子交换膜燃料电池由阳极、阴极、质子交换膜、冷却水板和附件组成,如图 4-22 所示。燃料是氢,氧化剂是氧。质子交换膜的作用是双重的,作为电解质,为氢离子提供通道;作为隔离膜,隔离两极反应气体。

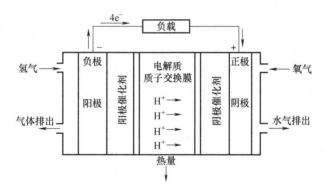

图 4-22 质子交换膜燃料电池的结构

质子交换膜是一层很薄的膜,这种膜不传导电子,是氢离子的优良导体,它既作为电解质提供氢离子的通道,又作为隔膜隔离两极反应气体。膜的两边是气体电极,由碳纸和催化剂组成,阳极为氢电极,阴极为氧电极。流场板通常由石墨制成。质子交换膜燃料电池以氢为燃料。多个电池单体根据需要串联或并联,组成不同功率的电池组(电堆)。

2. 质子交换膜燃料电池的工作原理

如图 4-23 所示,氢气通过管道或导气板到达阳极,在阳极催化剂的催化作用下,氢分子离解为带正电的氢离子并释放出带负电的电子。氢离子以水合物 H_3O^+ 的形式穿过电解质到达阴极,电子则通过外电路到达阳极,电子在外电路形成电流。

氧气通过管道或导气板到达阴极,在阴极催化剂的催化作用下,氧与氢离子及电子发生反应生成水。

在质子交换膜燃料电池里,固态酸电解质被水饱和,其中含有游离 H^+,因此能完成氢离子从阳极转移至阴极的任务,但电子是不能穿越电解质膜的。H^+ 也叫质子,因而有聚合物质子交换膜(PEM)这个名称。从图 4-24 可以看到,氢燃料流入靠近阳极侧的双极板流道内、氧则流入靠近阴极侧的双极板流道内。

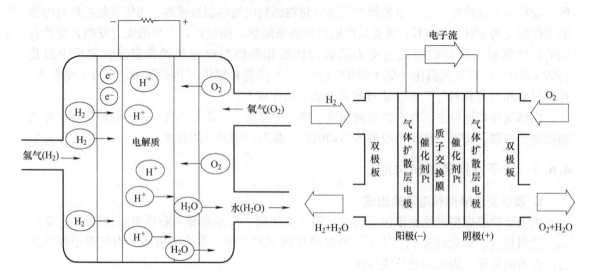

图 4-23　质子交换膜燃料电池的工作原理　　图 4-24　质子交换膜燃料电池的结构

在阳极，氢分子首先会与电极表面的催化剂 Pt 接触、被分裂并键合在 Pt 表面、形成弱的 H-Pt 键。氢分子分裂后，使得氧化反应发生、每一个氢原子释放其电子，此电子沿外电路运动，到达阴极，在外电路形成电流。而剩下的氢离子黏附在膜表面的水分子上、形成水合氢离子 H_3O^+，这些水合氢离子离开 Pt 催化剂，穿越膜材料到达阴极，Pt 催化剂又获得自由，可以接待下一批氢分子。

在阴极，进入燃料电池的氧分子也是首先与电极表面的催化剂 Pt 接触，氧分子被分裂并键合在 Pt 表面，形成弱的 O-Pt 键，使得还原反应能够发生。然后每一个氧原子离开 Pt 催化剂，与来自外电路的两个电子和从膜穿过来的两个质子化合成一个水分子。至此，氧化还原反应完成，阴极上的催化剂再一次获得自由，等待下一批氧分子的到来。

质子交换膜燃料电池中氢离子 H^+ 从负极以"水合物"作为载体向正极移动。因此，在质子交换膜燃料电池的正负极间，必须保持有 53.3kPa 压力的水汽，并在工作过程中不断地补充水分，使得燃料气体流和氧化剂（空气等）气体流被湿润，保持一定的湿润度。在氢离子 H^+ 流过质子交换膜时，将水分附着在质子交换膜上，使质子交换膜始终处于湿润状态，来防止质子交换膜脱水。质子交换膜脱水时，会使燃料电池的内电阻大幅度上升。

氢和氧在燃料电池里同时发生两个"半反应"：一个是在阳极发生的氧化反应（失去电子），另一个是在阴极发生的还原反应（得到电子）。这两个反应构成了一个总的氧化还原反应，反应生成物为水。阳极发生的反应过程放出电子并产生 H^+，同时释放出能量；而在阴极反应的过程中，氧气与来自阳极的电子以及来自电解质的 H^+ 形成水。要使这两个过程连续不断地发生，就必须使阳极产生的电子通过一条外电路到达阴极，同时，H^+ 也必须穿过电解质膜到达阴极才能实现。图 4-25 是质子交换膜燃料电池单体的原理示意图。电池单体电压只有 0.7V 左右，为了获得足够高的工作电压，需将多个燃料电池单体串联在一起，形成燃料电池组（堆）。

3. 质子交换膜燃料电池组系统

因为单体电池电量有限，所以必须对单体电池加以组合，串联组成需要的能量电池组

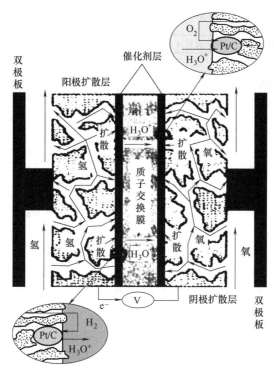

图 4-25 质子交换膜燃料电池单体的原理示意图

合。这个组合可任意排列,可以是十几伏,也可以是几百伏,电池组组成如图 4-26 所示。电池组两端配置有金属集电板,可向外输出电能。在集电极外侧有绝缘加固端板,并用螺栓与螺母将电池组固定成一个整体。当燃料电池工作发电时,产生的水沿着反应气体的通道自上而下流动排出,因此电极需要垂直放置。为了保持膜的最佳湿润程度,必须严格地控制温度,因此在每个单体电池上应设置一个冷却板。

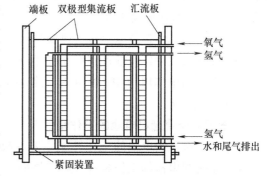

图 4-26 质子交换膜燃料电池组(堆)

燃料电池组系统除了燃料电池组本身之外,还应具备氢氧供给装置、增湿器、去离子水供给装置、冷却装置、尾气及生成物水排放装置。图 4-27 是一个燃料电池组系统试验装置的示意图。氢气由高压气瓶提供,氧气由鼓风机提供,氢气、氧气经减压通过增湿器增湿之后,分别进入燃料电池组的阴极和阳极进行反应发电。反应物随着尾气排出,水收集后排出。燃料电池堆温度通过循环水量来调节。

燃料电池组的性能取决于单体电池的性能,燃料电池组的输出电压为组成燃料电池组各单体电池电压之和,燃料电池组的寿命取决于先损坏的单体电池的寿命。因此,单体电池性能的均匀性对燃料电池组的影响很大,应设置检测装置在线检测各单体电池的输出电压,保证电池性能完好。

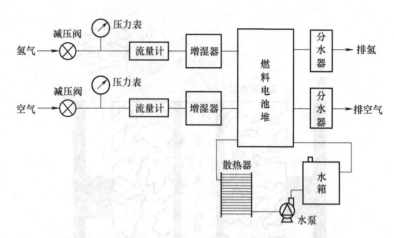

图4-27 燃料电池组系统试验装置

质子膜脱水将会使氢离子形成水合物变得比较困难，燃料电池的电阻增加；水分过多则会淹没电极。这两种情况将导致燃料电池性能下降，因此，优化膜的质子和传输性能及进行适当的水管理是保证燃料电池性能的关键。

质子交换膜燃料电池的电解质改进过多次，起初是碳氢化合物，后改用氟代聚苯乙烯膜，现在广泛使用的膜是杜邦公司生产的 Nation 系列质子交换膜，这种膜制造成本高，价格昂贵。我国在"863"计划中也开展了燃料电池的研究，并获得了突破性的关键技术。如北京金能公司研制的 GBFC 含氟质子交换膜，最薄的为 0.00254cm，得到业界的认可，而且出口美国、日本等十多个国家。含氟质子交换膜酸容量和含水率都高，功率密度大，拉伸强度大，线膨胀系数小。大连新源公司生产的燃料电池组储电能力达 40kW，由 74 节组成，输出电压 40~55V，输出电流 150A，输出功率 7.3kW，体积为 92cm×590cm×126cm。质子交换膜燃料电池采用气体扩散型电极，衬底是涂有憎水层的多孔性碳布。印度电化学能量研究中心采用喷涂浸渍法制作了性能良好的铂载量为 $0.1mg/cm^2$ 膜电极。美国洛斯阿拉莫斯国家实验室试验用的单体电池中，膜电极上铂载量下降到 $0.05mg/cm^2$，大大降低了制造成本，为实用化创造了条件。

4. 质子交换膜燃料电池的工作特性

质子交换膜燃料电池的工作性能主要取决于三方面的因素：第一是电堆本身的技术状况；第二是燃料电池的工作条件；第三是整个燃料电池系统的水管理和热管理。

1）电堆本身技术状况的影响。质子交换膜燃料电池的性能与电堆相关的因素如下：

① 膜电极的结构、制备方式和条件。

② 质子交换膜的类型、厚度、预处理情况、传导质子的能力、机械强度、化学和热稳定性能。

③ 催化剂的含量和制备方法等。

④ 双极板的结构和流场设计等。

2）燃料电池工作条件的影响。

① 电流密度、工作电压、功率密度及能量效率的关系。图4-28 为 1kW 质子交换膜燃料电池电堆的电压、电流和功率特性。

从图中可以看出，随着电流增大（即电流密度增大），工作电压下降，而功率增大。电流增至 100A（相当于电流密度为 500mA/cm^2）时，达到设计的最高功率 1.2kW（相当于 0.3W/cm^2）。由于燃料电池的效率主要与工作电压有关，在燃料电池工作电压高时，能量效率高，但功率却低。因此，没有"理想"的燃料电池设计，只能做到对电堆的设计最优化，以达到在一定的电流密度下获得较高的工作电压，既得到高功率，又得到高能量效率。通常，燃料电池的设计只能是满足最终产品的应用要求。

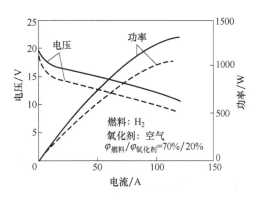

图 4-28　质子交换膜燃料电池的电压、电流和功率特性

例如，燃料电池电动汽车用的质子交换膜燃料电池，要求高功率密度和低成本，这只有在大电流密度下工作才能实现；而对于地面固定发电站，就要求高的能量效率和长寿命，这只有在高工作电压（电流密度必然降低）下才能实现。

② 工作压力的影响。质子交换膜燃料电池的工作性能与反应气体的体积分数有关。气体压力越高，燃料电池性能越好，尤其是阴极的反应物（氧气或空气）压力对燃料电池性能的影响更为明显。

如图 4-28 所示，当 H_2/空气的压力分别为 0.3MPa/0.3MPa 时，其性能就优于 0.1MPa/0.1MPa 的。为了减少氢气和氧气通过交换膜相互扩散，从而避免氢氧混合引起危险，又应尽可能减少膜两侧的压力差。

③ 工作温度的影响。质子交换膜燃料电池的温度特性主要与质子交换膜有关。为保证质子交换膜具有良好的质子传导性，必须保持其适当的湿润条件，因此反应生成的副产物水应尽量为液态水。受此限制，在常压下质子交换膜燃料电池的工作温度不能超过 80℃，在 0.4~0.5MPa 压力下不能高于 102℃。

图 4-29 所示为工作温度对燃料电池性能的影响。从图中可以看出，随着温度的升高，电压—电流密度曲线的斜率绝对值降低，这意味着电池内阻减小。这样，在相同的电流密度下，工作电压升高，燃料电池的功率增大，效率也有所提高。这主要是因为在限定温度范围内，工作温度高，反应气体向催化剂层扩散，质子从阳极向阴极的运动都将加快，这些都会对燃料电池性能的提高起到积极的促进作用。

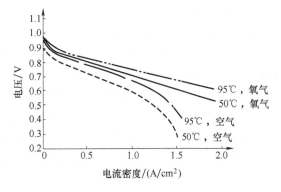

图 4-29　质子交换膜燃料电池的温度特性

④ 燃料气体中杂质的影响。燃料气体中的杂质主要有 CO、CO_2、N_2 等。图 4-30 给出了燃料气体中 CO 含量对燃料电池性能的影响。表 4-2 列出了燃料气体中其他杂质的影响。可以看出，高含量的 CO_2 对燃料电池性能影响很大。这是由于在阳极的 Pt 催化剂上吸附的 H_2 和 CO_2 相互作用引起 CO 中毒所致。

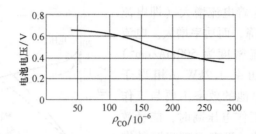

图 4-30　燃料气体中 CO 含量对燃料电池性能的影响

表 4-2　燃料气体中其他杂质的影响（电流密度 $1A/cm^2$）

燃料气体组成	单体工作电压/V
纯 H_2	0.60
75% H_2/25% N_2	0.58
98% H_2/2% CO_2	0.51
75% H_2/25% CO_2	0.31

⑤ 纯氧气和空气对燃料电池性能的影响。图 4-29 还给出了用纯氧气和空气作为氧化剂时燃料电池的电压—电流曲线。可以看出，用空气作为氧化剂时，燃料电池的性能大幅下降，并在低电流密度时出现电压—电流线性区的偏离，这种偏离主要是由于"氮障碍层效应"和空气中氧分压较低造成的。

5. 质子交换膜燃料电池系统的水管理和热管理

质子交换膜燃料电池工作时，燃料电池内部的水管理是一个重要而复杂的问题。为了同时获得高的能量转换效率和功率密度，就必须保证质子交换膜的导电性处于最佳状态。这就需要通过水管理来维持燃料电池内部的水平衡，始终使质子交换膜保持湿润状态且阴极又不被淹渍。影响水管理的主要因素有电流密度、进入燃料电池气体的湿润程度、工作温度、气室压力和气体流速等。

为了进行有效的水管理，国内外研究机构进行了大量的研究和试验，并提出了实现有效水管理的各种途径：

1) 电池组结构的优化设计。

2) 对质子交换膜燃料电池的工作参数，包括电流密度、反应气体湿度、反应气体的流速和压力、工作温度等进行综合调控。

3) 选择合适的质子交换膜及碳纸或碳布。

热管理即温度控制。质子交换膜燃料电池虽然属于低温型燃料电池，但其工作温度仍高于环境温度，应维持在 80~100℃（温度上限受质子交换膜的特性所限制）。温度低于 80℃时，会导致各种极化均增大，燃料电池性能恶化；另外，燃料电池长期工作时又产生大量的热，导致燃料电池温度过高，从而影响质子交换膜的热稳定性和其他性能，因此又必须采取适当的冷却措施，如空冷或水冷。

4.7　飞轮储能装置

飞轮储能装置，也称飞轮电池，它是一种新概念电池，采用物理方法来实现储能，突破了化学电池的局限。主要涉及适用于高速工作环境的飞轮技术、实现电能和机械能之间相互转化的高效电动机技术以及实现各种工作模式之间切换的功率变换器技术。飞轮储能装置从动力源获得电能，电动机驱动飞轮旋转，以机械能的形式储存能量。飞轮蓄积能量时转速升高，释放能量时转速降低，减少的机械能由发电机转换为电能，输出电路把发电机的电能输出至负载。

飞轮储能具有效率高、建设周期短、寿命长、高储能量等优点，并且充电快捷，充放电次数无限，对环境无污染。并在很多方面有取代化学电池的可能性。若将其应用于电动汽车，代替蓄电池作为电动汽车的动力源，必将会对电动汽车带来翻天覆地的变化。

4.7.1 飞轮储能系统的工作原理

飞轮电池是一种以动能方式存储能量的机械电池，包括电动机/发电机、功率转换器、飞轮、磁悬浮轴承和真空壳体等。

飞轮储能系统的基本工作原理如图 4-31 所示，将外界输送过来的电能通过电动机转化为飞轮转动的动能储存起来，当外界需要电能的时候，又通过发电机将飞轮的动能转化为电能，输出到外部负载，而空闲运转的时候要求损耗非常小。事实上，为了减少空闲运转时的损耗，提高飞轮的转速和飞轮储能装置的效率，飞轮储能装置轴承的设计一般都使用非接触式的磁悬浮轴承技术，而且将电机和飞轮都密封在一个真空容器内以减少风阻。

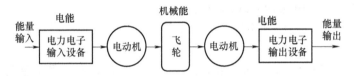

图 4-31 飞轮储能系统的工作原理

发电机和电动机通常使用一台电机来实现，通过轴承和飞轮连接在一起。当外设通过电力电子装置给电机供电时，电机就作为电动机使用，它的作用是给飞轮加速，储存能量；当负载需要电能时，飞轮给电机施加转矩，电机又作为发电机使用，通过电力电子装置给外设供电；在整个飞轮储能装置中，飞轮无疑是其中的核心部件，它直接决定了整个装置的储能多少，它储存的能量由下式决定：

$$E = \frac{1}{2}J\omega^2$$

式中 E——飞轮储存的能量；

J——飞轮的转动惯量，与飞轮的形状和重量有关；

ω——飞轮转动的角速度。

由上式可知，飞轮储能装置储存的能量多少就由飞轮的形状、质量和它的转速决定，电力电子装置通常是由 FET 或 IGBT 组成的双相逆变器和控制电路，它们决定了飞轮储能装置能量输入输出量的大小。

4.7.2 飞轮储能装置的结构

在实际常用的飞轮储能装置中，主要包括以下部件：飞轮、轴、轴承、电机、真空容器和电力电子装置，飞轮储能装置结构示意图如图4-32所示。

飞轮储能装置也可归纳为由转子系统、电动机/发电机、输入/输出电路和真空室四部分组成。

1. 转子系统

转子系统包括飞轮本体与支承两部分。

1）飞轮本体。基于飞轮材料要求比强度 σ_b/ρ（σ_b 为材料强度极限，ρ 为材料密度）最大的设计原则，一般选用超强玻璃纤维（或碳纤维等）—环氧树脂复合材料作为飞轮材料，也有少量文献介绍用铝合金或优质钢材制作飞轮。

从飞轮的形状看，有单层圆柱状、多层圆柱状、纺锤状、伞状、实心圆盘状、带式变惯量与轮辐状等。

2）支承。飞轮的支承方式主要有超导磁悬浮、电磁悬浮、机械支承和永磁悬浮四种，也有采用四种中的某两种加以组合。

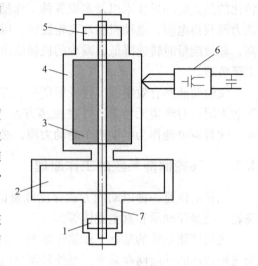

图4-32 飞轮电池的结构原理

1、5—轴承 2—飞轮 3—电机
4—真空容器 6—电力电子装置 7—轴

① 超导磁悬浮。采用这种方式的研究单位较多，如日本三菱重工、美国阿贡国家实验室等，但最具规模的当数德国。他们正在研制 5MW·h/100MW 超导飞轮储能电站。

② 电磁悬浮。马里兰大学长期从事电磁悬浮储能飞轮开发，采用差动平衡磁轴承，已完成储能 20kW·h 的飞轮研制，系统效率为 81%。另外，劳伦斯国家实验室也开展了电磁悬浮飞轮的研究工作。

③ 机械支承。这类支承方式的飞轮一般用于快速充放电系统，如美国柯曼（Kaman）电磁公司研制的电磁炮、电化学炮，要求在几个毫秒内产生 200kA 的放电电流，以满足负载的需要。英国纽卡斯尔大学研制的混合动力汽车使用的飞轮储能装置，美国赛康（Satcon）技术公司开发的先进飞行器姿态控制系统等都采用了这种支承方式。

④ 超导磁悬浮与永磁支承相混合。休斯敦大学采用这种支承方式已使 19kg 的飞轮转子浮起，永磁轴承提供悬浮力，而超导轴承用于消除系统固有的磁—磁不稳定相互影响。试验表明，在真空 0.93Pa 下，混合支承每小时功耗小于 5%。

⑤ 永磁悬浮与机械支承相混合。美国西雅图华盛顿大学正在研制 1kW·h 永磁悬浮和宝石轴承混合支承飞轮。永磁悬浮用于立式转子上的支承，并卸载以降低下支承的摩擦功耗；宝石轴承作为下支承，同时引入径向电磁支承作为振动的主动控制，以确保系统的稳定性。

2. 电动机/发电机

从系统结构及降低功耗的角度出发，国外研究单位一般均采用永磁同步电动/发电互逆式双向电动机。电动机功耗还取决于电枢电阻、涡流电流和磁滞损耗，因此，无铁定子获得广泛应用。转子选用钕铁硼永磁铁。

3. 输入/输出电路

输入/输出电路是飞轮储能装置的控制元件。它控制电动机，实现电能与机械能的相互转换。

4. 真空室

真空室的作用主要有二：一是提供真空环境，以降低风阻损失；二是屏蔽事故。真空度是影响系统效率的一个决定因素。目前，国际上真空度一般可达 10^{-5} Pa 量级。

典型的飞轮储能装置由飞轮组件（包括转子、支承轴承、壳）、电子控制设备（主要是电子电路控制器）、辅助运行系统等部分组成（图 4-33）。

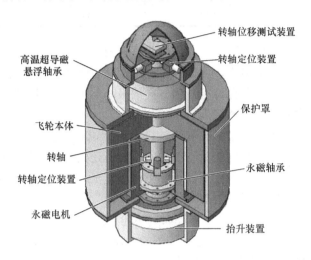

图 4-33　飞轮储能装置的结构

由上式 $E = J\omega^2/2$ 可知，提高飞轮储能装置储存能量的途径是增加飞轮的转动惯量 J 和其角速度 ω。欲增加飞轮的转动惯量，可通过增大飞轮直径和质量来实现。但庞大而沉重的飞轮以高速旋转时，飞轮将产生很大的离心力，由于飞轮材料极限强度的限制，存在安全问题。因此，用增大飞轮的转动惯量来增加飞轮动能的方法存在较大的局限性。而飞轮动能以其角速度的二次方增长，故通过提高飞轮转速来增加其储存能量更为有效。例如，用两个形状大小一致、质量小 10 倍而转速高 10 倍的飞轮比质量大 10 倍而转速小 10 倍的飞轮储能大 10 倍。所以现代飞轮储能装置所用的飞轮，一般采用重量轻、尺寸小，且具有超高角速度旋转的小型飞轮，飞轮转速可高达 200000r/min 以上。现代飞轮储能装置是以"飞转"的超高速度来体现其高储能效率的。

因此，飞轮储能装置除了需有承受超高速运行的高强度飞轮外，还要具有将电能与动能高效互换的超高速电动机及其支承装置。飞轮储能装置在理论上可具有很高的动能，但实际飞轮的最大转速受材料所能承载应力的限制。常用金属材料无法承受巨大离心力所产生的应力。随着高强度碳纤维复合材料的发明以及磁悬浮轴承的应用等相关配套技术的发展，超高飞轮储能装置技术才有了长足的进步。飞轮储能装置的能量在储存和释放过程中，也受到周围空气阻力的作用，因此飞轮储能装置一般是在密封的真空外壳内高速旋转。飞轮转速主要受到飞轮转子材料抗张强度 σ 的限制，而作用在飞轮上的最大应力与飞轮的几何形状、密度 ρ 和工作转速有关，由于飞轮的理论比能量与比值 σ/ρ 成正比，因此设计中要求选用 σ/ρ 值高的材料制作飞轮转子。一些可用作超高速飞轮转子的复合材料的相应特性参数列于表 4-3 中。

表 4-3 超高速飞轮转子复合材料相应特性参数

材料类型	抗张强度 σ/MPa	密度 ρ/(kg/m³)	(σ/ρ)/(W·h/kg)
E 型玻璃	1379	1900	202
环氧石墨	1586	1500	294
S 型玻璃	2069	1900	303
环氧 B 纤维	1930	1400	383

为了获得最大的能量存储，飞轮应使用超强复合材料的转子，采用等应力设计原则，即飞轮的每一部分都具有相等的应力。因此飞轮厚度应随着转子半径的增大而递减，即成橄榄形。由于飞轮超高速旋转时，不允许有任何方向的极小不平衡，因此要求飞轮转子的材料绝对均匀，且必须有非常好的动平衡精度。

为了实现飞轮储能装置的能量储存和释放，永磁无刷电机被认为是较理想的电动/发电机。永磁无刷电机除了具有较高的能量密度和效率外，还具有在工作过程中内部不产生热量的优点，保证了转子在真空环境条件下能正常工作。定子线圈采用液体循环冷却方式，定子铁心通过定子绕组及外壳的传导来散热。

在 200000r/min 的超高转速条件下转动时，飞轮周围的空气会形成强烈的涡流，产生巨大的空气阻力，会损耗飞轮的能量，这对转子的运动非常不利。为了减少飞轮室的风力损耗，现代高速飞轮储能装置是在高度密封的环境中运转的，真空容器的真空度为 $10^{-3} \sim 10^{-4}$Pa 以下。这里的关键是解决真空容器的密封，以防止外部气体渗入真空容器中，避免飞轮系统材料逸出气体，破坏真空容器的真空度。

为了减少各种机械损耗，飞轮储能装置的轴承需采用磁悬浮轴承。由于磁性轴承与其他器件无机械接触磨损，故飞轮的使用寿命也得以延长。磁悬浮轴承采用永磁材料，具有刚度大、对称性好、稳定性好的特点，可实现高精度的动平衡。磁悬浮轴承利用磁极的异性相斥和超导体的抗磁性物理特性，使飞轮转子在高速旋转时，轴承的静止部分与旋转部分脱离接触呈悬浮状态，由于没有任何磨损，也不需要润滑。

为了实现电能—机械能—电能的能量循环转换，还需要能实现电能转换的功率变换器。功率变换器既可向永磁无刷电机提供电能，又可从永磁无刷发电机吸收电能，并具有较高功率密度和能量转换效率。

目前随着环境保护意识的提高以及全球能源的供需矛盾，开发节能及采用替代能源的环保型汽车，以减少对环境的污染，成为当今世界汽车产业发展的一个重要趋势。汽车制造行业纷纷把目光转向电动汽车的研制。能找到储能密度大、充电时间短、价格适宜的新型电池，是电动汽车能否拥有更大的机动性并与汽油车一争高下的关键。而飞轮电池因具有清洁、高效、充放电迅捷、不污染环境等特点而受到汽车行业的广泛重视。预计 21 世纪飞轮电池将会是电动汽车行业的研究热点。飞轮电池利用了电机的双重功能。充电时飞轮中的电机以电动机的形式运行，在外接电源的驱动下带动飞轮旋转，达到极高的转速，从而完成电能到机械能转换的储能过程。放电时，飞轮中的电机以发电机的状态运行，在飞轮的带动下对外输出电能，完成机械能到电能转换的释放过程。

1)"充电"模式。当插头插入外部的电源插座时，打开起动开关，电动机/发电机开始运转，吸收电能，带动飞轮转子转动，使飞轮转子转速提升，直至额定转速。在整个充电的过程中，电动机/发电机作电动机使用，电能转化为飞轮转子的机械能。

飞轮电池比功率高于一般化学蓄电池和内燃机，其快速充电可在18min内完成且能量储存时间长。另外，飞轮电池能进行超快速充电，且无化学电池的缩短使用寿命问题，整个电池的使用寿命远长于各种化学蓄电池。另外，飞轮为纯机械结构，不会像内燃机产生排气污染，同时也没有化学蓄电池的化学反应过程，不会引起腐蚀，也无废料的处理回收问题。

2)"放电"模式。当飞轮转子达到额定转速时，外部电源停止向电动机/发电机供电。在需要放电时，飞轮转子带动电动机/发电机向外部供电。飞轮转速下降，直至下降到最低转速停止放电。在整个放电的过程中，电动机/发电机作为发电机使用，飞轮转子的机械能转化为电能。

飞轮电池充电快，放电完全，非常适合应用于混合能量推动的车辆中。车辆在正常行驶和刹车制动时给飞轮电池充电，飞轮电池则在加速或爬坡时，给车辆提供动力，保证车辆运行在一种平稳、最优状态下的转速，可减少燃料消耗、空气和噪声污染，并可以减少发动机的维护，延长发动机的寿命。飞轮电池比能量比镍—氢电池大2~3倍。

4.7.3 飞轮储能的分类

现如今，飞轮储能系统主要分为两类：大质量低转速飞轮储能系统和高转速飞轮储能系统。

1. 大质量低转速飞轮储能系统

大质量低转速飞轮储能系统以提升飞轮转子的质量为手段来增加整个系统的储能总量，所以系统质量一般比较巨大，主要应用于航天、太空以及UPS。在航天方面，飞轮储能系统一次充电可以提供同质量化学电池两倍的功率，同负载的使用时间为化学电池的3~10倍。同时因为它的转速可测可控，所以可以随时查看剩余电能的多少。在UPS方面，飞轮电池可提供高可靠性的稳定电源，可提供几秒到几分钟的电能，这段时间足以保证工厂进行电源切换。随着技术的发展，飞轮储能系统已经逐渐小型化。现在，大质量低转速的飞轮储能系统已经逐渐退出人们的视野。

2. 高转速飞轮储能系统

高转速飞轮储能系统以提升飞轮转子的转速为增大系统储存能量的手段。由公式$E=J\omega^2/2$可以看出，储存能量的多少与飞轮转子的转速的二次方成正比关系。

提高飞轮转子的转速对飞轮储能系统储存能量的提升有非常良好的效果，并且高速飞轮储能系统质量小、体积小、储能密度高，能够适用于交通运输、军用车辆等更加广泛的场合。在火车和汽车方面，飞轮电池充电快，放电完全，非常适合应用于混合能量推动的车辆中。车辆在正常行驶时和制动时，给飞轮电池充电，飞轮电池则在加速或爬坡时，给车辆提供动力，保证车辆运行在一种平稳、最优的状态下的转速，可减少燃料消耗、空气和噪声污染、发动机的维护，延长发动机的寿命。

4.7.4 飞轮储能装置的特征

超高速飞轮储能装置主要具有可放电电流大、超高的比功率、一定的（相对一般蓄电池较小，相对超级电容为较高）比能量、能量转换效率高、可快速充电、可实现免维护等优点。并且飞轮储能装置由于没有任何化学活性物质，不存在各种化学反应的老化现象，也没有任何废气排出，因此循环寿命长、无环境污染，是一种纯洁的"零污染"能源。

飞轮储能装置在电动汽车上的应用，不仅可像超级电容那样作为辅助动力源使用，还可单独作为主动力能源使用。据报道，20 世纪末英国在布里斯托市制造了一辆用高速飞轮储能装置驱动的电动汽车，整车质量为 2700kg，可乘坐 34 人，续驶里程可达 10km，充电时间仅需 90s。这是飞轮储能装置作为汽车的独立动力源驱动车辆行驶的实例之一。大部分情况下，飞轮储能装置被作为辅助动力源来使用。

4.7.5 飞轮储能装置使用实例

如图 4-34 所示的是爱立信公司的飞轮大客车，1950 年在利奥波德维尔（刚果民主共和国首都旧称）发布，1969 年在实际中得到应用。飞轮大客车停靠时，通过三个可动充电臂（三相）充电，其中，绕线转子异步电动机被直接连接至飞轮，实现飞轮 3000r/min 的加速，从而得到 6kW·h 的能量储存。在最高速度为 60km/h 的情况下，车站间隔为

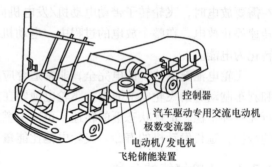

图 4-34　爱立信公司的飞轮大客车

800m 供大客车停靠或行驶，每次停靠需要充电 30s。此大客车中采用的飞轮直径为 1.62m，质量达 1.5t。

飞轮擅长利用短时间的大电能，因此更适合混合动力电动汽车的使用。目前，在德国、瑞士、美国均已经有了实验性质的飞轮混合动力电动汽车（主要为大客车）。

美国克莱斯勒公司发布的飞轮混合动力电动赛车依靠飞轮进行快速加减速时候的能量管理。该飞轮有 185kW 的燃气轮机、发动机、电动机，同时配有 370kW 的专用驱动电机。飞轮的主要参数为容量 4.3kW·h、转速 58000r/min、质量 57kg，由碳素玻璃钢制造。这个系统作为构想是一个极具吸引力的系统，但是，由于也有飞轮爆炸等的极具危险性的问题，所以实际中没有得到应用。

超高速飞轮可用于固定储能系统（25kW·h 容量和 130kW 的功率输出）为电动车辆充电。原因在于飞轮具有的大功率输出能力，减小了电力系统的峰值功率输出，便于实现对电池系统的快速充电。作为新型的固定储能方式，超高速飞轮为电动车辆快速充电已经引起了广泛关注，这种方式与用于车载储能系统的方式相比，更容易实现。

德国专家伯纳曼（Bornemann）等人在 1994 年制成一台实验样机，在 1997 年又提出了 5MW·h/100MW 超导飞轮储能电站的概念设计。电站由 10 个飞轮模块组成，每个模块储能 0.5MW·h，功率 10MW，重 30t，直径 3.5m，高 6.5m，用同步电动/发电机进行电能输入输出。

在 20 世纪 90 年代初，日本超导工程研究所报道了利用超导磁悬浮飞轮所储存的电能点亮了 100W 灯泡的实验。此后，日本逐年扩大超导飞轮的储能规模，并为超导飞轮储能装置的商业化确定了相应的研究计划。1993 年，日本四国综合研究所完成了利用高温超导磁浮轴承的立式飞轮储能发电系统的基本设计，该装置储存能量为 8MW·h 级。

4.8 超级电容

超级电容器是一种介于传统电容器和蓄电池之间的新型储能器件，具有法拉级的超大电容量，比同体积的普通电容器容量大 1000～2000 倍，功率密度比普通电池高 10～100 倍，可以在短时间大电流充放电，充放电效率高，循环寿命长（充放电循环次数可达 1 万次以上），并且免维护。超级电容器的出现填补了传统静电电容器和化学电源之间的空白，并以其优越的性能及广阔的前景受到了极大的重视。

超级电容在充放电整个过程中，没有任何化学反应和机械运动，不存在对环境的影响，结构简单，质量轻，体积小，是一种理想的储能器。超级电容能实现快速充电，在极短的时间内就可以完成电容器的充电。由于电动汽车频繁起动和停车，蓄电池放电过程变化大。在汽车处于正常行驶状态时，电动汽车从蓄电池吸取的平均功率低。如果处于加速或爬坡状态时，峰值功率又相当高。一辆高性能的电动汽车的峰值功率与平均功率的比值为 16∶1。经试验，电动汽车在运行过程中，用于加速和爬坡时所消耗的能量占总能量的 2/3。为了解决电动汽车正常行驶和爬坡、加速时能量消耗的矛盾，把飞轮能源作为辅助电源，辅助能源系统的能量可以直接取自电源，也可利用车辆减速、下坡和制动时吸收可再生能源。大功率的超级电容在电动汽车的起动、加速和上坡行驶具有积极的意义。超级电容作为电动汽车的辅助能源有显著优点。汽车在起动或爬坡时须快速提供大电流及大功率电流，在正常行驶时由主动力源快速充电，在制动时快速储存发电机产生的大电流，这些大电流放电可通过使用超级电容减少使用电池组的电力。

4.8.1 超级电容器的结构原理

电容器由两个彼此绝缘的平板形金属电容板组成，在两块电容板之间用绝缘材料隔开。如图 4-35 所示，一般在两个绝缘平板之间增加一个绝缘层：采用碳金属纤维复合物或碳纤维布上涂导电聚合物的技术，或在金属箔上包裹金属氧化物作为电容器的电极。

超级电容器又叫双电层电容器。双电层电容器的电极之间装有电解液和隔离体。它是通过电极与电解质之间形成的界面双层来存储能量的新型元器件。当电极与电解液接触时，由于库仑力、分子间力及原子间力的作用，使固液界面出现稳定和符号相反的双层电荷，称其为界面双层。如图 4-36 所示，把双电层超级电容看成是悬在电解质中的两

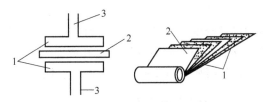

图 4-35 电容器的基本结构
1—电容板　2—绝缘层　3—正负电极

个非活性多孔板，电压加载到两个板上。加在正极板上的电势吸引电解质中的负离子，负极板吸引正离子，从而在两电极的表面形成了一个双电层电容器。在电极与电解质溶液界面的溶液一侧距电极一定距离处排成一排，成为一个电荷数量与电极表面剩余电荷数量相等而符号相反的电荷界面层，从而形成一层在电极上、另一层在溶液中的两个电荷层，即为双电层。由于界面上存在一个位垒，两层电荷都不能越过边界彼此中和，双电层结构即形成双平板电容器。

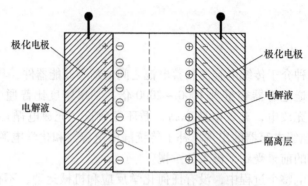

图 4-36 双电层电容器示意图

电容器极板上所储集的电量 q 与电压成正比。电容器的计量单位为"法拉"（F）。当电容充上 1V 的电压时，如果极板上储存 1F 电荷量，则该电容器的电容量就是 1F。

电容器的电容量：

$$C = \varepsilon A/d$$

式中　ε——电解质的介电常数，F/m；

　　　A——电极表面积，m^2；

　　　d——电容器间隙的距离，m。

电容器的容量只取决于电容板的面积，与面积的大小成正比，面积越大，电容器的容量也越大，与电容板的厚度无关。另外，电容器的容量还与电容板之间的间隙大小成反比，电容板之间间隙越大，电容器的容量越小。当电容元件充电时，电容元件上的电压增高，电场能量增大，电容器从电源上获得电能，电容器中储存的电量 E 为

$$E = CU^2/2$$

式中　U——外加电压，V。

当电容元件进行放电，电容元件上的电压降低，电场能量减小，电容器从电源上释放能量，释放的电量最大为 E。

因此选择适当的具有高比表面积的电极材料，可以得到很大的电容量，从而提高超级电容的能量密度。于是，人们将目光集中在具有很大表面积的碳基材料上，进行了对制备具有较高比表面积和较小内阻的多孔碳基材料方面的改性研究，包括活性炭、炭黑、纳米碳纤维、碳气凝胶、纳米碳管、玻璃碳、网络结构活性炭以及某些有机物的碳化产物等。

4.8.2　超级电容器的特点

与蓄电池和传统物理电容器相比，超级电容器的特点主要体现在：

1）功率密度高。可达 $10^2 \sim 10^4$ W/kg，远高于目前蓄电池的功率密度水平。

2）循环寿命长。在几秒钟的高速深度充放电循环 50 万~100 万次后，超级电容器的特性变化很小，容量和内阻仅降低 10%~20%。

3）工作温限宽。由于在低温状态下超级电容器中离子的吸附和脱附速度变化不大。因此其容量变化远小于蓄电池。目前商业化超级电容器的工作温度范围可达 -40 ~ +80℃。

4）免维护。超级电容器充放电效率高，对过充电和过放电有一定的承受能力，可稳定地反复充放电，在理论上是不需要进行维护的。

5) 绿色环保。超级电容器在生产过程中不使用重金属和其他有害的化学物质。寿命较长，因而是一种新型的绿色环保电源。

4.8.3 超级电容的分类

通常，超级电容可以根据其电极材料和电解质材料进行分类，不同的超级电容具有不同的特性。

1. 根据电极材料分类

双电层电容器根据电极材料的不同，可以分为碳电极双层超级电容器、金属氧化物电极超级电容器和有机聚合物电极超级电容器。

1) 炭电极双电层超级电容。这种电容主要使用多孔炭材料作为电极，比如活性炭或白炭黑的炭布、炭粉和碳纤维等。炭电极的主要优点在于材料来源广泛、成本低、加工技术成熟，活性面积大。作为电极的炭粉、炭布、碳纤维等材料，其活性面积可以达到$2500m^2/g$。近年来，随着纳米碳管研究的进一步深入，炭电极的活性面积进一步加大。例如，采用直径为8nm的纳米碳管制备的厚度为$25.4\mu m$的薄膜电极，比电容达到$49\sim 113F/g$（$39.2\sim 90.4F/cm^3$）。尽管炭电极超级电容具有以上优点，但也存在随着活性面积的增大，其稳定性和导通性随之降低的缺点。图4-37是炭电极双电层超级电容的充放电曲线。

2) 金属氧化物电极超级电容。以金属氧化物为电极材料的超级电容利用法拉第效应来存储能量。这种电容器使用RuO_2、IrO_2等金属氧化物作为电极，充放电时在电极上会发生一系列的氧化还原反应，其中，Ru(Ir)的化合价会在3~6价之间变化。图4-38是金属氧化物超级电容的充放电曲线。从充放电曲线可以看出，这种电容器具有某些蓄电池的充放电特性。

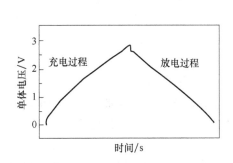
图4-37 炭电极双电层超级电容的充放电曲线

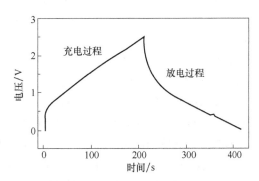
图4-38 金属氧化物超级电容的充放电曲线

与炭电极相比，金属氧化物电极的电导率比炭大两个数量级，因此金属氧化物电极超级电容可以实现非常高的质量比容量。RuO_2电极可以达到750F/g，而炭电极的这项指标是100F/g。而且，金属氧化物超级电容的循环寿命、充放电性能也相当好。这种超级电容的缺点在于电极材料成本太高，且对电解液有限制，电容的额定电压值较低。混合型超级电容是金属氧化物超级电容和炭电极双电极超级电容的混合产物。一方面解决了炭电极电容器比能量较小的问题，另一方面可以降低超级电容的成本。

3) 有机聚合物材料电极超级电容。这种电容器使用有机聚合物作为电极材料，经过杂化处理，利用法拉第准电容效应来存储能量。其作用机理是：通过在电极上的聚合物膜中发生快速可逆的 N 型或 P 型掺杂和去掺杂氧化还原反应，使聚合物达到很高的储存电荷密度，从而产生很高的法拉第准电容来储存能量。其较高的工作电位源于聚合物的导带和价带之间较宽的能隙。有机聚合物电极超级电容放电曲线如图 4-39 所示。

使用有机聚合物材料电极超级电容可以同时提高超级电容的质量比能量和质量比功率两个指标。此种超级电容现在正逐渐成为研究热点。该电容的缺点在于有机聚合物材料容易产生膨胀变形，而在长期循环充放电过程中会出现性能恶化，稳定性较差。

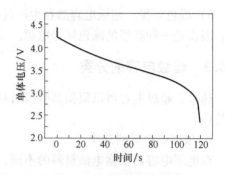

图 4-39 有机聚合物电极超级电容放电曲线

2. 根据电解液的类型分类

作为超级电容器的主要组成部分，电解液具有提供荷电离子和作为离子迁移传导媒介的重要作用，根据电解液的不同可以将超级电容分为两类：有机电解液超级电容和水基溶液超级电容。

1) 有机电解液超级电容。超级电容中使用的有机电解液以四氟硼酸四乙基铵盐（TEA-BF_4）为代表，因电导率高、电化学稳定性好、制作成本低等优点，已占据当前超级电容器市场电解质的主导地位。比较而言，有机电解液因为较高的电导率（50ms/cm）、较宽的电化学窗口、较好的化学稳定性和热稳定性及可接受的成本，在目前的超级电容器市场中成为主流。其最大好处是可以提高超级电容单体的电压，使之达到 2V 以上，电容电压可以稳定在 2.3V，瞬时甚至可以达到 2.7V。因此，使用有机电解液的超级电容比能量比较高，可以达到 18W·h/kg。这种电容器的缺点在于使用有机电解液必须采用特殊的净化工艺，且电极上必须覆盖特定涂层以避免对电极的腐蚀。它的另一个缺点是因为电解液的电离比较困难，所以等效内阻较大，通常是水溶液的 20 倍以上，甚至达到 50 倍，因此比功率指标较低。

2) 水基溶液超级电容。水基电解液，最大优点是内阻很低，导通率高，这使得超级电容可以获得较高的比功率指标。水基溶液的第二个优点是提纯和干燥加工工艺简单，成本低廉，从而降低了超级电容的总成本。水基溶液超级电容的缺点在于单体电压较低，一般无法超过 2V，这就限制了这种电容比能量的提高。

目前，能够在电动汽车上应用的超级电容主要有两种：一种是以活性炭为正负极材料的碳基超级电容，另一种是以氧化镍为正极、活性炭为负极的杂化超级电容。碳基超级电容是目前技术最为先进、商业化最为成功的超级电容。

4.8.4 超级电容的应用与发展

目前在电动汽车上广泛使用的主要是碳电极超级电容器。碳电极超级电容器的面积是基于多孔碳材料，该材料的多孔结构允许其面积达到 $2000m^2/g$，通过一些措施还可以实现更大的表面积。碳电极超级电容器电荷分离开的距离是由被吸引到带电电极的电解质离子尺寸决定的，该距离比传统电容器薄膜材料所能实现的距离更小。这种庞大的表面积再加上非常小的电荷分离距离使得超级电容器较传统电容器而言有巨大的静电容量。超级电容器中，多孔化电极采用的是活性炭粉或活性炭纤维,电解液采用有机电解质,如丙烯碳酸脂或高氯酸四乙氨等。工作时,在可极化电极和电解质溶液之间界面上形成的双电层中聚集电容量,其多孔化电极在电解液中吸附电荷,因而可以存储很大的静电能量,超级电容器的这一储电特性介于传统的电容器与电池之间。尽管这能量密度比电池低,但是这能量的储存方式,有快充快放的特点,可以应用在传统电池难以解决的短时高峰值电流应用之中。图 4-40 所示为 MAXWELL 公司的超级电容器。

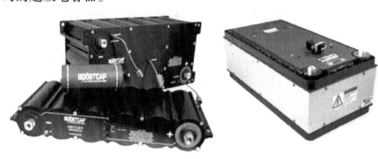

图 4-40　MAXWELL 公司的超级电容器

超级电容的应用一般是在电动汽车中同时配备了燃料电池和超级电容,其中。燃料电池作为主要的动力源,可以进行均衡的放电,而超级电容是用作在加速时为所必需的大电能进行快速放电和减速时回收电能进行快速充电。

例如在 1995 年的第 31 届东京汽车博览会中,富士重工业参展的 Elcapa 为并联式混合动力电动汽车,其中搭载了两个并联连接的由 NEC 制造的 120V·18F 的超级电容。在 1997 年的第 32 届东京汽车博览会中,富士重工对以前的 Elcapa 系统进行了改良,并以 Elten 的名字参展。Elten 在采用了 CVT 的并联式混合动力系统中,装配了松下电子的超级电容。而配有超级电容的目的是为了高效率的回收减速能量以提高燃油经济性。图 4-41 所示 Elten 的装置布局图。

超级电容器的使用方式:超级电容器和 DC/DC 变换器系统是常用的使用方式。超级电容器和蓄电池采用并联的连接方式。电容器在正常行驶的时候,不参与工作;但当车辆进行加速或上坡时,电容器通过 DC/DC 变换器的控制提供短期的大电流,不足的部分与电池供给,两者在经过电机控制器的调控,驱动电机、驱动车辆。例如 272 个单元,单体电压为 1.39V,工作电压为 380～190V,总的重量约达 319kg,电容为 18000F。采用双向 DC/DC

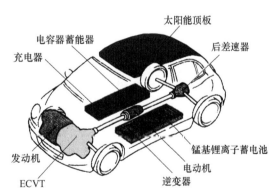

图 4-41　斯巴鲁 Elten 的装置布局图

变换器:当电容的电压低于蓄电池的端电压时,DC/DC 变换器通过工作电路降压,使超级电容器达到能量饱和状态。在蓄电池急需能量时通过控制电路对电容器能量进行升压输出到蓄电池正负端。

除了主要的汽车公司以外,很多学校和科研机构也在开展超级电容在车辆上的应用研究，其中美国南加州大学、罗马特里大学、瑞士中心应用科学大学等做出了各有特色的方案。超级电容在车辆中的应用正处在从概念车到商业化车型的过渡阶段。

超级电容器较低的比能量使得它不太适合单独用作汽车能量源，最好组成复合能源系统，但这增加了整车的成本。目前超级电容器被广泛应用到新能源汽车中，用作起动、制动、爬坡时的辅助动力。汽车频繁的起步、爬坡和制动造成其功率需求曲线的变化很大，在城市路况下更是如此，这就需要频繁在峰值功率和工作功率之间切换，无疑会大大损害电池的寿命。如果使用比功率较大的超级电容器，当瞬时功率需求较大时，由超级电容器提供尖峰功率，并且在制动回馈时吸收尖峰功率，那么就可以减轻对电池压力，从而可以大大增加起步、加速时系统的功率输出，而且可以高效地回收大功率的制动能量。这样做还可以提高电池的使用寿命，改善其放电性能。电池＋超级电容器在本田 FCX、日产混合动力卡车以及公交车中已经付诸应用。

超级电容在混合动力电动汽车上的实际应用前景十分广阔，但是，目前超级电容在价格方面还没有优势可言，需要进一步提高性能和降低成本。

第 5 章

电动汽车驱动电机及控制系统

传统汽车的动力来源于发动机，电动汽车以电机驱动系统代替了发动机作为动力来源，电动汽车中的燃料电池电动汽车、混合动力电动汽车和纯电动汽车都需要使用电机来驱动车轮行驶。选择合适的电机是提高各类电动汽车性价比的重要途径，因此研发或完善能同时满足车辆行驶过程中的各项性能要求，并具有坚固耐用、造价低、效能高等特点的驱动电机显得极其重要。这也是提高电动汽车性价比而使其尽快普及应用、搞好节能减排工作的有效途径。电动汽车的动力性能取决于它的电机驱动系统的性能。

5.1 驱动电机概述

电动汽车的电机驱动系统是车辆行驶中的主要执行机构，是电动汽车的重要部件，其驱动特性是汽车行驶的主要性能指标。驱动电机的作用是将电源的电能转化为机械能，通过传动装置或直接驱动车轮和工作装置。目前电动汽车上广泛采用直流串励电机，这种电机具有"软"的机械特性，与汽车的行驶特性非常相符。

电动汽车电机调速控制装置是为电动汽车的变速和方向变换等设置的，其作用是控制电机的电压或电流，完成电机的驱动转矩和旋转方向的控制。

5.1.1 电动汽车驱动电机的运行模式

电动汽车的驱动电机可兼作电动机和发电机运行。
1. 电动模式
在电动模式时驱动电机将电能转换成机械能。
1）逆变器从电池获取功率，电池放电。
2）电机从逆变器获取电功率。
3）电机输出机械能，电机转矩与转速同向，电机驱动车辆。
2. 发电模式
发电模式时电机将机械能转换成电能。

1）车辆带动电机，电机力矩与转速反向，轴上输入机械能。
2）电机输出电能。
3）逆变器输出直流电，电池充电。

5.1.2 电动汽车驱动电机的种类与工业用电机的区别

电动汽车的驱动电机通常要求能适应汽车的频繁起动/停车、加速/减速，低速或爬坡时要求高转矩，高速行驶时要求低转矩，并且要求变速范围大，而工业电机通常优化在额定的工作点，因此用于电动汽车的驱动电机与常规的工业电机不同。电动汽车驱动电机比较独特，应单独归为一类，对它们在负载、技术性能和工作环境等方面有着特殊的要求。电动汽车驱动电机与工业用电机的区别如下：

1）电动汽车驱动电机需要有4～5倍的过载，以满足短时加速或爬坡的要求；而工业电机只要求有2倍的过载即可。

2）电动汽车的最高转速要求达到在公路上行驶时基本速度的4～5倍；而工业电机只需要达到恒功率时基本速度的2倍。

3）电动汽车驱动电机需要根据车型和驾驶人的驾驶习惯设计；而工业电机只需根据典型的工作模式设计。

4）电动汽车驱动电机要求有高的功率密度和好的效率图（在较宽的转速范围和转矩范围内都有较高的效率），从而能够降低车重，延长续驶里程；而工业电机通常对功率密度、效率和成本进行综合考虑，在额定工作点附近对效率进行优化。

5）电动汽车驱动电机要求工作可控性高、稳态精度高、动态性能好；而工业电机只有某一种特定的性能要求。

6）电动汽车驱动电机被装在机动车上，空间小，工作在高温、坏天气及频繁振动等恶劣环境下；而工业电机通常在某一个固定位置工作。

要使电动汽车具有良好的使用性能，驱动电机应具有较宽的调速范围及较高的转速、足够大的起动转矩，还要具有体积小、质量小、效率高、动态制动性强和能量回馈的性能。目前在电动汽车上已应用的和有应用前景的电机有直流电机、交流电机、永磁无刷电机和开关磁阻电机。还有不少研究机构正在研究超导电机在电动汽车上的应用。表5-1为现代电动汽车用驱动电机的性能比较。

表5-1 现代电动汽车用驱动电机的性能比较

性　　能	直流电机	交流电机	永磁无刷电机	开关磁阻电机
功率密度	差	一般	好	一般
力矩转速性能	一般	好	好	好
转速范围/(r/min)	4000～6000	9000～15000	4000～10000	>15000
最大功率/kW	85～89	94～95	95～97	<90
功率10%负荷率（%）	80～87	79～85	90～92	78～86
可操作性	差	好	好	好
结构坚固性	差	好	一般	好
体积、质量	大、大	一般	小、小	小、小
单位轴功率成本比（以直流电机为1）	1	0.8～1.1	1～1.5	0.6～1
控制器成本（以直流电机为1）	1	3.5	2.5	4.5

5.1.3 电动汽车驱动电机的要求

电动汽车上使用的电机个数很多,种类也不尽相同,可以说电机及其控制器是电动汽车的心脏。根据电动汽车电机是否直接用于驱动电动汽车行驶,可以将其分为驱动电机和辅助电动机。

驱动电机及其控制系统(电机驱动系统)是电动车中最为关键的系统,其类型和运行性能决定了电动车的运行性能。驱动电机的功能是在驾驶人的操作下,能够按照驾驶人的意图高效地将电能转化为电动汽车车轮的动能,或者相反,将电动汽车车轮动能转化为电能。

非驱动电机辅助电动汽车安全可靠地运行,并改善乘坐的舒适度。例如,散热风扇保证控制器或其他部件在适宜运行的工况下,稳定可靠地运行;电动转向泵使车辆转向更加灵敏安全;电控空调系统控制电动汽车内温度,在炎炎夏日给人带来清凉。可以说,非驱动电机也是电动汽车中必不可少的部件,没有非驱动电机,电动汽车的安全可靠运行和舒适乘坐将难以保证。

由于电动汽车本身的特殊性,对电机也提出了特殊的要求。主要包括:安全性好,可靠性高,稳定性强,寿命长,价格低,体积小,质量小,效率高。驱动电机作为动力源,安装在机动车上,处于空间小、温差变化大、振动剧烈的恶劣环境中,必须满足各种路况要求:

1)在市区行驶时,需要频繁地起动、停车、加速、减速,因此要求电动汽车的驱动电机有很好的转矩控制动态性能。

2)在市区和市郊两种不同工况行驶时,电动汽车驱动电机的速度、转矩变化范围比较大,这要求驱动电机既要工作在恒转矩区,又要运行在恒功率区。恒转矩运行满足起动和爬坡,恒功率区运行用来满足高速行驶。

3)由于电动汽车车载能源的限制,目前无论是纯电动汽车还是燃料电池电动汽车,车载能源是其续驶能力的关键制约因素,因此要求电动汽车驱动电机能够在大范围内保持高效率运行,尽可能地提高其功率密度。这与一般工业电动机所要求的在额定功率附近高效运行不同。

4)减小驱动电机的重量、体积,增加与车体的适配性,减小了整车的总重量,扩大了车体可利用空间,增加了乘坐的舒适性。

5)由于汽车本身运行环境的恶劣,GB/T18488.1—2006 规定在大气环境温度在 -20 ~ 400℃时,电机及其控制器能按规定的定额运行。事实上,汽车本身运行的环境比这个更恶劣。电动汽车的驱动电机应考虑汽车本身行驶的区域环境,如热带气候、雨雪天气、不同海拔等。

6)瞬时功率高,有一定的过载能力,电动汽车的驱动电机要求有 4~5 倍的过载能力,以满足加速和爬坡的需要,这高于工业要求的 2 倍过载能力。此外,电机的可靠性要好,需要有一定的抗振能力。

7)驱动电机应重量小、体积小、成本低,而且还应考虑产品的实用性,应易于产业化,而且便于拆卸维修。

8)电动汽车的驱动系统必须符合车辆电气控制系统的安全性标准和电气安全标准。

5.1.4 电动汽车电机驱动系统的基本组成

电动汽车的驱动系统包括电机驱动系统与机械传动机构两大部分。电机驱动系统的基本组成如图 5-1 所示。它主要由电机、功率转换器、控制器、各种检测传感器以及电源（蓄电池组）等组成。电机一般要求具有电动与发电两项功能，即有四象限运行特性，按其类型可选用直流、交流、永磁无刷或开关磁阻等几种电机。功率转换器按所选电机类型，有 DC/DC 功率变换器、DC/AC 功率变换器等形式，其作用是按所选电机驱动电流要求，将蓄电池的直流电转换为相应电压等级的直流、交流或脉冲电源。各种检测传感器主要有电压、电流、速度、转矩以及温度等检测反馈，其作用是为提高和改善电机的调速特性。对永磁无刷电机或开关磁阻电机，还要求有电机转角位置检测。由于所选电机类型不同，其控制驱动方式也不同，具体将在后述各节针对电机类型再作详细介绍。控制器是按驾驶人操纵档位杆、加速踏板和制动踏板等输入的前进、倒退、起步、加速、制动等信号，以及各种检测传感器反馈的信号，通过运算、逻辑判断、分析比较等适时向功率转换器发出相应的指令，使整个驱动系统有效运行。

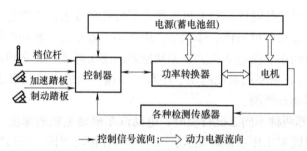

图 5-1 电动机驱动系统的基本构成图

5.2 直流电机

直流电机因为具有调速性能好、过载能力强、控制简单等优势，曾经在调速电机领域中独占鳌头，可以说在 20 世纪 70 年代以前，大部分对调速性能要求较高的场合使用的都是直流电机。直流电机也是电动车辆中应用最早且较广泛的电机。由于直流电机存在换向火花、电刷磨损以及电机本身结构复杂等问题，随着交流变频调速技术的发展，直交流调速电机后来者居上。但目前直流电机仍在较多场合被使用，如城市中的无轨电车和电动叉车较多地采用直流驱动系统，特别是对于由蓄电池提供电源的车辆，可直接利用直流电。

5.2.1 直流电机的结构

直流电机是 1883 年英国人发明的，后来经过不断的发展，形成如今的将电能转化成机械能的一种成熟装置，在日常生活和工程技术等领域获得广泛的应用。

直流电机主要由机座、电枢、主磁极、换向磁极、换向器、刷架、端盖、风扇、出线盒等组成，如图 5-2 所示。其构造简图如图 5-3 所示，其中静止部分叫作定子，转动部分叫作电枢或转子。

第5章 电动汽车驱动电机及控制系统

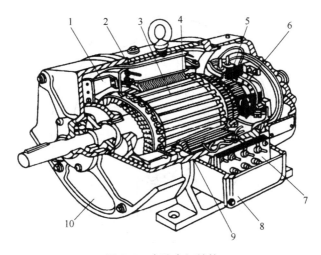

图5-2 直流电机结构
1—风扇 2—机座 3—电枢 4—主磁极 5—刷架 6—换向器
7—接线板 8—出线盒 9—换向磁极 10—端盖

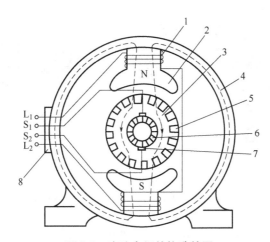

图5-3 直流电机的构造简图
1—励磁绕组 2—磁极 3—电枢铁心 4—磁轭 5—电枢绕组 6—换向器 7—电刷 8—出线盒

1. 定子

定子是由机座、主磁极、励磁绕组、端盖和电刷装置组成。

1）机座。机座是用来固定主磁极电刷架和端盖等部件的，起支撑、保护作用，与主磁极铁心、磁轭、电枢铁心一起构成电动机的磁路，磁通通过整个磁路的情形如图5-4中的虚线所示。

它是用铸铁、铸钢或钢板制成的。

2）主磁极。主磁极的作用是产生气隙磁场。主磁极由主磁极铁心和励磁绕组两部分组成。铁心一般用0.5~1.5mm厚的硅钢板冲片叠压铆紧而成，分为极身和极掌两部分，上面套励磁绕组的部分称为极身，下面扩宽的部分称为极掌。极掌宽于极身，既可以调整气隙中磁场的分布，又便于固定励磁绕组。励磁绕组用绝缘铜线绕制而成，套在主磁极铁心上。整个主磁极用螺钉固定在机座上，如图5-5所示。

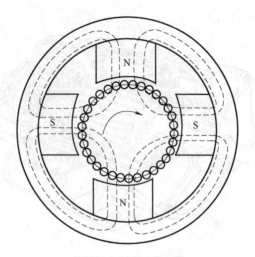

图 5-4 主磁极磁通

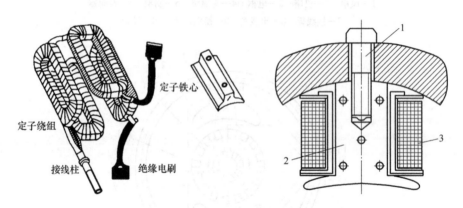

图 5-5 主磁极的结构示意图

1—固定主磁极的螺钉 2—主磁极铁心 3—励磁绕组

3)电刷装置。电刷装置用来引入或引出直流电压和直流电流,它由刷握、电刷、压紧弹簧和铜丝辫等组成,如图 5-6 所示。电刷放在刷握内,用弹簧压紧,以使电刷与换向器之间有良好的滑动接触。电刷盒固定在刷杆上,刷杆装在圆环形的刷杆座上,相互之间必须绝缘。常常把若干个电刷盒装在同一个绝缘的刷杆上。在电路连接上,把同一个绝缘刷杆上的电刷盒并联起来,称为一组电刷。一般的直流电机中,电刷组的数目可以用电刷杆数表示,电刷杆数与电机的主磁极数相等。

各电刷杆在换向器外表面上沿圆周方向均匀分布,正常运行时,电刷杆相对于换向器表面有一个正确的位置,如果电刷杆的位置放得不合理,将直接影响电机的性能。刷杆座装在端盖或轴承内盖上,圆周位置可以调整,调好以后加以固定。电刷架总成如图 5-7 所示。

2. 转子

直流电机的转子(电枢)主要由电枢铁心和电枢绕组、换向器、转轴和风扇等组成,其结构如图 5-8 所示。

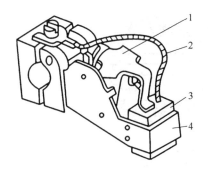

图 5-6　电刷装置的结构
1—压紧弹簧　2—铜丝辫
3—电刷　4—刷握

图 5-7　电刷架总成
1—座板　2—绝缘垫　3—电刷　4—搭换刷架
5—弹簧　6—绝缘刷架

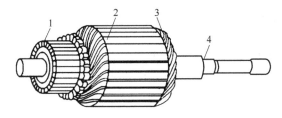

图 5-8　转子的结构
1—换向器　2—电枢铁心　3—电枢绕组　4—转轴

1）电枢铁心。电枢铁心的作用有两个：一个是作为主磁路的主要部分；另一个是嵌放电枢绕组。由于电枢铁心和主磁场之间的相对运动会在铁心中引起涡流损耗和磁滞损耗（这两部分损耗合在一起称为铁心损耗，简称"铁耗"），为了减少铁耗，电枢铁心通常用 0.5mm 厚的涂有绝缘漆的硅钢片的冲片叠压而成，并固定在转轴上。电枢铁心沿圆周有均匀分布的槽，里面可嵌入电枢绕组，如图 5-9 所示。

2）电枢绕组。电枢绕组由许多按一定规律排列和连接的线圈组成，它是直流电机的主要电路部分，是通过电流和感应产生电动势以实现机电能量转换的关键性部件。

线圈用包有绝缘的圆形和矩形截面导线绕制而成，亦被称为"元件"，每个元件有两个出线端。电枢线圈嵌放在电枢铁心的槽中，每个元件的两个出线端以一定规律与换向器的换向片相连，构成电枢绕组。

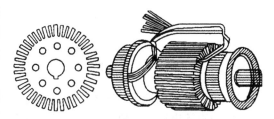

图 5-9　电枢铁心的结构

3）换向器。换向器也是直流电机的重要部件。在直流电机中，它将电刷上所通过的直流电流转换为绕组内的交变电流。换向器安装在转轴上，与转轴过盈配合，主要由许多换向片组成，片与片之间用云母绝缘，换向片数与元件数相等，如图 5-10 所示。

3. 气隙

气隙并不是结构部件，只是定子的磁极与转子的电枢之间自然形成的缝隙。但是气隙是主磁路的一部分，气隙中的磁场是电机进行机电能量转换的媒介。因此，气隙的大小对电机

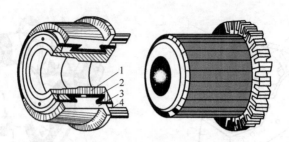

图5-10 换向器的结构
1—V形套筒 2—云母环 3—换向片 4—连接片

的运行性能有很大的影响。通常，小容量直流电机的气隙约为1~3mm，大容量直流电机的气隙更大。

5.2.2 直流电机的基本原理

从理论上说，一台直流电机既可作电动机使用，也可作为发电机来用，其原理分别建立在电磁力和电磁感应的基础上。图5-11所示为直流电机的物理模型，是直流发电机的工作原理示意图。

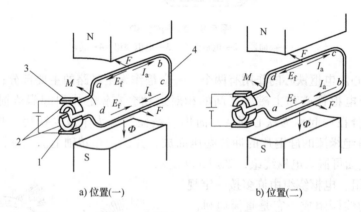

a) 位置(一)　　b) 位置(二)

图5-11 直流电机的物理模型
1—负极电刷 2—换相片 3—正极电刷 4—电枢绕组

(1) 电磁转矩的产生　普通直流电机为有刷直流电机，其工作原理如图5-11所示。

电源的直流电通过电刷和换向片引入可转动的电枢绕组，电枢绕组的两匝边受到磁场力F的作用而形成电磁转矩M，如图5-11a所示。在M的作用下，电枢绕组转动，当ab匝边转到下半平面、cd匝边转到上半平面时，a端换向片与d端换向片交换所接触的电刷，使电枢绕组的电流换向，而电枢绕组两匝边受磁场力F作用所形成的电磁转矩的方向保持不变，如图5-11b所示。在方向不变的电磁转矩M的作用下，电枢便可持续转动。

实际的直流电机为产生足够大且稳定的电磁转矩，其电枢由多匝绕组串联而成，并由多个换向片组成换向器。根据安培定律，可以推导出直流电机通电后所产生的电磁转矩M与磁极的磁通量Φ和电枢电流I_a之间的关系，即

$$M = C_m \Phi I_a \tag{5-1}$$

式(5-1)中，C_m为电机的结构常数，与电动机磁核对数p、电枢绕组导线总根数z及

电枢绕组电路的支路对数 α 有关（$C_m = p_z/2\pi\alpha$）。

（2）直流电机的工作过程

1）直流电机工作时的电压平衡方程式。通电的直流电机的电枢在电磁转矩 M 的作用下转动起来时，电枢绕组就会因切割磁力线而产生旋转电动势，此电动势与电枢电流 I_a 的方向相反，故也被称为反电动势 E_f。E_f 与磁极的磁通量和电枢的转速 n 成正比，即

$$E_f = C_e \Phi n \tag{5-2}$$

C_e 也是电机的结构常数，因此，电枢回路的电压平衡方程式为

$$U = E_f + I_a R_a \tag{5-3}$$

式（5-3）中，R_a 为电枢回路的电阻，它包括电枢绕组的电阻和电刷与换向器的接触电阻。

2）直流电机通电后的工作过程。在直流电机刚接通电源的瞬间，其电枢转速 n 为 0。电枢反电动势 E_f 也为 0。这时，电枢绕组通过最大电流（$I_{max} = U/R_a$），并产生最大的电磁转矩 M_{max}，如果最大的电磁转矩大于电机的阻力矩 M_z，则电枢就开始加速转动起来。随着电枢转速的上升，电枢反电动势 E_f 增大，电枢电流 I_a 便开始下降，电磁转矩 M 也随之减小。当 M 降至与电机的阻力矩 M_z 相平衡）时，电枢就在此转速下稳定运转。

从直流电机的工作过程可知，直流电机的起动转矩大，在用作电动汽车的驱动电机时，电动汽车的起步和加速性较好。

5.2.3 直流电机的励磁方式

从直流电机工作原理和结构可知，主磁极的励磁方式有永磁式和电励磁式两种。电励磁式是给励磁绕组供电，产生励磁磁动势而建立主磁场的方式。根据供电方式的不同，它又可分为他励和自励两类，而自励又被分为串励、并励和复励三种。汽车上常用的有并励直流电机和串励直流电机。

1. 串励直流电机

这种电机的励磁绕组同电枢绕组串联，如图 5-12 所示，其励磁绕组称为串励绕组。为了减小其电压降及铜损失，串励绕组应具有较小的电阻。因此，它总是用截面积较大的导线绕成，且匝数较少。

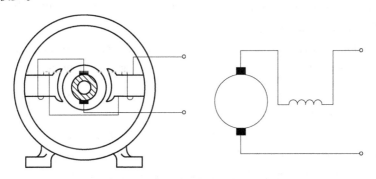

图 5-12 串励直流电机的电气原理

2. 并励直流电机

这种电机的励磁绕组同电枢并联，如图 5-13 所示，其励磁绕组称为并励绕组。由于并

励绕组承受着电枢两端的全部电压,其值较高,为了减小它的铜损失,并励绕组必须具有较大的电阻以减小励磁电流。因此,并励绕组的匝数较多,用较细的导线绕成。

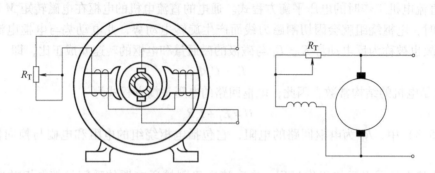

图 5-13 并励直流电机的电气原理

3. 直流电机的起动、调速和反转

(1) 直流电机的起动

将静止不动的电机的电路与电源接通,使电机的转动部分旋转起来,最后达到正常运转,称为电机的起动。如果不用任何起动设备而是将电机直接连接至电源,这种起动方法称为直接起动,其起动电流很大。当电机刚与电源接通时电枢还没有旋转,因此反电动势等于零,此时通过电枢的电流(即起动电流)应为

$$I_q = \frac{U - E_f}{R_s} = \frac{U}{R_s}$$

式中,I_q 为起动电流(A);U 为起动电压(V);E_f 为反电动势(V);R_s 为电枢内阻(Ω)。

电枢内电阻很小,外加电压又是额定值,电机在直接起动时的电枢电流将比额定电流大十几倍,甚至几百倍。这样大的电流会使换向器上产生强烈的火花,可能把换向器烧坏。因此,起动时必须在电枢电路中串联一个起动变阻器来减小起动电流,如图 5-14 所示。为了获得较大的起动转矩而又不至于使换向器受到损伤,通常把起动电流限制为电枢额定电流的 1.5～2.5 倍。

在起动过程中,随着电机转速的增加,电枢电流逐渐减少,起动电阻也应逐步减小。待电机转速达到额定值时,起动电阻应减小到零。

此外,在起动时,还应把励磁电路中的磁场变阻器,放在电阻最小的位置,以使磁通最大,这样,就可使电机产生足够大的起动转矩,并使反电动势增加较快,以缩短起动过程。

(2) 直流电机的调速

由并励直流电机的转速公式可知,电机的转速有三种调节方法:

1) 改变供电线路的电压 U。这种方法的调速范围很广泛,但必须有专用的直流电源。采用发电机—电动机组以及可控硅整流电路都能得到可调节的电压。

2) 改变电枢线路的电压降。如图 5-15 所示,在电枢电路中串联一个调速变阻器 R_q 可降低加在电枢上的电压。当把 R_q 增大,则电阻电压降增大,转速下降。这种方法电枢电流较大,使得调速变阻器本身要消耗大量的功率,因而不经济。

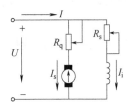 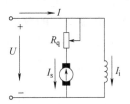

图 5-14　串联起动变阻器的起动原理　　　图 5-15　串联调速变阻器调节转速的原理

3）改变磁极磁通。在励磁电路中串接一磁场变阻器可调节电机转速，如图 5-16 所示。如把磁场变阻器的阻值增加，则励磁电流减小，磁通也随之而减小，电机的转速便升高。通常励磁电路中的电流很小，在调速过程中磁场变阻器的能量损失也较小，比较经济，因而这种调速方法在电力系统中应用甚广。

如果串励电机也采用改变磁通的方法来调节转速，则磁场变阻器必须与串励绕组并联，如图 5-17 所示。当把磁场变阻器的阻值减小时，通过变阻器的电流增大，而通过串励绕组的电流减小，其所产生的磁通也随着减小，转速升高。

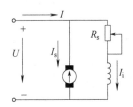 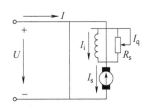

图 5-16　串联磁场变阻器调节转速的原理　　　图 5-17　并联磁场变阻器调节转速的原理

（3）直流电机的反转

电机的旋转方向是由电枢绕组的导体在磁场中的受力方向决定的。改变电枢电流的方向或者改变磁场电流的方向，便可使直流电机反转。具体方法是，将连接于电源上的电枢两端反接，或者将励磁绕组两端反接。如图 5-18 所示，如果同时改变两电流的方向，则旋转方向仍旧不变。

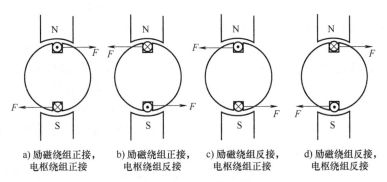

图 5-18　直流电机的反转原理

5.2.4　直流电机的特点

直流电机中，影响转矩产生的电磁力可根据左手定则进行判断，因为直流电机的驱动装置很简单,所以在早期的电动汽车以及期望获得更简单的结构的电动汽车中都有应用。

在电动汽车中作驱动用的直流电机有如下特征:

1)通过对电枢电流的控制,可以非常简单地实现对转矩的线性和高速控制。

2)通过改变励磁绕组的电流,可以很容易实现弱磁,从而使高速运行也变得简单可行。

3)串励电机在低速时可自动地获得大转矩。

但是,直流电机也存在一些问题,例如,由于存在电刷、换向器等易磨损器件,必须定期对其进行维护和更换,并且限于转子电枢的结构,直流电机不适合用于高速旋转的情况等,与其他类型的电机相比,直流电机一般体积比较大。因此,目前除了在小型汽车中广泛使用外,在其他汽车的使用中,交流电机正日益取代直流电机。

小功率(0.1~10kW)的电机采用的是小型高效率的永磁无刷直流电机,可以应用在小型、低速的搬运设备上。例如,在动力辅助电动自行车、休闲用电动汽车、供步行困难者使用的电动三轮或四轮汽车、轮椅中使用的动力辅助装置、高尔夫球车、叉式升降机以及小型汽车等中都有实际应用。尤其是在以轻型化为目的的电动机中,采用了稀土类磁铁。

中等功率(10~100kW)的直流电机中采用了他励、复励以及串励电机。此电机有在配送用的电动汽车等中实际应用的例子。

大功率的直流电机沿用以前的电车技术,采用了串励电机。例如,在要求低速、高转矩的矿石搬运电动车中,采用的是功率为278kW的串励电机。但在此场合利用发动机的发电机作为电源,就没有回收制动时所耗能量的功能。因为串励电机具有适合于电动汽车的转矩特性,所以适用于要求简单且频繁加减速的运行和驱动。

电动汽车专用的直流电机的结构和一般的直流电机的结构没有显著的差别,同一般工业用的电机相比,有以下特点:

1)电枢轴要延长,以便安装用于速度检测的脉冲发生器和推力轴接头。

2)转子直径要设计得小些,轴长要设计得长些以适应高速旋转。

3)为了便于散热,电枢槽要设计得多些。

4)为了换向器、电刷等的定期检查和维护,检查口应制造得大些。

5)由于振动,为了防止电刷的误动作,应提高电刷的预压紧力。

6)和其他电动汽车用电机相同,短时功率(最大功率值)和额定功率应记录在铭牌上。

电动汽车专用的直流电机和其他通用的电机相比,需要考虑的事项有耐高温性、抗振动性、低损耗性、抗负载波动性等。此外,还有小型轻量化、免维护性等技术上的难题需解决。

1)抗振动性。直流电机与其他电动汽车用电机相比,因为拥有较重的电枢,所以在路面凹凸不平时的车辆振动(3~5g)会影响到其轴承所承受的机械应力,对于这个应力进行监控和采取相应的对策是很有必要的。同时,因为振动很容易影响到换向器和电刷的滑动接触,所以也采取了提高电刷弹簧的预压紧力等措施。

2)对环境的适应性。鉴于直流电机在电动汽车中使用时与在室外使用时的环境大体相同,要求在设计中就灰尘和水分入侵等问题给予考虑,而且也要充分考虑散热结构。

3)低损耗性。为了延长一次充电续驶里程以及抑制电机温度的上升,尽量保持低损耗和高效率成为直流电机的重要特性。近几年,由于对稀土系列(钴、钕、硼等)的永久磁体的研究开发,永磁无刷直流电机中的高效率化是很显著的。

4）抗负载波动性。在市区和郊外行驶中，电机的负载条件多会有 5 倍左右的变动，因此有必要对额定条件的设定加以斟酌。在市区行驶中，由于交通信号以及其他状况，起动、加速工况很多，不可避免地要经常在瞬时功率（最大承受功率）情况下工作。此时，电刷的电火花和磨损非常剧烈，因此必须对换向极和补偿线圈的设计给予重点关注。

在郊外行驶时，对于电机来说，其输出转矩比较低，在高速旋转大输出功率的情况下，一般说来要以较高效率的额定条件运行。然而，在直流电机中，在其高速旋转的情况下，对换向器部分的机械应力和换向条件的要求会变得很严格。为了避免这种情况，在大型搬运用的电动汽车驱动系统中，大多设置变速器以达到提高起动转矩的目的。

5）小型轻量化。由于要释放被限制的车载空间以及减轻车身总重量，小型轻量化成为设计中的最大问题。而直流电机旋转部分中含有较大比例的铜，即电枢绕组和铜制的换向器，因此与其他类型的电机相比，直流电机的小型轻量化更难实现。可以通过采用高磁导率、低损耗的电磁钢板减少磁性负载，虽然这增加了成本，但可以实现轻量化。

6）免维护性。不管怎么说，对电刷的更换和对换向器片的维护是必需的。关于电刷，虽然有连续长时间使用达一万小时的报告，但由于负载情况和运动速度等使用条件的不同，更换时间和维修作业的次数也是不同的。解决的办法是，采用不损伤换向器片材质的电刷，以及将检查端口制造得大些，以便于检查、维修等。

除此之外，电动汽车用直流电机大多在较低的电压下驱动，同时是大电流电路，因此需要注意连接线的接触电阻。

5.3 交流感应电机

交流感应电机又称异步电机。交流电机有同步和异步两类：同步电机，电机转子的转速与定子旋转磁场的转速相等，转子与定子旋转磁场在空间同步运转；异步电机，电机转子的转速与定子旋转磁场的转速不相等，转子与定子旋转磁场在空间不是同步运转。

与直流电机相比交流感应电机结构简单。从技术水平来看，感应电机驱动系统是电动汽车用电机驱动系统的理想选择，尤其是驱动系统功率需求较大的大型电动客车。

5.3.1 感应电机的结构

三相异步电机的种类很多，但各类三相异步电机的基本结构是相同的。三相异步电机主要由定子和转子两大基本部分组成。定子和转子之间有气隙，为了减小励磁电流，提高功率因数，气隙应做得尽可能小。按转子结构不同，异步电机分为笼型异步电机和绕线转子异步电机两种，这两种电机的定子结构完全一样，仅转子结构不同。图 5-19 所示为封闭式三相笼型异步电机结构图。

1. 定子的结构

异步电机定子由定子铁心、定子绕组和机座等组成。定子铁心是电机磁路的一部分，由厚为 0.35~0.5mm 表面涂有绝缘漆的硅钢片冲槽叠装而成。采用硅钢片的目的是为了减少铁损，片间绝缘可减少铁心的涡流损耗。定子铁心的内圆上开有均匀分布的定子槽，用来嵌放定子绕组。定子绕组是电机的电路部分，三相电机有三组空间互相间隔120°的三相绕组，每相绕组由若干线圈连接组成，按一定规律嵌入定子铁心线槽内。三相绕组

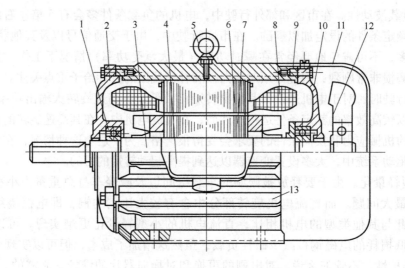

图 5-19 封闭式三相笼型异步电机结构图

1—轴承 2—前端盖 3—转轴 4—接线盒 5—吊环 6—定子铁心 7—转子
8—定子绕组 9—机座 10—后端盖 11—风罩 12—风扇 13—散热片

的首、尾共有六个出线端,若将首尾相连引出三个接线端为三角形连接方式;若将三个尾端并接在一起,由首端同样引出三个接线端为星形联结方式。电机的接线盒可由三根线引出。但一般引出为六根线,因而可由用户根据需要连接成星形或三角形。机座的作用主要是固定定子铁心和支撑转子轴,要求有足够的强度和良好的通风散热条件,它的外壳表面通常铸有散热片,以扩大散热面积,其他还包括前后端盖、轴承盖、风罩、接线盒和吊环等。

2. 转子的结构

异步电机转子主要由转子铁心、转子绕组和转轴组成。转子铁心也是磁路的一部分,同样由厚为 0.35~0.5mm,表面涂有绝缘漆的硅钢片冲槽叠装而成,铁心与转轴必须可靠地固定,以便传递机械功率。转子绕组分为绕线型和笼型两种,如图 5-20 所示。转子绕组常连接成星形,将其三条引出线分别接到装在同一轴上的三个集电环上,并由压在其上的三个电刷将电路引出,即可在转子电路中串入外接可变电阻器,以改变转子的阻抗来调节电动机的运行状态和特性,如图 5-21 所示。笼型转子绕组由槽内的导条和端环构成多相对称

a) 笼型　　　　　　　　　　　b) 绕线型

图 5-20 感应电机转子绕组类型

闭合绕组，有铸铝转子和铜排转子两种结构。铸铝式转子把导条、端环和风扇叶一起铸出，结构简单、制造方便，常用于中、小型电动机。铜排式转子把所有的铜条与端环焊接在一起，形成短路绕组。如果把笼型转子的铁心去掉单看绕组部分，其形似鼠笼，因此称为笼型转子，图 5-21a 所示为铸铝转子，图 5-21b 所示为铜排转子。

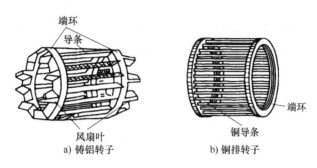

图 5-21 去掉铁心后的笼型转子

3. 其他部分

其他部分包括轴承、风扇等。风扇是用来通风冷却电机的。三相异步电机的定子与转子之间的空气隙，一般仅为 0.2~1.5mm。气隙不能太大，气隙大时产生的气隙转矩小，会使电机运行时的功率因数降低；但也不能太小，气隙太小时会引起装配困难，如果内有异物或转轴有径向移动时容易卡堵，运行不可靠，高次谐波磁场增强，引起附加损耗，使起动性能变差。

4. 三相异步电机的铭牌数据

每台异步电机的机座上都有一块铭牌，铭牌上标明生产厂家为用户规定的该电机正常运行时的各种额定数据。主要数据如下：

1) 额定功率 P_e：指电动机额定运行时轴端输出的机械功率，单位为 W 或 kW。
2) 额定电压 U_e：指电动机额定运行时定子绕组应接入的电源线电压，单位为 V。
3) 额定电流 I_e：指电动机在额定电压下，输出额定功率时，定子绕组的线电流，单位为 A。
4) 额定频率 f_e：按规定，标准工业用电的频率（工频）为 50Hz。
5) 额定转速 n_e：指电动机在额定电压、额定功率及额定频率下的转速，单位为 r/min。

除此之外，铭牌上还标有定子绕组相数、连接方法、绝缘等级、功率因数、效率、温升和重量等。对绕线转子异步电机还标有转子额定电压（指定了绕组加额定电压，转子开路时集电环之间的线电压）和转子额定电流。

5.3.2 感应电机的工作原理

交流感应电机是根据电磁感应原理制成的，当 U 形磁铁以转速 n_1 旋转，线圈中的导线将切割磁力线，从而产生感应电动势 e，且有

$$e = Blv$$

式中，B 为磁感应强度（T）；l 为导体长度（m）；v 为线圈的切割速度（m/s）。

感应电动势方向满足右手定则，如图 5-22 中箭头所示，因为线圈是闭合的导体，所以

产生感应电流，电流方向如箭头所示。带电的导体在磁场中将受电磁场的 F 作用，且有 $F = Bil$，方向满足左手定则，如图 5-22 所示。在电磁力 F 的作用下，线圈也将逆时针方向旋转，与磁场旋转方向相同，转速为 n，且 $n < n_1$。

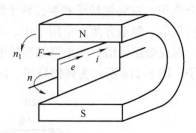

图 5-22　交流感应电机工作原理

交流感应电机的旋转磁场是由通入定子绕组的三相对称交流电产生的，设流入三相定子绕组的电流方程为

$$i_A = I_m \sin\omega t$$
$$i_B = I_m \sin(\omega t - 120°)$$
$$i_C = I_m \sin(\omega t + 120°)$$

波形如图 5-23 所示。

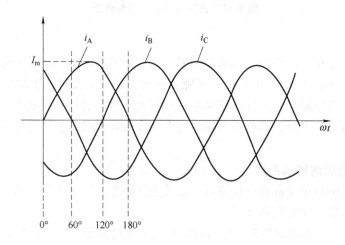

图 5-23　三相对称交流电波形

不同时刻三相合成旋转磁场的位置如图 5-24 所示，当 $\omega t = 0$ 时，AX 线圈中没有电流通入，BY 线圈中的电流是从 B 端流出，Y 端流入；CZ 线圈中的电流是从 Z 端流出，C 端流入。根据右手螺旋法则，合成磁场的位置即 N 极和 S 极的位置如图 5-24a 所示。同理，ωt 为 60°、120°、180°时，合成磁场的位置分别如图 5-24b、图 5-24c 和图 5-24d 所示。

在定子绕组上加上三相交流电源后产生顺时针方向旋转的磁场，这个磁场使定子铁心中产生磁通，转子绕组由于切割这个磁场而感应出电动势，在闭合的转子绕组中将有感应电流流动。当改变相序时，电动机转向将相反，这个旋转磁场的转速也叫作同步转速，其值为

$$n_s = \frac{60 f_s}{p_n}$$

式中，f_s 为通入定子电流频率（Hz）；p_n 为电机的极对数。

在交流感应电机中有一个非常重要的物理量叫转差率，其定义为旋转磁场的同步转速（n_s）与转子转速（n）之差，用 S 来表示，其值为

第 5 章 电动汽车驱动电机及控制系统

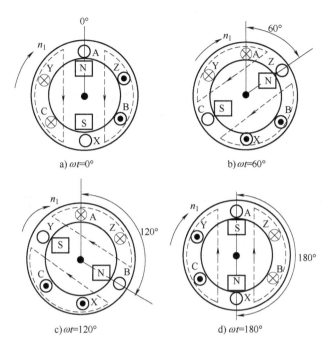

图 5-24 不同时刻三相合成旋转磁场的位置

$$S = \frac{n_s - n}{n_s} \times 100\%$$

转子转速可表示为 $n = (1-s)n_s$。

5.3.3 感应电机的控制

在主磁极励磁磁通保持恒定的条件下,直流电机的电磁转矩与电枢电流呈线性关系,通过电枢电流的控制就可以实现准确的转矩控制。交流感应电机的定子电流与电磁转矩之间具有复杂的非线性关系,因此它不可能像直流电机一样通过简单的调节电枢电流来控制电磁转矩。并且直流电机的励磁电流和电枢电流是各自分开独立控制的,而交流感应电机只能对定子进行控制,使控制难度加大。交流感应电机的常用控制方法分为变压变频控制、转差频率控制、矢量控制和直接转矩控制等几种,其中矢量控制技术能使交流感应电机得到和直流电机一样的调速特性,目前已经成为较理想的高性能交流感应电机的控制方法。

1. 感应电机的矢量控制

矢量控制理论是在 1971 年最先由德国学者 F. Blachke 提出的。直流电机之所以具有良好的控制特性,其根本原因是被控参量只有磁极磁场和电枢电流,且这两个量互相独立。此外,电磁转矩与磁通和电枢电流之间均为线性关系。如果能够模拟直流电机,求出交流电机电磁转矩与之对应的磁场和电枢电流,并分别加以控制,就会使交流电机具有与直流电机近似的控制特性。为此,必须将三相交变量(矢量)转换为与之等效的直流量(标量),建立起交流电机的等效模型,然后按直流电机的控制方法对其进行控制。

定子电流与转子电流和励磁电流之间的关系为

$$I_1 = \sqrt{I_2^2 + I_M^2}$$

$$2\pi fMI_m = I_2 r_2/s$$

转差频率为

$$f_s = sf$$
$$f_s = I_2/2\pi T_2 I_M$$

式中，T_2 为电机转子电路时间常数，$T_2 = M/r_2$；I_1 为定子电流（A）；I_2 为转子电流（A）；I_M 为励磁电流（A）；s 为转差率；f 为电源频率（Hz）；f_s 为转差频率（Hz）；M 为励磁电感（H）；r_2 为转子电阻（Ω）；

相位角 θ 为

$$\theta = \arctan(I_2/I_M)$$

在对 E/f 进行控制的基础上，通过检测电机的实际转速 n_n 对应的频率 f_n 并按照希望得到的转矩来对输出的频率进行控制。调节相位角 θ 对定子电流的相位进行控制，称为电机的矢量控制方法。矢量控制可以消除转差频率控制在转矩电流过渡过程中的波动，提高电机控制的品质。

图 5-25 为感应电机的等效电路图和电流矢量图，如果需要将电机的 I_1 改变为 I_2 时，只有改变 I_1 的相位角从 θ_1 变为 θ_2，也就是要对定子的电流进行矢量变换控制来实现控制转子电流 I_2 的幅值，以保证转矩电流平稳的变化，对定子的电流进行矢量变换控制来实现控制转子电流 I_2 的幅值的控制方法，称为转差频率控制方法。

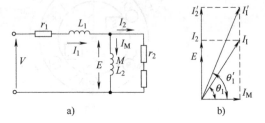

图 5-25　感应电机的等效电路图和电流矢量图
V—定子相电压　I_1—定子电流　L_1—定子漏感　r_1—定子电阻
θ_1—I_1 的相位角　E—内部感应电势　I_2—转子电流
L_2—转子漏感　r_2—转子电阻　θ_2-I_2 的相位角
I_M—励磁电流　M—励磁电感

2. 感应电机的矢量控制系统

图 5-26 为感应电机的矢量控制系统，由变换器输入直流电源输送到电压型晶体管逆变器中，经过逆变器转换的三相交流电来驱动三相感应电动机（I_M）。感应电机的矢量控制的逆变器系统，用 DSP 系统和控制回路控制，电流传感器将三相交流电（3φ）信号传送到 A/D 变换器，经转差频率控制器分解为磁场电流 i_d 和转矩电流 i_q，在转矩电流与磁场电流的相互垂直的坐标系 d-q 中 d 轴超前 q 轴 90°，然后数据传送到电流控制器中。编码器将感应电机的相位 θ 变化和速度变化的信息传递到速度控制器，与发出的速度指令比较，产生新的磁场电流 $i'_d(i^*_d)$ 和转矩电流 $i'_q(i^*_q)$，然后数据经电流控制器，输送到 DSP 系统的处理后，向脉冲宽度调制电压型晶体管逆变器（PWM）发出控制指令，对输入电动机的电压、电流、频率和相位按新的速度指令进行调控，就可以改变电动机的转速和转矩，如图 5-26 所示。

5.3.4　感应电机的特点

就像前面所述的直流电机的情况，对于电动汽车的驱动电机，人们所期望的优点如下：
1）小型轻量化。
2）易实现转速超过 10000r/min 的高速旋转。

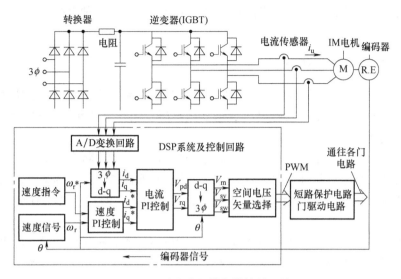

图 5-26 感应电机的矢量控制系统

3）低速时有高转矩，以及有宽泛的速度控制范围。
4）高可靠性（坚固）。
5）制造成本低。
6）控制装置的简单化。

对于电动汽车专用的驱动电机，要求最好满足以上这些条件。

异步电机在一定程度上满足了这些条件。异步电机成本低且可靠性高，逆变器即便是损坏而产生短路也不会产生反向电动势，没有出现紧急制动的可能性。因此，它在大型高速的电动汽车中使用得很多。

为了满足以上各项要求，各大公司均对其进行了研究开发，制造了各具特色的多种异步电机。一般情况下，作为电动汽车专用的电机，由于安装条件受限制，而且要求小型轻量化，因而电机在 10000r/min 以上的高速运转时，大多采用一级齿轮减速器实现减速。此外，振动使工作环境变得非常恶劣，低转速状态下需要在较宽的速度范围内的恒输出功率，因而电动汽车用异步电机与一般工业用的电动机不同，在设计上采用了各种新的方法。

首先，出于对工作环境的考虑，大多采用全封闭式结构，为了电动机框架、托座等的轻量化，采用压铸铝的方式制造，也有采用将定子铁心裸露在外表面的无框架结构，而且为了实现小型轻量化，大多采用了通过水冷却定子框架的水冷式电机。此外，无框架结构中，在定子铁心内部安装冷却管道的结构也被提出。

5.4 永磁电机

旋转电机在实现机电能量转换的过程中必须有磁场。前述直流和交流两种电机都是通过线圈励磁产生电磁场的。对于直流电机和励磁的交流同步电机来说，这种励磁功率全部以损耗的形式消耗在电机中，直接影响电机的总效率。而且需要有磁极、线圈、集电环及电刷等专供励磁的装置，这些装置容易磨损，可靠性难以提高。而对于异步电机，靠定子中通以无功电流产生磁场,功率因数较低。设法用各种永磁材料来替代各种电机的电磁场装置,所制成的电机即为永磁电机。

5.4.1 永磁电机的概念和分类

随着电力电子技术、微电子技术、新型电机控制理论和稀土永磁材料的快速发展,永磁同步电机得以迅速推广运用。永磁电机就是采用永磁材料来替代传统电机的励磁绕组(或转子绕组)的电机。

永磁电机分为永磁直流电机和永磁交流同步电机两种。如果将直流电机的直流励磁绕组用永久磁铁代替,该电机就称为永磁直流电机。为了克服磁通量不变的缺点,又在其永磁定子中嵌入了激励磁场的电磁绕组,称为永磁复合式电机,它的特点是既有永磁体又有励磁绕组。

对于交流异步电机,若采用永磁体取代其笼型感应转子,则相应的异步电机就称为永磁同步电机。为了克服磁通量不变的缺点,又在其转子中嵌入了异步电机的笼型电磁绕组,称为永磁复合式电机,它的特点是既有永磁体又有笼型绕组。

永磁直流电机又分永磁有刷直流电机和永磁无刷直流电机。永磁有刷直流电机广泛应用于小型电器之中。由于电刷和换向器的存在,永磁有刷直流电机存在维修、制造等方面都比永磁无刷直流电机复杂;在应用中的换向火花、机械噪声等也使它难以在恶劣的环境下使用。而永磁无刷直流电机由于没有电刷,弥补了永磁直流电机和传统直流电机的缺陷。因此永磁无刷直流电机越来越多地被应用在伺服系统、数控机床、变频空调以及电动汽车中。

5.4.2 永磁电机的特点

永磁电机的性能优劣与永磁材料密切相关。这种永磁材料属于铁磁材料,目前用在永磁电机上的永磁材料有铁氧体、铝镍钴、钐钴、钕铁硼等几种。

铁氧体价格低廉,是常用的永磁材料。铁氧体的磁能积低,用铁氧体制造的电机体积较大。

铝镍钴材料剩磁高,但矫顽力低,抗去磁能力低,寿命短,电动机中采用较少。

钐钴(Sm-Co)材料剩磁和矫顽力都很高,美中不足的是资源不多,价格昂贵,限制了应用。

钕铁硼(Nd-Fe-B)材料具有很高的剩磁、矫顽力、磁能积以及相对低的价格,是目前最合适的永磁材料。我国有丰富的钕铁硼材料——稀土金属。所谓稀土金属,是指化学元素周期表中镧系元素族中的17种元素,表现为金属特征,多以化合物形式蕴藏于自然界。稀土永磁材料的磁性能优异,它经过充磁后不再需要外加能量就能建立很强的永久磁场,用来替代传统电机的电励磁场所制成的稀土永磁电机不仅效率高,而且结构简单、运行可靠、体积小、重量轻。既可达到传统电励磁电机所无法比拟的高性能(如特高效、特高速、特高响应速度),又可以制成能满足特定运行要求的特种电机,如电梯曳引电机、汽车专用驱动电机等。稀土永磁电机与电力电子技术和微机控制技术相结合,更使电机及传动系统的性能提高到一个崭新的水平。

我国稀土资源丰富,占世界已探明资源的80%,而且品种多、质量高,为大力开发稀土材料的应用提供了得天独厚的条件。2002年,我国成立了国家稀土永磁电机工程技术中心。该中心做了大量理论研究工作,在稀土永磁电动机分析理论、电磁场计算方法、优化设计和性能仿真等基础理论研究上取得了巨大突破。在理论联系实际方面,解决了磁路结构、测试技术和制造工艺等一系列关键技术问题,开发出国内第一台稀土永磁电机(3kW、20000r/min),研制出世界容量最大的60~160kW稀土永磁复励磁机。紧随其后开发出了多品种多规格永磁电动机及电动客车用永磁同步电机系统等。

5.4.3 永磁无刷直流电机

1. 基本原理

直流电机具有调速性能好、控制方便、运行效率高等优点,曾在调速驱动领域中起着重要作用。但由于采用电刷机械方式换向,不可避免地存在由机械摩擦引起的噪声、火花、无线电干扰以及寿命短等致命弊端,从而极大地限制了其应用范围。随着电子传感器技术的发展,采用电子换向替代机械换向,加之高性能永磁材料的发展,永磁无刷直流电机相继出现,使得直流调速控制又重新获得新的生机。它保持了有刷直流电机的优良控制特性,而克服了其弊端,具有调速范围广、调速性能平滑、起动转矩大、易于控制、运行可靠、效率高、免维护、寿命长等优点。它与永磁有刷直流电机相比,采用了一种"里翻外"结构,即把电枢绕组置在定子上,使得其电损耗热量容易经机壳向外发散且便于温度检控;而转子采用永磁激励,无电励磁绕组,即免去向转子通电需经电刷的方式,且损耗和发热也就很小。对转子永磁体的极性通过位置传感器检测,控制定子电枢绕组的通电形式,是一种机电一体化结构的驱动控制电动机,其原理结构框图如图5-27所示。

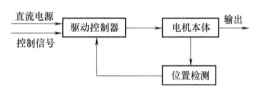

图5-27 永磁无刷直流电机原理结构框图

2. 结构

永磁无刷直流电机主要由电机本体、转子位置传感器和驱动控制器(电子开关驱动电路)三部分组成。三相对称电枢绕组安放在定子上,转子上的电枢绕组用稀土永磁材料(钐钴、钕铁硼)取代。对于高速永磁无刷直流电机,还需要加装非磁性护环,其结构如图5-28所示。

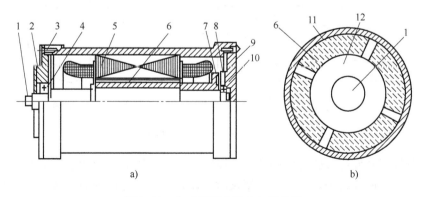

图5-28 永磁无刷直流电机的结构

1—转轴 2—前端盖 3—螺钉 4、10—轴承 5—定子组件 6—永磁体 7—传感器转子
8—传感器定子 9—后端盖 11—护环 12—转子扼

(1) 永磁无刷电机定子

永磁无刷电机定子绕组与同步电机或感应电机类同,如图 5-29 所示,以三相绕组为例可接成星形或三角形,并分别与驱动控制器的各功放管相连。主要电气参数、绕组形式与励磁式三相同步电机的定子绕组一样,通入交流电源即产生旋转磁场。

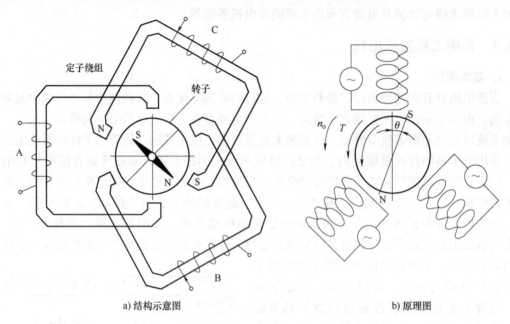

a) 结构示意图　　　　　　b) 原理图

图 5-29　永磁无刷电机定子的电气结构原理

(2) 永磁无刷电机转子

永磁无刷电机转子采用径向永久磁铁作磁极,如图 5-30 所示。在旋转磁场的作用下,转子将跟随旋转磁场同步旋转,旋转磁场的速度取决于电源频率。与三相交流电机的同步电机类似,永磁无刷电机可以产生理想的恒转矩。

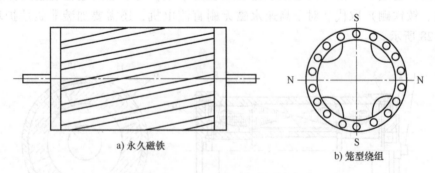

a) 永久磁铁　　　　　　b) 笼型绕组

图 5-30　永磁无刷电机转子

为了充分利用和发挥永磁材料的特性,通常采用具有矩形截面的条形永磁体将其粘贴在转子铁心表面或镶嵌在转子铁心中。根据永磁体在转子上安装位置的不同,永磁无刷电机可分为表面式、内置式和镶嵌式等几种结构形式,如图 5-31 所示。表面式电机的优点是结构简单。由于永磁体的磁导率接近空气的磁导率,永磁无刷电机有较大的有效气隙,电枢反应降低。内置式电机有较高的磁显性,可产生额外的磁阻转矩分量,保持高速运行时的机械稳定性。镶嵌式电机的永磁体可以有多种镶嵌方式,其性能介于表面式和内置式的电机之间。

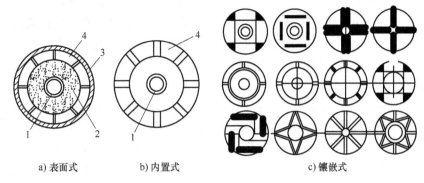

图 5-31 永磁体的嵌固方式
1—转轴 2—填料 3—紧箍环 4—永磁体

为适应电动汽车驱动车轮的需要,其电机本体也可设计成外转子、内定子结构的轮毂式电机形式,其外转子直接驱动车轮,内定子绕组的出线和位置传感器引线从电动机轴即车轮轴引出。目前这种永磁无刷直流轮毂式电机在电动自行车上已使用得相当普遍。

(3) 转子位置传感器

位置检测器的作用是检测转子磁极相对于定子绕组的位置信号,为驱动控制器的逻辑开关电路提供正确的换相信息。位置检测包括有位置传感器和无位置传感器两种检测方式。无位置传感器的控制思路是通过检测和计算与转子位置有关的物理量来间接获得转子的位置信息,主要有反电动势检测法、续流二极管工作状态检测法、定子三次谐波检测法和瞬时电压方程法等。由于省去了位置传感器,对电机的体积、成本、可靠性等都有好处,正在引起相应的重视,目前处于研究开发阶段。

如图 5-32 所示,转子位置传感器在无刷直流电机中起着测定转子磁极位置的作用,为逻辑开关电路提供正确的换相信息,即将转子磁钢磁极的位置信号转换成电信号,然后去控制定子绕组换相。转子位置传感器常用的有电磁式、光电式、磁敏式等。

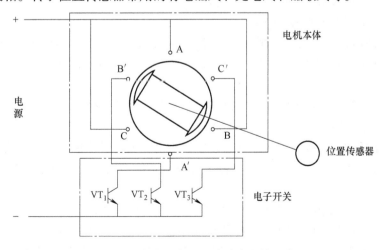

图 5-32 三相两极无刷直流电机的组成

(4) 驱动控制器（电子开关驱动电路）

永磁无刷直流电机的驱动控制按其定子绕组相数的多少，控制驱动线路的复杂程度大不相同，其驱动功率放大管的数量也随之增减。具体对于三相绕组直流无刷电机有三相半控和三相全控两种电路，而三相全控电路又有星形和三角形两种联结方式，每种联结又各有两两通电和三三通电的方式。对无刷直流电机的驱动控制实际上就是按其通电方式的要求顺序和位置检测信号来适时导通功放管，其通断顺序的逻辑控制完全类似于步进电机或开关磁阻电动机的脉冲分配器。

如图 5-32 所示，永磁无刷直流电机的定子绕组是由电子开关驱动电路中的"外部换向器"（逆变器）接到直流电源上的，可以把它归为直流电机的一种。从逆变器的角度来看，永磁无刷直流电机电枢绕组中的电流变化是靠电子开关驱动电路来完成的，其频率与转速变化一致，因此它又属于永磁同步电机的一种。它和正弦永磁同步电机的主要区别在于：无刷直流电机电枢绕组中流过的电流以方波形式变化，故又称为方波交流永磁电机。因此其工作原理与永磁同步电机相同。

3. 永磁无刷电机的转动原理

由图 5-29a 可知，当定子的 A、B、C 相按时序分别通一电流时，定子 A、B、C 相的磁场就会按一定方向旋转，因此永久磁铁就可旋转。常见的永磁无刷电动机的定子为三相对称绕组（图 5-29b），与三相异步电机的结构相同。转子上有稀土永磁铁。驱动器为交—直—交电压型变换器，通过正弦波脉宽调制（PWM），输出频率为 f 电压可变的三相正弦波电压。三相正弦波电压在定子三相绕组中产生对称三相正弦波电流，并在气隙中产生旋转磁场。旋转磁场的转速 $n_1 = 2\pi f/p$（p 为磁极对数），这个旋转磁场与永磁体转子作用带动转子与旋转磁场同步旋转，并力图使定子、转子磁场轴线对齐。当外加负载转矩以后，转子磁场轴线落后定子磁场轴线一个功率角 θ，功率角 θ 与负载成正比，负载越大功率角就越大，直到功率角大到足以使转子停止不转动为止。由此看出，永磁无刷电机在运行时，其转速必须与频率严格成比例旋转，否则就会失步停转。因此，永磁无刷电机的转速与旋转磁场同步，其静态误差为零。在负载扰动下，只是功率角在变化，而转速不变，响应时间是实时的，这是永磁无刷电机的运行特点。但当功率角处于某一特定值时，电机会因失步而停转。因此，该电机不适合在重负载情况下使用，也不易快速起动。

4. 永磁无刷直流电机的驱动过程

如图 5-32 所示，三相两极无刷直流电机的三相定子 A、B、C 绕组分别与电子开关驱动电路中相应的功率晶体管 VT_1、VT_2、VT_3 相连接。位置传感器的跟踪转子与电机转轴相连接。

当定子绕组的某一相通电时，该电流与转子永久磁钢的磁极所产生的磁场相互作用而产生转矩，驱动转子旋转、再由位置传感器将转子磁钢位置变换成电信号，去控制电子开关线路，从而使定子各相绕组按一定次序导通，定子相电流随转子位置的变化而按一定的次序换相。由于电子开关线路的导通次序是与转子转角同步的、因而其起到了机械换向器的换向作用。

永磁无刷直流电机半控桥电路的原理如图 5-33 所示。此图采用光电器件作为位置传感器，以三只功率晶体管 VT_1、VT_2、VT_3 构成功率逻辑单元。三只光电器件 VP_1、VP_2 和 VP_3 的安装位置各相差 120°，均匀分布在电动机一端。借助安装在电动机轴上的旋转遮光板的作用,使从光源射来的光线依次照射在各个光电器件上,并依照某一光电器件是否被照射到光线来判断转子磁极的位置。

当转子位于图5-34a所示的位置时,此时光电器件VP_1被光照射,从而使功率晶体管VT_1呈导通状态,电流流入绕组A—A',该绕组电流同转子磁极作用后所产生的转矩使转子的磁极按图5-34a中箭头方向转动。当转子磁极转到图5-34b所示的位置时,直接装在转子轴上的旋转遮光板亦随着同步转动,并遮住VP_1而使

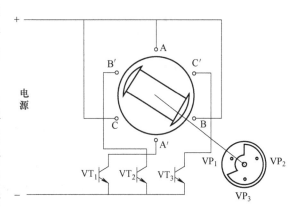

图5-33 永磁无刷直流电机半控桥电路的原理

VP_2受光照射,从而使晶体管VT_1截止、晶体管VT_2导通,绕组A—A'断开,电流流入绕组B—B',使得转子磁极继续朝箭头方向转动。当转子磁极转到图5-34c所示的位置时,此时旋转遮光板已经遮住VP_2,使VP_3被光照射,导致晶体管VT_2截止、晶体管VT_3导通,因而电流流入绕组C—C',于是驱动转子磁极继续朝顺时针方向旋转并回到图5-34a的位置。

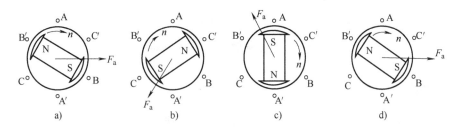

图5-34 开关顺序及定子磁场的旋转示意图

这样,随着位置传感器转子扇形片的转动,定子绕组在位置传感器VP_1、VP_2和VP_3的控制下,便一相一相地依次馈电,实现了各相绕组电流的换相。在换相过程中,定子各相绕组在工作气隙内所形成的旋转磁场是跳跃式的。这种旋转磁场在360°电角度范围内有三种磁状态,每种磁状态持续120°电角度。各相绕组电流与电动机转子磁场相互关系如图5-34所示。图5-34a为第一种状态,F_a为绕组A—A'通电后所产生的磁动势。显然,绕组电流与转子磁场的相互作用使转子沿顺时针方向旋转;转过120°电角度后,便进入第二种状态,这时绕组A—A'断电,而B—B'随之通电,即定子绕组所产生的磁场转过了120°。如图5-34b所示,电动机定子继续沿顺时针方向旋转;再转120°电角度,便进入第三种状态,这时绕组B—B'断电、C—C'通电,定子绕组所产生的磁场又转过120°电角度,如图5-34c所示;转子沿顺时针方向再转过120°电角度后就恢复到初始状态。三相两极无刷直流电动机各相绕组导通时序如图5-35所示。

5. 永磁无刷直流电机的特性

经过弱磁调速后,永磁无刷电机可以实现恒功率调速,其特性曲线如图5-36所示。永磁无刷直流电机机械特性与三相交流感应电机相类似。

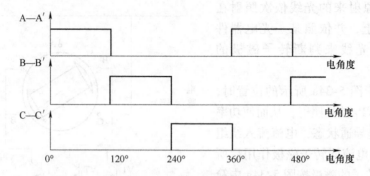

图 5-35　三相两极无刷直流电机各相绕组的导通时序

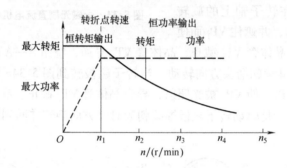

图 5-36　永磁无刷直流电机机械特性

5.4.4　永磁同步电机

永磁同步电机和永磁无刷直流电机两者最主要的区别在于永磁体励磁磁场在定子相绕组中感应出的电动势波形。永磁同步电机每相感应出的电动势波形为正弦波,而永磁无刷直流电机为梯形波,如图 5-37 所示。

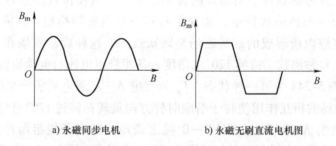

a) 永磁同步电机　　　　　　b) 永磁无刷直流电机图

图 5-37　永磁同步电机和无刷直流电机每相励磁磁场强度波形

1. 永磁同步电机的原理与结构

永磁同步电机的原理与交流同步电机类同,只不过用永磁体转子代替了交流同步电机转子的电励磁,参考前述三相交流感应电机的工作原理,当三相定子绕组通入三相对称正弦波交流电时,所产生的旋转磁场磁极与转子的异性磁极间形成的磁拉力就会牵引转子与旋转磁场同步旋转。因此永磁同步电机的定子结构也与交流同步电机相同,其绕组通常也为三相式;转子通常采用径向永久磁铁做成磁极,其结构如图 5-38 所示。

根据永磁体在转子上的安装位置不同，永磁同步电机同样可分为表面式和内置式。永磁同步电机的驱动控制电路与交流感应电机类同，为获得较好的控制特性，要求利用复杂的矢量控制技术，并采用调频兼调压的方式来实现恒转矩或恒功率调速，而转速与同步转速 n_0 绝对同步。其变频器同样有交—交型、交—直—交型和直—交型三类，对于直流电源需先

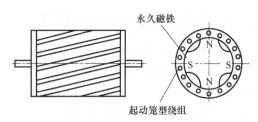

图 5-38 永磁同步电机的转子结构

通过 DC/DC 变换器获得电压可调的直流源后，再采用脉冲宽度调制（PWM）逆变器来完成。

2. 永磁同步电机的特点

永磁无刷直流电机采用矩形波控制，换相次数也不会像有刷直流电机那样多，因此在换相时总会产生一定的转矩脉动，而采用正弦波电流驱动的永磁同步电机即可克服该缺点。它与电励磁同步电机相比，采用永磁体而不需要励磁功率，使得电动机转子的无功损耗和铁损耗都省去，因此其功率因数明显提高，损耗减小，具有高效节能之特点。图 5-39 所示为永磁同步电机与其他电机的效率比较，其一般效率达到 95% 以上，比 Y 系列异步电机效率提高 10%~15%，功率因数可达 0.95~0.99，系统综合节电明显。由于永磁同步电机的转速与电源频率同步，其调速精度极高，不受电源电压和负

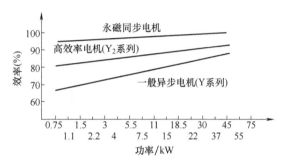

图 5-39 永磁同步电机与其他电机的效率比较

载的波动而变化。在任何情况下，永磁同步电机的转速与同步转速的误差不大于 0.25r/min，若大于 0.5r/min，电机就将进入失步状态，由此也说明永磁同步电机的过载能力不是很强。另外其驱动控制电路要比永磁无刷直流电机所需的复杂多，其成本也要高得多。

5.5 开关磁阻电机

开关磁阻电机是一种典型的机电一体化电动机，又称开关磁阻电机驱动系统，这种电机主要由开关磁阻电机本体、电力电子功率变换器、转子位置传感器以及控制器四部分组成，诞生之初，一直被认为是一种性能不高的电机，然而随着现代大功率半导体开关器件和现代控制技术的发展，通过近 20 年的研究及改进，其性能已经得到了很大的提高，才使得开关磁阻电动机驱动技术以高效率、高可靠性、具有软起动特性的调速传动技术面貌出现。

开关磁阻电机具有结构简单、转子转动惯量小、成本低、动态响应快等优点。其容量可设计成几瓦到几兆瓦。系统的调速范围也较宽，既可以在低速下运行，也可以在高速场合下运行（最高转速可达 15000r/min）。除此之外，开关磁阻电机在运行效率、可靠性等方面均优于感应电机和同步电机，可以在散热条件差、存在化学污染的环境下运行，并且控制简单，这使其在家用电器、伺服与调速系统、驱动电机、高转速电机、电动汽车、航空航天等领域得到了应用。

5.5.1 开关磁阻电机的结构原理

图 5-40 为开关磁阻电机本体,定子、转子均由普通硅钢片叠压而成的双凸极结构,转子中没有绕组,装有位置传感器。定子装有简单的集中绕组,一般径向相对的两个绕组串联形成一对磁极,称为一相。

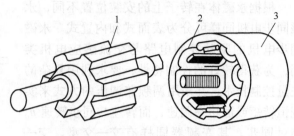

图 5-40 开关磁阻电机的定子与转子
1—转子凸极 2—定子凸极绕组 3—定子

开关磁阻电机可以设计成多种不同的相数结构,且定转子的极数有多种不同的搭配。其相数越多,步距角越小,利于减小转矩脉动,但结构复杂,且主开关器件多,成本高。由于三相以下的开关磁阻电机无自起动能力,目前应用较多的是三相(6/4)结构及四相(8/6)结构,如图 5-41 所示。

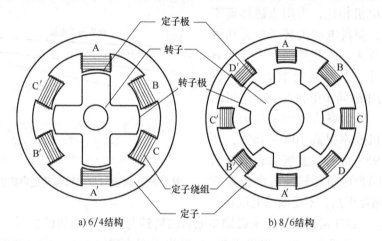

a) 6/4 结构   b) 8/6 结构

图 5-41 开关磁阻电机的结构

开关磁阻电机的结构和工作原理与传统的交、直流电机存在着根本的区别,它不像传统电机那样依靠定子、转子绕组电流产生磁场间的相互作用形成转矩,而是遵循"磁阻最小原理"——磁通总要沿着磁阻最小的路径闭合的原理工作的。图 5-42 为一四相(8/6)开关磁阻电机的工作原理图,其供电电路只画出了一相。

它是由有绕组的 8 极定子和无绕组的 6 极转子构成,当沿径向相对的 2 个定子极通以直流电,形成一个磁场。该磁场使对应的一对转子磁极受力旋转与定子磁极中心线重合,开关磁阻电动机的运行原理遵循"磁阻最小原理"——磁通总要沿着磁阻最小的路径闭合,而具有一定形状的铁心在移动到最小磁阻位置时,必使自己的主轴线与磁场的轴线重合。当定子 D—D′

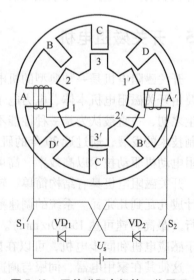

图 5-42 开关磁阻电机的工作原理

极励磁时，所产生的磁力使转子旋转到转子轴线 1—1′ 与定子极轴线 D—D′ 重合的位置，并使 D 相励磁组的电感最大。若依次给 D—A—B—C 相绕组通电，转子会按励磁顺序以逆时针方向连续旋转；反之，若依次给 B—A—D—C 相通电，则电机即会沿顺时针方向转动。通过控制加到开关磁阻电机绕组中电流脉冲的幅值、宽度及其与转子的相对位置，即可控制开关磁阻电机转矩的大小与方向。

5.5.2 开关磁阻电机的驱动系统

开关磁阻电机驱动系统（SRD）主要由 SR 电机、功率变换器、控制器和检测器四部分所组成，如图 5-43 所示。

SR 电机是 SRD 系统中实现机电能量转换的部件。图 5-42 所示为典型 SR 电机的结构原理图。SR 电机可以设计成单相、两相、三相、四相或更多相结构；按电机的结构要求也可制成径向式、轴向式或盘式电机，即定子、转子间的气隙可以是径向气隙、轴向气隙或轴向、径向混合气隙结构；并且还有外定子内转子和内定子外转子（即如轮毂式电机）结构。目前应用较多的是三相 6/4 极、三相 12/8 极和四相 8/6 极结构，如图 5-44 所示。

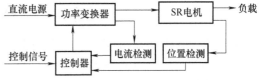

图 5-43 开关磁阻电机驱动系统的基本组成

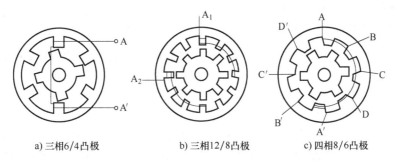

a) 三相6/4凸极　　　b) 三相12/8凸极　　　c) 四相8/6凸极

图 5-44 几种开关磁阻电机的定子和转子的剖面示意图

功率变换器是 SRD 系统能量传输的关键部分，是影响系统性能与其成本的主要因素。它起着控制电机绕组与直流电源接通与关断的作用，开关磁阻电机的功率变换器主电路的结构形式与供电电压、电机相数及主开关器件的种类有关。在整个控制系统成本中，功率变换器占有很大的比重，合理选择和设计功率变换器是提高开关磁阻电机控制系统的性能价格比的关键之一，图 5-45 为三相开关磁阻电机的一种常用的功率变换器主电路。

图中 A、B、C 为电机相绕组，VT_1—VT_6 为各相的可控开关晶体管，VD_1—VD_6 为续流二极管控制器通过位置传感器检测的转子位置信息，速度、电流等反馈信息和转速等给定信息，通过分析处理，向功率变换器发出命令，实现对电机运行状态的控制。

控制器一般由单片机及外围接口电路等组成，与控制性能要求关系很大。控制器是综合处理位置检测、电流检测所提供的电动机转子位置、速度和电流等反馈信息以及外部输入的控制指令，实现对 SR 电机运行状态的控制，是 SRD 系统的指挥中枢。

位置传感器向控制器提供转子的位置信号，使控制器能正确地决定绕组的导通和关断时

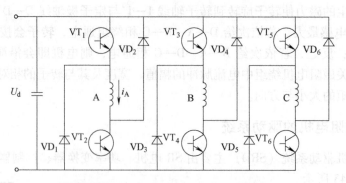

图 5-45 开关磁阻电机的功率变换器

刻。采用的位置检测器与前述永磁无刷电机所用的类同,只不过其检测角度需与电机转子的凸极数及其极距角相对应。转子位置传感器有霍尔式、电磁式、光电式和磁敏式多种,常设在电动机的非输出端,如图 5-46 所示。

光电式位置检测器由齿盘和光电传感器组成。齿盘截面和转子截面相同,装在转子上光电传感器装在定子上。当磁盘随转子转动时,光电传感器检测到转子齿的位置信号。

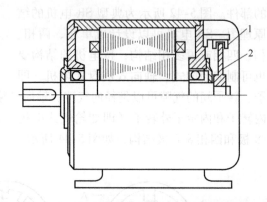

图 5-46 开关磁阻电机转子位置传感器的位置
1—传感器 2—齿盘

位置传感器的引入增加了开关磁阻电机结构的复杂性,影响了其可靠性,因此人们正致力于研究无传感器方案,采用无位置传感器的位置检测方法是 SRD 的发展方向,它利用电动机绕组电感随转子位置变化的规律,通过测量非导通绕组电感来推断转子的位置,这对降低系统成本、提高系统可靠性有着重要的意义。

5.5.3 开关磁阻电机的特点

开关磁阻电机的优点如图 5-47 所示。

1)磁阻电机结构简单,成本低。开关磁阻电机的结构通常比较简单,其突出的优点是转子上没有任何形式的绕组,因此不会有笼型感应电机制造过程中鼠笼铸造不良和使用中的断条等问题。其转子机械强度极高,可以用于超高速运转。在定子方面,它只有几个集中绕组,因此制造简便,绝缘容易。

2)功率电路简单可靠。因为电机转矩方向与绕组电流方向无关,即只需单方向绕组电流,故功率电路可以做到每相一个功率开

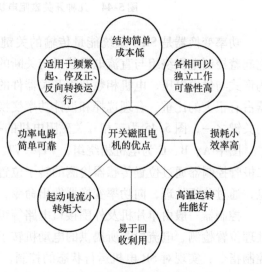

图 5-47 开关磁阻电机的优点

关，并且每个功率开关元件均直接与电机绕组相串联，从根本上避免了直通短路现象。因此开关磁阻电机调速系统中功率电路的保护电路可以简化，既降低了成本，又提高了工作可靠性。

3）各相可以独立工作，可靠性高。从电机的电磁结构上看，各相绕组和磁路相互独立，各自在一定转角范围内产生电磁转矩，而不像在一般电机中必须在各相绕组和磁路共同作用下产生一个旋转磁场，电机才能正常运转。从控制器结构上看，各相电路各自给一相绕组供电，一般也是相互独立工作。由此可知，当电机一相绕组或控制器一相电路发生故障时，只需停止该相工作，电机除总输出功率能力有所减小外，并无其他问题。因此该系统可靠性极高，可以适用于宇航、电动汽车等使用。

4）起动电流小，转矩大。低起动电流控制器从电源侧吸收较少的电流，在电机侧得到较大的起动转矩是磁阻电机的一大特点。因此开关磁阻电机很适合电动车辆等需要重载起动和较长时间低速重载运行的机械。

5）适用于频繁起、停及正、反向转换运行。开关磁阻电机具有低起动电流、高起动转矩的特点，使之在起动过程中电流冲击小，电机和控制器发热较连续额定运行时还小，可控参数多，调速性能好。控制开关磁阻电机的主要运行参数有相开通角、相关断角、相电流幅值及相绕组电压等。因而可控参数多，控制灵活方便。根据对电机的运行要求和电机的情况，可采用不同控制方法和参数值，使之运行于最佳状态。还可使之实现各种不同的功能和特定的特性曲线。如使电机具有完全相同的四象限运行（即正转、反转、电动、制动）能力，并具有高起动转矩和串激电动机的负载能力曲线。

6）损耗小，效率高。因为开关磁阻电动机的转子不存在绕组铜损，加上可控参数多，灵活方便，故易于在宽转速范围和不同负载下实现高效优化控制。其效率在很宽范围内都在87%以下。

7）易于回收利用。定子和转子材料使用磁铁，都是常见硅钢片，因而，材料容易得到且回收利用容易。

8）高温运转性能好。由于运转时转子不发热，冷却控制比较容易，可以在高温下运转。

开关磁阻电机的缺点如图5-48所示。

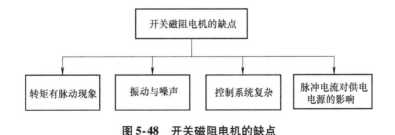

图5-48 开关磁阻电机的缺点

① 转矩有脉动现象。开关磁阻电机的磁场是跳跃性旋转的，使得开关磁阻电机输出的转速与转矩产生脉动现象。

② 振动与噪声。开关磁阻电机的转速与转矩有脉动现象，加上单边磁拉力的作用，因此一般开关磁阻电机产生的振动与噪声比其他类型的电机大。

③ 控制系统复杂。开关磁阻电机必须安装位置检测器和电流检测器等总成，因此引线比其他电机要多，控制和接线变得更复杂。

④ 脉冲电流对供电电源有影响。开关磁阻电机的相电流是脉冲电流，这就会对为它供电的直流电源产生很大的脉冲电流。

近年来，电动汽车电机驱动系统主要是开发系列化的交流异步电机驱动系统、永磁无刷电机驱动系统和开关磁阻电机驱动系统，与原来的直流有刷电机驱动系统相比，以上驱动系统具有明显优势，其突出优点是体积小、质量轻、调速范围广、可靠性高。目前，美国的汽车公司大多采用高速、高效的交流异步电机驱动系统，日本的汽车公司基本上采用永磁同步电机驱动系统。我国电动轿车多采用永磁同步电机驱动系统，公交车多采用交流电机。

与工业电动机一样，电动汽车用电机也已经从直流逐渐过渡到交流，直流电机的使用越来越少。大功率的永磁无刷直流电机技术还不是很成熟。开关磁阻电机也由于振动、噪声、转矩波动大等问题还未大规模地使用。

第6章 纯电动汽车

如前所述,电动汽车被分为纯电动汽车、混合动力电动汽车和燃料电池电动汽车三大类,可以说纯电动汽车是电动汽车的技术基础,混合动力电动汽车是发展中的过渡模式,而燃料电池电动汽车是较理想的目标。由于这三类电动汽车的结构不同,因而其工作原理也存在相应差异。

6.1 纯电动汽车概述

6.1.1 定义

纯电动汽车也称为电池电动汽车,其动力系统主要由动力蓄电池、驱动电机组成,从电网取电(或更换蓄电池)获得电力,并通过动力蓄电池向驱动电机提供电能来驱动汽车。在应用范围方面,纯电动汽车主要用于特定区域、特定路线,如零排放公交车、游览车、社区公交"微循环"车,以及特种行业的工程用车等。

纯电动汽车的发展尽管经历了多次起伏,但随着高性能的锂离子动力电池、高效电力驱动系统等各种高新技术的发展应用以及社会对零排放概念的深入理解,纯电动汽车被赋予了新的生命力,有了新的发展机遇,近年来再次受到各国政府和各大汽车公司的重视。

目前,纯电动汽车在美、日、欧等国家和地区已得到商业化的推广应用,重点是市政特殊用车(邮政运输车、环卫车等)、固定线路的公交车、公务车队用车和私人用车等领域。在技术上,当代纯电动汽车呈现出以下趋势:

1)动力系统集成优化技术不断提高,节能效果显著。
2)高性能的锂离子电池、镍氢蓄电池取代传统的铅酸蓄电池。
3)高效的一体化电力驱动系统取代传统的直流电机。
4)电动辅助系统的广泛应用提高了整车能量的利用效率和整车性能。
5)网络系统的应用促进了电动汽车的模块化和智能化。

6）轻量化技术和电器结构安全性技术得到了系统的应用。

6.1.2 分类

纯电动汽车有多种分类方法，可按所选用的储能装置或驱动电机的不同来分类，其中又可有许多不同组合；也可按驱动结构的布局或用途的不同来分类。

1. 按储能装置分类

目前纯电动汽车所采用的储能装置主要有铅酸蓄电池、锂电池、镍氢蓄电池、钠硫蓄电池等。其中铅酸蓄电池技术较成熟，价格也较便宜，但其性能差一些，寿命也短一些。其余几类均属于正在研究改进的蓄电池，其性能都比铅酸蓄电池要好许多，但目前价格也较贵，随着工艺技术的成熟及批量的扩大，其性价比也必会有较大提高。因为纯电动汽车以蓄电池作为唯一能源，所以蓄电池的各项性能指标很大程度上决定了汽车的行驶性能，如纯电动汽车的续驶里程和加速（或爬坡）的动力性能分别与蓄电池的比能量和比功率有关。

2. 按驱动电机分类

纯电动汽车按其驱动电机类型来分，主要有直流电机、交流电机、永磁无刷电机、开关磁阻电机四类。

蓄电池是以直流电源供电，直流电机具有控制较简单、成本较低、技术成熟等优点，但直流电机由于有电刷，存在电刷易磨损、需定期维护等缺点。

交流电机本身具有坚固耐用、效率高、体积小、免维护等优点，并且整个驱动系统具有调速范围大、能较有效地实现再生制动的特点。但其驱动控制器须通过逆变器，并采用矢量控制变频调速，故其线路较复杂，价格也较高。

永磁无刷电机包括无刷直流电机和三相永磁同步电机，由于采用永久磁铁励磁，故具有转换效率高、过载能力强、免维护等优点，但目前尚存在着成本较高、功率受限等缺点，可靠性也尚需改进。

开关磁阻电机驱动系统是一种新型的典型机电一体化装置，具有结构简单、坚固可靠、制造成本低等特性，特别适于汽车起步和蓄电池驱动的特性。其缺点主要是振动及噪声较大，需通过相应技术措施来改进。目前普及率不高，有待进一步改进提高。

3. 按驱动结构布局分类

这实际上是按驱动传递方式来分类，由于电机驱动的灵活性，故可以有多种组合方式。归纳起来，其典型的基本结构主要有四种：传统的驱动模式、电机—驱动桥组合式驱动方式、电机—驱动桥整体式驱动方式、轮毂式电机分散驱动方式。具体见图6-1及后述相关内容。由于汽车转弯时，外侧车轮的转弯半径比内侧车轮大，需要通过差速器来配合两侧车轮转速不同的要求。前两种驱动方式需采用具有行星齿轮结构的机械式差速器；第三种驱动方式的差速器可用机械式或电控式；而第四种驱动方式可实现电子差速控制。

4. 按用途分类

纯电动汽车按其用途来分，目前主要有电动公交车和电动轿车两类。纯电动汽车蓄电池储存能量有限，故较适合某些性能要求不高的特定车辆，如游览观光车、高尔夫球场车、电动自行车、电动三轮车和残疾人自驾车等，当然按定义来说该类特定车辆不应属于汽车。

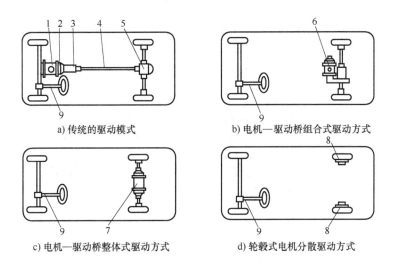

图 6-1 四种典型的驱动结构

1—电机 2—离合器 3—变速器 4—传动轴 5—驱动桥 6—电机—驱动桥组合式驱动系统
7—电机—驱动桥整体式驱动系统 8—轮毂式电机 9—转向器

6.2 纯电动汽车的驱动系统

6.2.1 纯电动汽车驱动系统的结构

内燃机将能量从热能转化为旋转机械能,一般是通过传动装置、差速器、离合器等动力传动装置直接转变为机械能。

如图6-2所示,由于内燃机中最大输出转矩随转速变化而变化,车辆速度对应着减速器的切换,使内燃机保持在最大功率工作状态。

而驱动电机在恒转矩和恒输出功率范围内,即使不切换减速齿轮,也可以在低速区域产生转矩,如图6-2中虚线所示。

在高速区域内采用弱磁控制法,可以在小转矩的情况下按恒定功率运行。因此,可考虑在各种驱动源中灵活运用这些特性。此外,如果驱动电机的小型化和低速高转矩化可以实现,还可以直接驱动车轮,避免机械损耗。

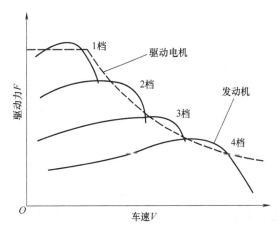

图 6-2 发动机与驱动电机的动力特性

图6-3为纯电动汽车动力传动系统的基本结构示例图。图6-3a所示方式下采用单电机,通过传动装置、差速器进行转矩分配、驱动车轮,相当于用驱动电机替换了传统模式中的发动机。

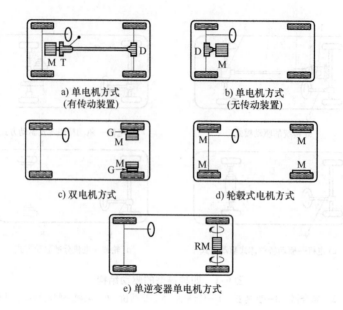

图 6-3　电动汽车使用的动力传动系统
M—驱动电机　T—传动装置　D—差速器　G—减速器　RM—相互相反电机

图 6-3b 所示方式下，定比减速器与差速器一体化后变得更加小型化，并去除了传动装置。图 6-3c 所示的方式是两台电机独立驱动车轮的方式。图 6-3d 所示方式采用车轮内置式驱动电机，即使用轮毂式电机独立驱动车轮。图 6-3e 所示的方式则采用了定子和转子相互可逆运转的特殊电机（相反电机），是采用单电机单逆变器的双轮驱动方式。

图 6-3a 的方式中，因为使用一台电机进行驱动，所以采用 1 台逆变器。虽然我们知道这样会在一定程度上增大差速器等传动系统的磨损，但是由于在成本方面很有优势，汽车公司的开发研究中以这种类型居多。

图 6-3b 所示方式为图 6-3a 所示方式的改进版，多见于当前各公司设想中的普及型纯电动汽车的动力传动系统。但不可避免的是，驱动系统存在着磨损。

图 6-3c 所示方式中，两台电机各自直接驱动车轮。虽然不存在差速器等磨损，但是需要两组电机和逆变器。作为此方式的改进版，提出了附带减速器的轮毂式电机驱动系统的方案。

图 6-3d 所示方式中，电机与驱动轮之间的差速器或齿轮的磨损为零，但是需要四组电机和逆变器，因此不能忽视簧载质量增加这一问题。

图 6-3e 所示方式是单逆变器单电机的方式，即使没有差速器也可驱动两个车轮，但单逆变器单电机具有当左右轮的速度差较大时不起作用及必须附有反转齿轮等缺点。

以上无论哪种方式都具有优点和缺点，需要在具体实践中根据具体情况加以选择。这些驱动方式的优劣性通常根据加速性、最大速度、一次充电续驶里程等参数进行评价。但是，影响这些评价的因素很多，定量讨论比较困难。一般情况下。人们都热衷于追求轻量化、高效率化以及损耗尽可能小的器件结构方式。

到目前为止，人们多采用控制方法简单、易实现的直流电机。但是考虑到电刷维护以及高速化、小型化的实现难度，交流电动机开始向主流发展。

6.2.2 纯电动汽车驱动系统的特点和种类

1. 驱动系统的特点

如前所述，发动机汽车中依靠传动装置可以使速度和转矩按照期望的特性变化。驱动电机中，采用弱磁等技术可以得到几乎相似的特性，因此可以省去传动装置。这样的装置运行更加容易，由此产生的磨损也减少了。此外，由于可以自动进行电力回收，可以得到更高的效率。电动汽车的效率，在实际中也包含发电厂的发电效率。此效率是内燃机汽车的1~5倍左右，并且在排气规定严格的城市内十分有优势。

电动车在等待信号灯时可以不消耗能量，从而达到节省能量的目的，并且由于不存在发动机转动而比较安全。

此外，与内燃机汽车相比，转矩控制响应速度提高了10倍以上，具有如较快的加减速、防滑控制以及缓慢制动控制等相应的平顺性和安全性优势。

2. 驱动系统的种类

（1）单电机方式

1）有传动系统。简单情况下，一般车辆采用驱动电机替换发动机，如图6-3a所示。这样的改造型电动汽车的传动装置多数具有变速器，故也配备了离合器。这里使用的驱动电机不需要太大的变速范围，可有效使用永磁电机（直流电机和交流无刷电机）。2级传动变得简单，采用较小容量的电动机较好。

2）无传动系统。图6-3b所示方式具有差速器和定比减速器，未采用离合器和传动装置，由一台电机驱动两轮旋转。虽然没有离合器和传动装置的磨损，但是还存在着差速器的磨损。此外，从再生制动的角度出发，由于可以实现电能从车轮到电机的回收（驱动轮以外的动能通过制动转化为热能），有利于全轮驱动。由于没有传动装置，运转更加容易，但是如前所述，这样也需要低速大转矩、速度变化区域大的电机，同时增加了电机和逆变器的容量。一般情况下，电动汽车中采用的驱动电机大体上兼具了经济性与平顺性的特点。为了使图6-3a和图6-3b所示方式全轮驱动，设计了中央差速器。另外，在轴上设计差速器可以提高制动性能，改善电力回收效率等。

以上方式的优点可总结为，可以继续沿用当前内燃机汽车中的动力传动装置，只需采用一组高价电机和逆变器，使之更具经济性。

3）无差速器系统。该系统去除了差速器，但是为了实现用一台电机驱动两个车轮而采用了如图6-3e所示的相反电机的方式。这种电机把传统电机的定子变成可动的结构，两轴相互独立；另外，转子可以反向旋转，由于转子是双向的，为了给电机供电，必须采用电刷、集电环。如果要去掉电刷就必须使用励磁机，这使得结构变得更复杂。另外，由于两转子相互反向旋转，为使汽车能朝同方向行驶就需要增加反转齿轮。

与上述相反电机一样，人们也提出了利用一台电机驱动两个车轮的方案，也就是采用在一个定子旁安装了两个圆盘状笼型转子并且有气隙的异步电机。由于驱动车轮时两个转子在转弯处速度不一致，适宜采用异步电机的结构，但是在小半径转角转弯时存在着困难。

（2）双电机方式

1）前后驱动，即两台驱动电机，对前后轮分别驱动。可自由选择两轮或者四轮驱动，以满足平顺性、安全性、经济性等行驶要求。两台电机连接在同一个轴上，由离合器连接，提出了轻负载时单电机驱动、重负载时双电机驱动的能有效改善效率的方法。

2）双轮毂式电机。轮毂式电机和逆变器造价较高，可使用双轮毂式电机。采用双轮毂式电机驱动的优点是可以在一定程度上进行灵活操纵。譬如，曲线运动、制动、防滑等许多单电机方式不能实现的性能都可以在一定程度上得到实现。

（3）四轮毂式电机方式

即安装四轮独立控制的电动机和逆变器，把电机组装在车轮轮毂中，可以使结构更加紧凑。

图6-3d所示方式即使用这种轮毂式电机进行驱动的系统实例。依靠这种结构可以实现：

1）车轮可以旋转±180°、横向行驶、任意旋转行驶。图6-4为依靠车轮控制进行横向行驶、旋转行驶时的情况图，是四台电机独立驱动方式下自由行驶的例子。

2）由于可以进行各车轮任意转矩控制、防滑控制、制动控制等多种性能得以发挥。

3）轮毂式电机的大型化较难，但是总功率依靠四台电机分担，每台电机的容量可以变得小一些。此外，由于没有动力传动装置，效率可以稍微得到改善。

如图6-5所示，由于要以在公共交通工具中使用为目的，大客车正向无踏板的低车地板化方向发展，保留通常的差速轴的情况下大幅度降低车地板是相当困难的，而采用没有贯通轴的轮毂式电机则比较容易实现。

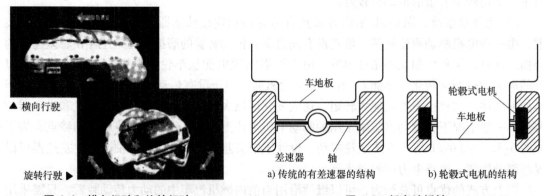

图6-4 横向行驶和旋转行驶　　　　　　图6-5 低车地板轴

4）低速大转矩电机体型大又昂贵，因此近来出现了减速器内置的轮毂式电机。但同时也有人提出随着簧载质量增大等，其操作性、乘坐舒适性等性能有所下降，且轮毂式电机价格昂贵。但这与其成为未来汽车理想的动力传动方式并不相悖。

6.3 纯电动汽车的结构原理

6.3.1 电力驱动控制系统

电力驱动控制系统决定了整个纯电动汽车的结构构成及其性能特征，是电动汽车的核心。它相当于传统汽车中的发动机与其他功能以机电一体化方式相结合，这也是区别于传统内燃机汽车的最大不同点。

电力驱动控制系统的组成与工作原理如图 6-6 所示。

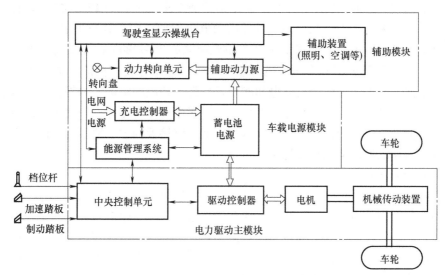

图 6-6 电力驱动控制系统的组成与工作原理图

1. 车载电源模块

车载电源模块主要由蓄电池电源、能源管理系统和充电控制器三部分组成。

(1) 蓄电池电源

蓄电池是纯电动汽车的唯一能源，它除了供给汽车驱动行驶所需的电能外，也是汽车上各种辅助装置的工作电源。目前，在纯电动汽车上一般以各种不同的蓄电池组成的动力电池组储存的电能作为动力源，用周期性的充电来补充电能。动力电池组是纯电动汽车的关键装备，它储存的电能及其自身的质量和体积，对纯电动汽车的性能起决定性影响，也是发展纯电动汽车过程中的主要研究和开发对象。经过科学家不懈的努力，纯电动汽车用电池经过了三代的发展，已取得了突破性的进展。

第一代的纯电动汽车电池都是铅酸蓄电池。由于早期铅酸蓄电池的比能量和比功率不能满足纯电动汽车动力性能的需求。

第二代的高能电池有镍镉蓄电池、镍氢蓄电池、钠硫蓄电池、钠氯化镍蓄电池、锂离子电池、聚合物锂离子电池、锌空气电池和铝空气电池等。第二代电池的比能量和比功率都比铅酸蓄电池高，大大地提高了纯电动汽车的动力性和续驶里程。但第二代电池仍然是在电能—化学能电能的化学反应过程中存储电能和供给电能，有一些特殊使用条件和一定的局限性，其中有些高能电池还需要复杂的电池管理系统和温度控制系统。各种电池对充电技术还有不同的要求，而且化学电池中的活性物质在使用一定期限后，会老化变质以至完全丧失充电和放电功能而报废，增加了纯电动汽车的使用成本。

第三代电池是以燃料电池为主的电池。燃料电池直接将燃烧的化学能转变为电能，能量转变效率高，比能量和比功率高，并且燃料电池能量转化过程可以连续进行，反应过程能够有效地控制，是较理想的电动汽车电池，一些关键技术正在不断地突破，并且在使用上取得了良好效果。

蓄电池在安装前需要通过串并联的方式组合成所要求的电压等级，因为驱动电机所需的电压往往与辅助装置的电压要求不一致，辅助装置所要求的一般为12V或24V的低压电源，而驱动电机一般要求为高压电源，并且所采用的电机类型不同，其要求的电压等级也不同。为满足该要求，可以用多个12V或24V的蓄电池串联成96~384V高压直流电池组，再通过DC/DC变换器供给所需的不同电压。也可按所要求的电压等级，直接由蓄电池组合成不同电压等级的电池组，不过这样会给充电和能源管理带来相应的麻烦。另外，由于制造工艺等因素，即使同一批量的蓄电池，其电解液浓度和性能也会有所差异，在安装电池组之前，要求对各个蓄电池进行认真的检测并记录，尽可能把性能接近的蓄电池组合在同一组，这样有利于动力电池组性能的稳定和延长使用寿命。

（2）能源管理系统

能源管理系统的主要功能是在汽车行驶中进行能源分配，协调各功能部分工作的能量管理，使有限的能源最大限度地得到利用。能源管理系统与电力驱动主模块的中央控制单元配合在一起控制发电回馈，使在电动汽车降速制动和下坡滑行时进行能量回收，从而有效地利用能源，提高电动汽车的续驶能力。能源管理系统还需与充电控制器一同控制充电。为提高蓄电池性能的稳定性和延长使用寿命，需要实时监控电源的使用情况，对蓄电池的温度、电解液浓度、蓄电池内阻、端电压、当前电池剩余电量、放电时间、放电电流或放电深度等蓄电池状态参数进行检测，并按蓄电池对环境温度的要求进行调温控制。通过限流控制避免蓄电池过充电、过放电，对有关参数进行显示和报警。其信号流向辅助模块的驾驶室显示操纵台，以便驾驶人随时掌握并配合其操作，按需要及时对蓄电池充电并进行维护保养。

（3）充电控制器

充电控制器把电网供电制式转换为对蓄电池充电要求的制式，即把交流电转换为相应电压的直流电，并按要求控制其充电电流。充电器开始时处于恒流充电阶段。当电池电压上升到一定值时，充电器进入恒压充电阶段，输出电压维持相应数值。充电器进入恒压充电阶段后，电流逐渐减小。当充电电流减小到一定值时。充电器进入涓流充电阶段。还有采用脉冲式电流进行快速充电的。

2. 电力驱动主模块

电力驱动主模块主要由中央控制单元、驱动控制器、电机、机械传动装置等组成。由于加速踏板、制动踏板等操纵装置对于汽车驾驶人来说，是十分熟悉和习惯使用的操纵装置。为适应驾驶人的传统操纵习惯，电动汽车仍保留了加速踏板、制动踏板及有关操纵手柄或按钮等，不过在电动汽车上是将加速踏板、制动踏板的机械位移量转换为相应的电信号，输入中央控制单元来对汽车的行驶实行控制。对于离合器，除了采用前述驱动结构中第一种传统的驱动模式外就都省去了。而对于档位变速杆，为遵循驾驶人的传统习惯，一般仍保留。同样，除了传统的驱动模式外，也只有前进、空档、倒退三个档位，并且以开关信号传输到中央控制单元来对汽车进行前进、停车、倒车控制。

（1）中央控制单元

中央控制单元不仅是电力驱动主模块的控制中心，也要对整辆电动汽车的控制起到协调作用。它根据加速踏板与制动踏板的输入信号，向驱动控制器发出相应的控制指令，对驱动电机进行起动、加速、降速、制动控制。在电动汽车降速和下坡滑行时，中央控制器配合车载电源模块的能源管理系统进行发电回馈，即使蓄电池反向充电。对于与汽车行驶状况有关的速度、功率、电压、电流及有关故障诊断等信息，还需传输到辅助模块的驾驶室显示操纵台进行相应的数字或模拟显示，也可采用液晶屏幕显示来提高其信息量。另外，如驱动采用轮毂式电机分散驱动方式，当汽车转弯时，中央控制器也需与辅助模块的动力转向单元配合，即控制左右轮毂式电机来实行电子差速转向。为减少电动汽车各个控制部间的硬件连线，提高可靠性，现代汽车控制系统已较多地采用了多 CPU 总线控制方式，特别是对于采用轮毂式电机进行 4WD 前后四轮驱动控制模式的，更需要运用总线控制技术，来简化电动汽车内部线路的布局，提高其可靠性，也便于故障诊断和维修。采用该模块化结构后，一旦技术成熟，其成本也将随批量的增加而大幅下降。

（2）驱动控制器

驱动控制器是按中央控制单元的指令和电动机的速度、电流反馈信号，对驱动电机的速度、驱动转矩和旋转方向进行控制。驱动控制器与电机必须配套使用，目前对驱动电机的调速主要采用调压、调频等方式，这主要取决于所选用的驱动电机类型。由于蓄电池以直流电方式供电，对直流电机主要是通过 DC/DC 变换器进行调压调速控制的；而对于交流电机需通过 DC/AC 变换器进行调频调压矢量控制；对于磁阻电机是通过控制其脉冲频率来进行调速的。当汽车进行倒车行驶时，需通过驱动控制器使电机反转来驱动车轮反向行驶。当电动汽车处于降速和下坡滑行时，驱动控制器使电机运行于发电状态，电机利用其惯性发电，将电能通过驱动控制器回馈给蓄电池，所以图 6-6 中驱动控制器与蓄电池电源的电能流向是双向的。

（3）驱动电机

驱动电机在电动汽车中被要求承担电动和发电的双重功能，即在正常行驶时发挥其主要的电动机功能，将电能转化为机械旋转能；而在降速和下坡滑行时又被要求发电，将车轮的惯性动能转换为电能。我们知道，对驱动电机的选型一定要根据其负载特性来选，通过对汽车行驶时的特性分析，可知汽车在起步和上坡时要求有较大的起动转矩和相当的短时过载能力，并有较宽的调速范围和理想的调速特性，即在起动低速时为恒转矩输出，在高速时为恒功率输出。电机与驱动控制器所组成的驱动系统是电动汽车中最为关键的部件。电动汽车的运行性能主要取决于驱动系统的类型和性能，它直接影响着车辆的各项性能指标，如车辆在各工况下的行驶速度、加速与爬坡性能以及能源转换效率。

（4）机械传动装置

电动汽车传动装置的作用是将电机的驱动转矩传输给汽车的驱动轴，从而带动汽车车轮行驶。由于电机本身就具有较好的调速特性，其变速构件可被大大简化，较多的是为放大电机的输出转矩仅采用一种固定的减速装置。又因为电机可带负载直接起动，即省去了传统内燃机汽车的离合器，且由于电机可以轻易地实现正反向旋转，也不需要通过变速器中的倒档齿轮组来实现倒车。对驱动电机在车架上合理布局，即可省去传动轴、万向节等传动链。当采用轮毂式电动机分散驱动方式时，又可以省去传统汽车的驱动桥、机械差速器、半轴等传动部件，因此该驱动方式也可被称为"零传动"方式。电动汽车传动装置按所选驱动结构可以有多种组合方式。

3. 辅助模块

辅助模块包括辅助动力源、动力转向单元、驾驶室显示操纵台和各种辅助装置等。各个装置的功能与传统汽车上的基本类同，其结构原理按电动汽车的特点有所区别。

（1）辅助动力源

辅助动力源是供给电动汽车其他各种辅助装置所需的动力电源，一般为12V或24V的直流低压电源，它主要给动力转向、制动力调节控制、照明、空调、电动门窗等各种辅助装置提供所需的能源。

（2）动力转向单元

转向装置是为实现汽车的转弯而设置的，它由转向盘、转向器、转向机构和转向轮等组成。作用在转向盘上的控制力，通过转向器和转向传动机构使转向轮偏转一定的角度，实现汽车的转向。为提高驾驶人的操控性，现代汽车都采用了动力转向，较理想的是采用电子控制动力转向系统。电子控制动力转向系统主要有电控液力转向系统和电控电动转向系统两类，对于纯电动汽车，较适于选用电控电动转向系统。多数汽车为前轮转向，而工业用电动叉车常采用后轮转向。为提高汽车转向时的操纵稳定性和机动性，较理想的是采用四轮转向系统，而对于采用轮毂式电机分散驱动的电动汽车，由于电机控制响应速度的提高，可更轻易地实现四轮电子差速转向控制。另外，为配合转弯时左右两侧车轮有相应的差速要求，还须同时控制电子差速器协调工作。

（3）驾驶室显示操纵台

它类同于传统汽车驾驶室的仪表板，不过其功能根据电动汽车驱动的控制特点有所增减，其信息指示更多地选用数字或液晶屏幕显示。它与电力驱动主模块中的中央控制单元结合，用计算机进行控制。

（4）辅助装置

电动汽车的辅助装置主要有照明、各种声光信号装置、车载音响设备、空调、刮水器、风窗除霜清洗器、电动门窗、电控玻璃升降器、电控后视镜调节器、电动座椅调节器、车身安全防护装置控制器等。它们主要是为提高汽车的操控性、舒适性、安全性而设置的，有些是必要的，有些是可选用的。与传统汽车一样，大都有成熟的专用配件。不过选用时应考虑到纯电动汽车能源不充足的特点，特别是空调所消耗的能量比较大，应尽可能从节能方面考虑。另外，对于有些装置可用液压或电动两种方式来控制的，一般选用电动控制较为方便。

6.3.2 控制技术

对汽车驾驶人来说，加速踏板、制动踏板等是十分熟悉和习惯使用的操纵装置。为了保持传统的驾驶人习惯，纯电动汽车保留了加速踏板、制动踏板和各种操作手柄等，只不过在纯电动汽车上是将加速踏板、制动踏板机械位移的行程量转换为电信号，输入中央控制器，通过动力控制模块控制驱动电动机运转。

纯电动汽车的控制系统主要是对动力电池组加以管理和对电动机加以控制。随着车辆行驶工况的变化而引起电动机输出功率、转矩和转速的变化，必然引起电池组电压、电流等的改变，通常采用电压表、电流表、电功率表、转速表和温度表等仪表来显示，特别是对动力电池组剩余电量和剩余续驶里程的显示有重要的意义。有些纯电动汽车的仪表上采用红色和蓝色箭头来表示电流的流向，同时用数字表示输入或输出的功率的大小，能够一目了然地观察到整个动力电池组和驱动电机的运转情况。

由于纯电动汽车高度电气化，因此更加有条件实现机电一体化，采用自动化的控制系统和驱动系统。一般用中央控制器中的计算机来进行控制和管理。另外，控制系统还包括整车低压系统的电子、电气装置、现代卫星导航和雷达防撞等装备。现代控制理论在纯电动汽车上得到了广泛的应用。纯电动汽车除装备现代内燃机汽车的一些先进电子设备外，四轮转向、再生制动和太阳能利用等，都可以在纯电动汽车上发挥其独特的作用。

在纯电动汽车控制系统中使用了各种各样的传感器、电流检测器、测速编码器、显示装置、仪表、报警装置和自诊断装置等，对整个动力蓄电池组、电流转换器、驱动电机系统进行监控并及时反馈信息和报警。

6.3.3 车身及底盘

纯电动汽车已经具有各种车型，包括电动轿车、电动客车（微型、小型、中型和大型）、电动货车（微型、小型、中型和大型）及其他改装的电动车辆。为适应城市、家庭、学校和服务行业的需要，纯电动汽车的车型，特别是微型的电动轿车，已经有了多种多样、丰富多彩的造型。纯电动汽车车身特别重视流线型效果，使得纯电动汽车的车身造型独具特色，也使得车身阻力系数大大降低。纯电动汽车大多数用复合材料来制造车身结构和车内装饰，有的豪华气派，有的简单朴实，并且都非常轻盈（相对于传统内燃机汽车而言）美观。

由于动力电池组的质量大，所占据的空间大，为了减轻纯电动汽车的整车质量，轻质材料被广泛采用。碳纤维增强树脂和复合材料等制造车身和底盘部分总成，并采用三维挤压成型工艺制造出结构复杂、质量小、强度大和装卸动力电池组方便的车架，补偿因装载动力电池组而增加的负载。在底盘布置上还要有足够的空间存放动力电池组，并且要求线路连接方便、充电方便、检查方便和装卸方便，能够实现动力电池组的整体机械化装卸。这要求在纯电动汽车底盘的布置上，打破传统的内燃机汽车底盘布置模式，加大承载空间的跨度和承载结构件的刚度，并且充分考虑动力电池组渗漏出的酸或碱等对底盘结构件的腐蚀。

纯电动汽车多采用滚动阻力系数小的子午线轮胎，其滚动阻力系数仅为0.005，使得纯电动汽车在行驶时的滚动阻力大大降低。

1. 车身与总体布局的特点

汽车车身主要由车身本体、开启件（各种门、窗、行李舱和车顶盖等）、各种座椅、内外饰附件和安全保护装置（保险杠、安全带、安全气囊等）组成。针对纯电动汽车能源有限的特点，对汽车车身的外形造型应尽可能缩小其迎风面积来降低空气阻力，并采用轻型高强度材料来减轻汽车自身的重量。车内各个部件的布局也相当重要，电动汽车动能的传递主要是通过柔性的电缆进行，减少了用大量刚性的机械件连接部件的动能传递，因此电动汽车各部件的布置具有较大的灵活性，并且蓄电池组可分散布置，作为配重物来布局。纯电动汽车各个部件的总体布局的原则是，符合车辆动力学对汽车重心位置的要求，并尽可能降低车辆质心高度。特别是对于采用轮毂式电机驱动实现"零传动"方式的电动汽车，不仅去掉了发动机、冷却水系统、排气消声系统和油箱等相应的辅助装置，还省去了变速器、驱动桥及所有传动链，既减轻了汽车自重，也留出了许多空间，其结构可以说发生了脱胎换骨的变化。车辆的整个结构布局需重新设计，全面考虑各种因素。

另外，由于增加了许多蓄电池的重量，对于安装蓄电池部位的车架强度必须有所考虑。同时为了方便蓄电池的充电、维护、更换。对蓄电池的安装方法和位置也要考虑是否方便，对环境温度有要求的蓄电池还需考虑散热空间及调温控制。为确保安全，还需采取密封等预防措施,以防车辆发生撞击事故时电解液泄漏伤及人身,并且要有防火等措施。

2. 汽车底盘

汽车底盘是整个汽车的基体,不仅起着支承蓄电池、电机及驱动控制器、汽车车身、空调及各种辅助装置的作用,同时也将驱动电机的动力进行传递和分配,并按驾驶人的意志(加速、减速、转向、制动等)行驶。按传统汽车的归类或叙述习惯,汽车底盘应包括传动、行驶、转向和制动四大系统。

纯电动汽车的传动系统根据所选驱动方式的不同,不少部件被简化或干脆省掉。

行驶系统包括车桥、车架、悬架、车轮与轮胎,其中车桥如采用轮毂式电机驱动也就省去了。车架是整个汽车的装配基体,其作用主要是支承连接汽车的各零部件,承受来自车内和车外的各种载荷。悬架是车架(或车身)与车轮(或车桥)之间的一切传力连接装置的总称,它主要由弹性元件、减振器和导向机构等组成。它与充气轮胎一起缓和不平路面对车辆的冲击振动。车轮主要由轮辋、轮辐等组成,其内部需安装制动器,且还可能要安装轮毂式电动机,所以结构会很紧凑。

在纯电动汽车上已经有部分车型采用了电动转向系统。电动转向系统是一种现代化和轻便化的转向系统。在转向轴上,装置一个转矩传感器,在车辆行驶过程中,不断地感知由转向盘上传递的转矩信息并产生相应的电压信号。与此同时,速度传感器对所测出的车速信息,也产生相应的电压信号。这两路的信号输送到控制器中,经过运算和处理后输出相应的合适的电流到转向助力电动机上。电动机产生转矩并通过减速器减速增矩,作用在转向轴上,得到一个与转向工况相适应的转向助力。图6-7和图6-8分别为某种电动车辆电动转向系统的结构模型图和布置图。

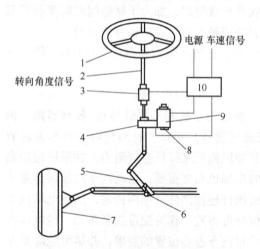 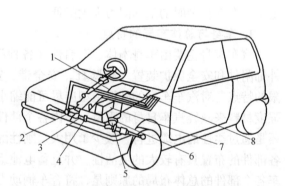

图6-7 电动转向系统结构模型示例图
1—转向盘 2—转向轴 3—转矩传感器
4—减速器 5—传动拉杆 6—齿轮
7—转向轮 8—离合器
9—助力电机 10—ECU

图6-8 电动转向系统结构布置示例图
1—制动开关 2—转矩传感器 3—转向轴
4—车速传感器 5—减速器
6—电动机 7—蓄电池
8—微处理器

纯电动汽车的制动系统由反馈制动系统和液压制动系统共同组成,如图6-9和图6-10所示。

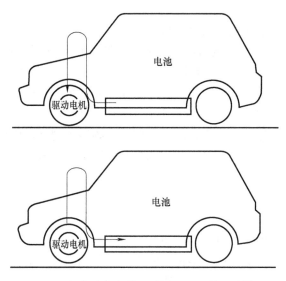

图 6-9　纯电动汽车的驱动模式和反馈制动模式

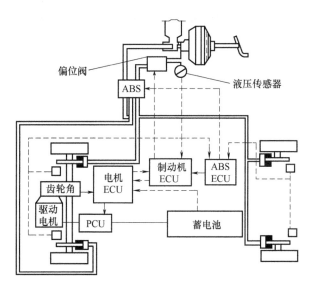

图 6-10　反馈制动与 ABS 的控制装置

反馈制动是在车辆减速时，由于有控制单元控制，动力电池组不向驱动电机提供电能，在车辆传动系统的反拖下，驱动电机转换为发电工作模式，将电能通过电流转换器转换为直流电，向动力电池组充电，此时，纯电动汽车实现反馈制动。液压制动系统包括 ABS，是用液压泵操纵的常规制动系统。在液压制动系统中，装有由电动机驱动的真空泵，作为液压制动的助力源。当车辆在紧急制动时，用液压制动系统制动，保证制动的快速和安全。即使在紧急制动时，也存在反馈制动的发电功能。反馈制动是纯电动汽车上特有的"节能"装置，可以提高纯电动汽车的续驶里程，内燃机汽车不能实现这个功能。在纯电动汽车制动系统的制动泵上，装有液压传感器和由控制单元控制的偏位阀，对反馈制动和液压制动进行协调，对制动力实现最佳控制，保证制动模式转换的平稳进行，并使 ABS 发挥最好的效率。

3. 其他装置

在纯电动汽车上,一般采用了具有超低滚动阻力的轮胎。它是高压轮胎,轮胎内部压力为300kPa;对轮胎的断面进行了重新设计,采用新型的轮胎胶面材料,轮胎质量减轻12%~15%;滚动阻力系数比一般汽车轮胎降低50%~57%,并且保持良好的操纵性和在潮湿路面上稳定行驶的性能,行驶时噪声也减小了。在纯电动汽车上较普遍地采用了现代内燃机汽车上的新型电子装置,如投放式放电管前照灯、LED前照灯等,其光照亮度比一般卤素前照灯增加了两倍,并且更加节电。全自动式空调用变频器控制空调压缩机,通过控制模块的自动控制,可迅速制冷并调控车内温度。空调控制模块在动力电池组电能不足时,还可自动停止空调系统的运转。

6.3.4 安全保护系统

纯电动汽车的动力电池组,具有96~400V的高压直流电,人身触电时会造成致命的危险。因此,必须设置安全保护系统,确保驾驶人、乘员和维修人员在驾驶、乘坐和维修时的安全。另外,在撞车、翻车或线路发生短路时,驾驶人能够迅速切断动力电池组的电源,避免发生火灾,保护乘员的安全。同时还需要防止电池中的电解液溢出,对乘员造成伤害。纯电动汽车必须配备电气装置的故障自诊断系统和故障报警系统,在电气系统发生故障时自动控制,及时防止故障的发生。

第 7 章

燃料电池电动汽车

7.1 燃料电池电动汽车概述

7.1.1 燃料电池电动汽车的定义

燃料电池电动汽车，是以燃料电池系统作为动力源或主动力源的车辆。将燃料电池用于车辆驱动，为能源问题和环境污染问题提供了一个有效的解决方案。随着燃料电池技术的不断发展，如何将燃料电池应用于车辆系统，解决其与车辆众多复杂子系统之间的匹配等问题随之出现。燃料电池电动汽车与其他电动汽车的根本区别是所用的动力源以燃料电池为主，而驱动电机、传动机构以及汽车所需的各种辅助功能等基本类同。

7.1.2 燃料电池电动汽车的特点

当今世界各国和各大汽车公司正在进行新一轮开发燃料电池电动汽车的竞争，开发和研制了多种形式和型号的燃料电池。21 世纪燃料电池技术对世界的冲击影响，将类似于 20 世纪上半叶内燃机所起的作用。燃料电池是唯一同时兼备无污染、高效率、适用广、无噪声且能连续工作等特性的动力装置，将会在国防、汽车、通信和民用电力等多领域发挥其重要的作用，被称为 21 世纪的绿色能源。全球汽车界都在积极推进燃料电池电动汽车的研发和应用，推进人类进入一个完善的新能源时代已成为一种不可阻挡的潮流。

1. 燃料电池电动汽车的优点

1）热效率高。碳氢化合物燃料经过重整器重整，并由燃料电池将化学能转变为电能，然后再通过电机和驱动系统驱动汽车车轮，其综合效率可达到 34%。而内燃机汽车的发动机将燃料的化学能转变为机械能，然后再通过传动系统起动汽车车轮，其综合效率约 11%，效率仅为燃料电池的 1/3。热效率高是燃料电池突出的优点，热效率高意味着燃料电池电动汽车比内燃机汽车更加节能。

2）零污染或超低污染。采用以氢气为燃料的燃料电池,燃料经过化学反应后所产出的废物只有水,其排放废气属于"零污染"。采用以甲醇或汽油经过重整后产生氢气,也只有少量的 CO、CH 和 NO_x 等有害气体排放,也属于"超低污染",完全可达到最严格的排放标准要求,并且燃料电池本身没有运动件和运动副的摩擦损耗,在化学反应过程中无噪声。

3）在宽广的范围内保持高效率且过载能力强。燃料电池组在额定功率下运行,效率可达到 60% 左右;部分功率下运行时,效率可达到 70%;而在过载功率下运行时,效率可达 50%~55%。其功率范围宽广,效率受输出功率变化影响小,短时过载能力可达到 200%,可满足各种类型的燃料电池电动汽车在动力性能和加速性能等方面的要求。

4）配置灵活且机动性大。不同种类燃料电池的单体电池所能产生的电压略有不同,单体电池所能产生的电压约为 1V。通常将多个单体电池按使用电压和电流的要求组合成为燃料电池组,有利于组合成不同功率的系列燃料电池组。其辅助设备可以在不同类型燃料电池电动汽车上灵活地配置,能够充分地利用车辆上的有效空间。

5）充分利用现有服务设施。与其他电池不同的是,燃料电池电动汽车的续驶里程可以与内燃机汽车相同,关键取决于燃料电池电动汽车燃料箱所装载的燃料(氢气、甲醇或汽油等)量。特别是以甲醇或汽油作为燃料时,燃料的装载方法与内燃机汽车也很相似,在几分钟内即可加满所需的燃料,因此可以充分利用现有内燃机汽车加油站的现成设备和服务体系。

2. 燃料电池电动汽车的缺点

1）辅助设备复杂。以甲醇或汽油为燃料的燃料电池电动汽车,甲醇或汽油等燃料通过重整器进行重整后,除产生氢气外,还有少量的 CO、CO_2、CH 和 NO_x 等气体混杂在氢气中,其中 CO 会使催化剂"中毒"而失效,在 H_2 进入燃料电池组之前,必须采用净化装置对 CO、CO_2 和 NO_x 进行分离处理,增加了结构和工艺的复杂性。甲醇或汽油在重整过程中会产生热量,因此还需要对重整系统进行热的控制和管理。

2）辅助设备重而体积大。目前燃料电池电动汽车大多数是采用氢气作为燃料,但氢气的制取、储存、运输和灌装还没有实现规模化,安全保护要求高。采用氢气作为燃料需要特种储存罐(高压、低温和防护),罐体体积大,占用空间大。目前使用成本也很高,给燃料电池电动汽车的使用带来不便。在采用甲醇、汽油等燃料的燃料电池系统中,需要通过重整器对甲醇、汽油等燃料进行重整后才能制取氢气。目前重整器、净化器和其辅助装置在燃料电池电动汽车上所占的体积和质量都较大,还必须进一步解决其小型化和轻量化的问题。

3）起动时间长并需提高系统耐振动能力。采用甲醇或汽油等作为燃料时,需要通过重整器进行重整,一般需要 10min 以上才能产生足够的氢气,比内燃机起动的时间长得多,影响了车辆的机动性。燃料电池发动机系统包括燃料电池本身和各种辅助设备,在车辆受到振动或冲击时,各种管道的连接和密封的可靠性需要进一步提高,以防止发生氢泄漏,降低氢的利用率,影响燃料电池的效率,严重时还会引发氢气燃烧事故。由于要求严格的密封,使得燃料电池的制造工艺很复杂,并给使用和维护带来困难。

7.1.3 燃料电池电动汽车的基本结构

燃料电池电动汽车的基本结构仍然保留了内燃机汽车的车身、行驶系统、悬架系统、转向系统和制动系统，不同之处在于它的驱动系统。

纯燃料电池电动汽车只有燃料电池一个动力源，汽车的所有功率负荷都由燃料电池承担。其主要缺点包括：燃料电池的功率大，成本昂贵；对燃料电池系统的动态性能和可靠性提出很高要求；不能进行制动能量回收。基于这些不利因素，目前的燃料电池电动汽车主要采用的是混合驱动形式，即在燃料电池的基础上，增加了一组电池或超级电容作为另一动力源。

图7-1是采用"燃料电池+蓄电池"（FC+B）混合驱动形式的燃料电池电动汽车的动力系统结构。考虑到目前燃料电池系统自身的一些特殊要求，例如，在燃料电池起动时空压机或鼓风机需要提前工作，电堆需要预加热，氢气和空气需要预加湿等，这些过程都需要提前向燃料电池系统供电；同时为了能够回收制动能量，将蓄电池和燃料电池系统组合起来形成混合动力驱动系统。该系统降低了对燃料电池的功率和动态特性的要求，同时也降低了燃料电池系统的成本，但却增加了驱动系统的复杂性，增加了驱动系统的重量和体积，增加了蓄电池的维护、更换费用。

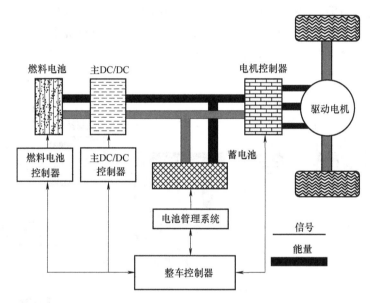

图7-1 "FC+B"混合电池汽车混合动力系统结构

根据燃料电池所提供的功率占整车总需求功率的比例不同，燃料电池混合动力汽车可分为能量混合型和功率混合型两大类。

在燃料电池电动汽车开发的早期，由于技术水平的限制，燃料电池的功率较小，还难以满足车辆的功率需求。在车辆行驶过程中，燃料电池只能提供整车功率需求的一部分，不足的部分还需要其他动力源如电池来提供，采用这种混合驱动形式的为能量混合型燃料电池电动汽车。能量混合型燃料电池电动汽车为了满足一定的性能指标，往往需要配备较大容量的蓄电池组，从而导致整车的重量增加，动力性变差，布置空间紧张。能量混合型燃料电池电动汽车的燃料电池可以经常工作在系统效率较高的额定功率区域内。但每次运行结束后，除了要加注氢燃料外，还需要用地面电源为蓄电池组充电。

随着燃料电池技术的不断成熟，燃料电池性能的逐渐提高，燃料电池所提供的功率比例越来越大，这样就可以减少蓄电池的容量，从而减轻车重，提高动力性能。为了回收制动能量,还需要一定数量的蓄电池,但蓄电池组只提供整车所需功率中的一小部分。燃料电池作为主动力源,蓄电池为辅助动力源,车辆需要的功率主要由燃料电池提供,蓄电池只是在燃料电池起动、汽车爬坡和加速时提供功率,在汽车制动时回收制动能量。采用这样的混合驱动形式的为功率混合型燃料电池电动汽车。

由于镍氢蓄电池或锂离子电池比能量及比功率较高,从而可以减少电池组的体积和质量,现在越来越多地被用于燃料电池混合动力汽车的辅助电池。但是,因为目前这些电池的价格仍非常昂贵,同时使用过程中电池的工作电压、电流、温度等变化与其安全有很密切的关系,所以往往需要配备专门的电池管理系统。

目前燃料电池混合动力汽车的驱动形式多种多样,除了上面介绍的"FC+B"外,近年来,在功率混合型燃料电池电动汽车上开始出现"FC+C"的驱动形式,即采用燃料电池与超级电容相组合,完全摒弃了寿命短、成本高和使用要求复杂的蓄电池。采用超级电容的突出优点是寿命长和效率高,能大大降低使用成本,有利于燃料电池电动汽车的商业化推广和应用。图7-2所示为采用"燃料电池+蓄电池+超级电容"(FC+B+C)驱动形式的燃料电池电动汽车的系统结构。该形式是在动力总线上再并联一组超级电容,用于提供/吸收加速和紧急制动时的峰值电流,从而减轻蓄电池的负担,延长蓄电池的使用寿命。

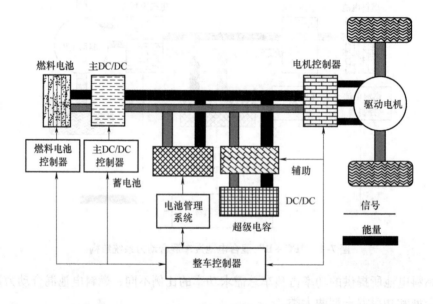

图7-2 "FC+B+C"燃料电池电动汽车的系统结构

燃料电池电动汽车不同动力驱动系统构型的分析和比较见表7-1。

表7-1 燃料电池电动汽车不同动力驱动系统构型比较

动力系统构型	FC 单独驱动	FC + B_DC/DC (功率混合型)	FC_DC/DC + B (能量混合型)
结构特点	结构最简单 无蓄电池,无法实现制动能量回馈	结构较复杂 蓄电池的重量、体积较小	结构较复杂 蓄电池的重量、体积较大

(续)

动力系统构型	FC 单独驱动	FC + B_DC/DC（功率混合型）	FC_DC/DC + B（能量混合型）
燃料经济性	最差	较优	最优
燃料电池寿命与安全性	当汽车功率需求较大时，燃料电池易发生过载，燃料电池要完全满足动态响应要求，难度很大 燃料电池系统寿命短	当汽车功率需求较大时，燃料电池发生过载的概率较小 燃料电池系统寿命较长	当汽车功率需求较大时，燃料电池可控制在最高效率点恒功率输出，不发生过载 燃料电池系统寿命长
整车动力性	能够满足整车动力性设计需求	能够满足整车动力性设计需求	能够满足整车动力性设计需求

7.1.4 技术发展趋势

当前，车用燃料电池技术发展方向逐渐明确，氢能质子膜燃料电池被确定为最适合车辆应用的燃料电池技术，技术攻关的目标是降低成本、提高可靠性和耐久性。

燃料电池电动汽车技术发展的趋势表现如下：

1）车载能源载体氢气化，制取多样化。经过对各种能源载体的比较和考核，基本摒弃了基于车载各种化石燃料重整制氢的技术途径，更多地采用了车辆直接储存氢气的方案，储存方式以高压气态为主；而氢气制取在制氢站完成，采取了基于本地资源特点的多种制氢途径。

2）燃料电池模块化和系列化。为了有利于提高可靠性和寿命、降低成本，燃料电池出现模块化趋势，单个燃料电池模块的功率范围被界定在一定的范围之内，通过模块的组装，实现不同车辆对燃料电池功率等级的要求。

3）燃料电池电动汽车动力系统混合化。在目前的燃料电池电动汽车动力系统中，已经不再采用最初的动力方案，而是采用燃料电池系统与动力蓄电池混合驱动的方式，这种混合动力驱动方案最早被我国科技人员采用，用于提高燃料电池的寿命、降低车辆成本，目前正在全世界范围内广泛采纳。

4）进一步开展示范燃料的技术考核。主要是通过各种示范运行，考核不同的氢气制取途径的技术并开展综合评估研究，考核燃料电池电动汽车技术对环境的适应性和在实际运行中可能出现的技术问题，并通过示范开展氢能燃料电池技术的公众宣传和知识普及。

7.2 燃料电池电动汽车的燃料电池系统

单独的燃料电池堆是不能发电并应用于汽车的，它必须和燃料供给与循环系统、氧化剂供给系统、水/热管理系统和一个能使上述各系统协调工作的控制系统组成燃料电池发电系统，简称燃料电池系统，才能对外输出功率。

如图 7-3 所示，燃料电池燃料供给系统与循环系统在提供燃料的同时，循环回收阳极排气中未反应的燃料。目前，最成熟的技术还是以纯氢为燃料，而且系统结构相对简单，仅由氢源、稳压阀和循环回路组成。

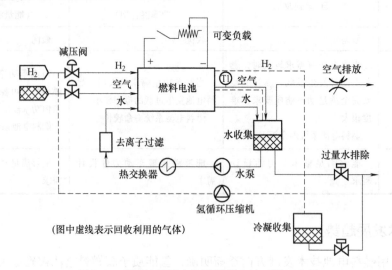

（图中虚线表示回收利用的气体）

图 7-3　典型的质子交换膜燃料电池系统示意图

燃料电池的功率密度随反应物氢和氧压力的升高而增大，所以目前有些燃料电池采用提高空气供给压力（一般是 202650～303975Pa）的方法来提高燃料电池系统的功率密度。但是空气在被加湿的情况下，由于水蒸气的存在，将减小氧气的分压，而且空气中大量的非反应物——氮气同时被加压，如果没有从燃料电池排出的空气当中回收能量的良好措施，则会大大降低质子交换膜燃料电池的净输出功率和系统效率，因此其作用受到了限制。这种空气加压系统的另一个问题是不可能提供较大的过量空气供给，因为过量空气供给系统效率较低，而大量的过量空气有助于改善燃料电池的性能。如果采用环境压力（常压）空气作为氧化剂，通过对膜加湿（取消对空气加湿、加压）、加大过量空气供给以及采用先进的冷却方法等一系列措施，则简化了结构，提高了效率，可以克服加压燃料的一些不足。还有一类燃料电池采用变压系统，即根据燃料电池的负荷来调节系统中空气和氢气的压力，虽然也表现出不错的性能，但结构比较复杂。

电池内部的水/热管理是燃料电池的难点和重点，也是电池性能好坏的关键。如图 7-3 所示，产物水首先通过燃料电池堆的反应区冷却电池堆本身，在冷却过程中水蒸气被加热至燃料电池的工作温度，被加热的水再与反应气体接触，起到加湿的效果。除了在加湿过程中部分热量被反应气体带走外，还需一个水/空气热交换器，将多余的热量带走，防止系统热量积累，造成电池温度过高。控制系统则根据负载对燃料电池功率的要求，或随燃料电池工作条件（压力、温度、电压等）的变化，对反应气体的流量、压力、水/热循环系统的水流速等进行综合控制，保证电池正常有效地运行。

该控制系统由功能不同的传感器、阀件、泵、调节控制装置、管路、控制单元等组成。随着电堆技术的日趋成熟，控制系统成为决定燃料电池系统性能和制造成本的瓶颈，因此必须对这些零部件进行系统的耐久性和安全性研究，并且制定适合车辆应用的统一标准。

燃料电池系统的主要研究热点包括：使用轻质材料，优化设计，提高燃料电池系统的比功率；提高质子交换膜燃料电池系统快速冷起动能力和动态响应性能；研究具有负荷跟随能力的燃料处理器；对电池或超级电容、氢气存储进行系统优化设计，提高系统的效率和调峰能力，回收制动能量等。

7.3　燃料电池电动汽车的发动机系统

图 7-4 所示为以氢气为燃料的燃料电池发动机系统。

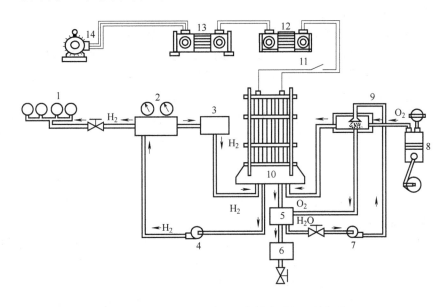

图 7-4　以氢气为燃料的燃料电池发动机系统示意图
燃料供应系统：1—氢气储存罐　2—氢气压力调节装置　3—热交换器　4—氢气循环泵
水循环系统：5—冷凝气、气水分离器　6—水箱　7—水泵空气（氧化剂）
供应系统：8—空气压缩机　9—空气加湿、去离子过滤装置
电气系统：10—燃料电池组　11—电源开关　12—DC/DC 变换器　13—逆变器　14—驱动电机

1）氢气的储存方式有低温液化氢、高温液化氢、高压气态氢气和储氢合金储存的氢气。氢气的装载容器要求能够保持低温、承受高压、可靠的密封和高效的安全防护。氢气供应系统的泵、管道、阀门和控制装置必须严密密封，在承受气体压力时是不允许有任何泄漏和锈蚀。氢气是无色、无嗅的气体，混合在空气中，很难察觉，在有条件的情况下，应在氢气中添加某种气味，以提高对氢气泄漏的警觉。管理模块还要能够对氢气系统和氧气系统中的压力、温度、流量和泄漏进行有效的监控，并在发生泄漏事故时能及时报警和自动关闭，以保证系统的安全。氢气供应系统应能实现自动控制。

2）氧气供应系统的泵、管道、阀门和控制装置等，也需要与氢气储存装置具有相同的密封性能。氧气供应系统应能实现自动控制。

3）产出物管理系统中主要是对水、热量的管理，水采用循环系统管理，热量用于预热和暖气。

4）电气系统包括动力 DC/DC 变换器、逆变器和各种控制开关等。

7.4 供氢系统

7.4.1 氢的基本性质

氢是自然界最丰富的元素之一。在地球上，氢主要以化合态形式存在于水和化石燃料中。氢的单质——氢气是一种无色、无味的气体，在0.1MPa和273K（绝对温度）状态下，密度为0.089g/L，是最轻的气体。

氢有气、液、固三态，氢的临界温度很低。气态物质临界温度的特性是，气态物质在温度高于其本身的临界温度时，无论施加多么大的压力也不能液化，只有当温度达到或低于临界温度时，加压才能液化。氢的临界温度是-239.96℃（33.19K），远远低于常温25℃（298.15K），在常温下氢为气态。氮气和氧气也属于临界温度远低于常温的气体，很难液化。而临界温度高于常温的气体就很容易液化，如水蒸气、氨气、二氧化硫等就属于易液化气体。因此氢液化时，往往不能依靠直接降温（因为低温源也很难得到），而只能够通过高压气体的绝热膨胀来获得所需要的超低温，然后才能液化。盛放液态氢的容器必须有小口，少部分液态氢的蒸发可以保持液态氢的低温。这就给液态氢的使用带来许多问题。因为逸散的氢气容易与空气混合，在与空气形成的混合气体中，当氢气的体积分数为4.0%~75.0%时，就成了爆炸性的混合物，有爆炸的潜在危险。

与物质的临界点有关的除临界温度外，还有临界压力和临界体积。氢的临界压力为1.298MPa，即在临界温度-239.96℃（33.19K）时，施加超过1.298MPa的压力，氢气便可液化。而在0.1MPa下，氢的液化温度为-252.75℃（20.4K），此时液氢的密度为71g/L。在同样的条件下，氢的凝固温度为-289.25℃（13.9K），固态氢的密度为89g/L，临界体积指在临界点时，每摩尔物质所占的体积。氢气经液化或固化之后，其质量密度和能量密度都大大提高，这对提高储存、运输和使用的效率比较有利。

总之，氢的各种性质决定了它是一种非常好的能量载体，其具有如下特点：
1）质量能量密度高，使用方便。
2）资源丰富，制取方法多，可获取性大。
3）可以大量存储和远距离运输。
4）是清洁能源。

因此，氢不仅可用作固定动力厂和生活用的能源，还可以用作各种交通运输工具的能源。目前，我国正在开展的燃料电池电动汽车研究中，质子交换膜燃料电池是近几年研究最广泛、技术发展最为迅速的燃料电池。由于其电解质采用高分子膜，具有构造简单、起动快、工作温度较低等优势，最适宜为汽车等交通工具提供动力。而且由于质子交换膜燃料电池具有很高的比能量和比功率，可以实现零排放，具有低温起动等优点，是未来电动汽车最理想的动力源。氧是质子交换膜燃料电池中常用的氧化剂，它能很方便地从空气中获取。氢气是燃料电池常用的燃料，而在地球上单质氢是极少的，在某些特定条件下，有些地壳中虽然也有氢存在，但都难于开采与收集。因此，解决氢原料问题比解决燃料电池本身更有其重要意义，未来大规模推广使用燃料电池必须要解决氢原料问题。下面就分别对氢的制备、分离纯化、输配、储存以及氢安全等问题进行探讨。

7.4.2 氢的制备方法

1. 化石燃料的转化

1) 天然气或裂解石油气制氢。天然气或石油气裂解制取氢是现在大规模工业制氢的主要方法。

2) 焦炭或白煤制氢（水煤气法）。

3) 甲醇制氢。

化石燃料制氢是制氢的主要方法，途径很多，表7-2列出了可供选择的途径，也包括氨、肼等化学原料的制氢方法。从规模制氢的角度看，化石燃料制氢技术成熟，与其他方法相比，成本较低，能耗较小。

表7-2 化石燃料制氢方法比较

制氢方法	优 缺 点
天然气重整	运输与存储转化技术成熟，气体纯净，费用低；产物中CO需分离或进一步氧化
水煤气法	费用低；产物中CO需分离或进一步氧化，可能含尘与硫
烃水蒸气重整	转化温度高，催化剂易失活
烃部分氧化	转化温度高，催化剂易失活
烃自热重整	原料供给方便，可自行维持热平衡，产物中CO含量低；需高活性和稳定性的催化剂
醇水蒸气重整	转化温度低，氢浓度高，产物中CO含量低；需高活性和稳定性的催化剂
醇分解	转化温度低；需高活性和稳定性的催化剂氢浓度高，产物中CO含量高
醇自热重整	可自动热平衡，产物中CO含量低，适于整车使用，原料供给方便，需高活性和稳定性的催化剂
氨分解	产物中无CO；转化温度高
肼分解	可自动热平衡；有毒易爆

2. 水电解制氢

纯水是电的不良导体，因此电解水制氢时要在水中加入电解质来增大水的导电性。

作为电解水电极的最理想金属是铂系金属，但这些金属非常昂贵，因而在实际生产中采用的是镀微量铂的镍电极或镀镍的铁电极，电解时两电极之间的电压约为1.5V，电解水的电解装置主要分为槽式和压滤式两种。

为了将阴阳两极分别产生的氢气和氧气分开，以取得纯净的气体，也为了避免氢气与氧气互相混合造成意外事故，阴极和阳极之间常用以镍铬丝网为衬底的石棉布分开，分成阴极室和阳极室，分别用导管并联，把产生的气体导出。隔膜布的微孔允许K^+和OH^-离子通过，但又使电解液在微孔处有足够大的表面张力，可以防止气体渗过。

3. 含氢工业尾气回收氢

从合成氨、炼油厂等大型工业排放气中可以回收氢。从有关统计数据可知，有些化工厂的排放气中含氢的比例还是相当高的，如氯碱厂尾气、CO厂尾气、芳烃生产厂尾气、乙烯厂尾气、甲醇厂排放气等工业排放气中的氢含量分别为99.86%、97.0%、96.6%、84.4%、80.0%。

4. 可再生资源制氢技术

可再生资源制氢技术主要包括生物质制氢、太阳能光解制氢、城市固体废物气化制氢等技术，从可再生资源获取能源被认为是人类解决化石能源日益枯竭问题的有效途径之一。

5. 车载制氢技术

可用于车载制氢的燃料可以是醇类（甲醇、乙醇、二甲醚等）、烃类（汽油、柴油、甲烷、液化石油气LPG等），其他类型的物质也可以作为制氢原料，如金属或金属氢化物等。

7.4.3 氢分离纯化技术

提纯氢气主要有三种方法，即深冷分离法、变压吸附法（PSA）和膜分离法。深冷分离法是将气体液化后蒸馏的方法，适宜在大量制造氢气时使用，产品纯净。变压吸附法是基于不同气体在吸附剂上的吸附能力不同而实施的分离方法。膜分离法是基于气体透过高分子薄膜的速率不同而实施的分离。变压吸附法和膜分离法这两种属"后起之秀"的技术目前也已足够成熟，各有其独特的优点。与深冷分离法相比，这两种技术不必把氢气进行深冷液化，因此能耗较低。表7-3比较了这三种分离方法的技术特点及应用范围。

表7-3 适于氢气分离的深冷分类法、变压吸附法及膜分离法的比较

项 目	深冷分离法	变压吸附法	膜分离法
原理	据沸点不同进行液化、蒸馏	在吸附剂上吸附、脱附	膜的选择性透过
装置规模	大（标况下）	中、小（标况下）	中、小、超小（标况下）
气体纯度	非常高	非常高	高
产品形态	液态或气态	气态	气态
优缺点	可大规模生产，产物含水最低	无噪声，产物含水量低；吸附塔需自动切换，吸附剂寿命不长	低压，安全，操作连续、简单，无噪声；产物含水最高

不同的氢储运及车载应用方式对氢气的纯度要求不同。高压氢选用的是纯氢，而其他的氢储运方式所用的氢气则必须为高纯氢或超纯氢，并且氢气的纯度越高则成本越大。

7.4.4 氢的输配

氢的输配方式多样，具体采用何种输配方式要根据氢的用途、使用方式、地点、用量大小、用户的分布情况、输氢距离和输氢成本等因素综合考虑。

根据输送过程中氢的状态不同，可以分为气体氢输送、液体氢输送和固体氢输送，前两种是目前已在使用的方式。针对不同的输送距离、用氢要求和用户的分布情况，气体氢或液体氢可以采用管网方式，或通过储氢容器装在车、船上进行输送。管网输送一般适合于短距离、用户集中的输配场合；而车船转运则适合于运输距离远、用户分布比较分散的场合。

随着燃料电池电动汽车技术的不断发展，燃料电池电动汽车的数量不断增加，氢的生产和供应问题将成为一个制约燃料电池电动汽车发展的瓶颈。在当前的技术发展状况下，中短期内可以采用的氢生产、储存和运输的方法主要有如下几种：

1) 采用天然气为原料重整制氢。氢气可由大型重整制氢厂大规模集中生产，根据加氢站的分布范围不同，氢气分别通过车船或小规模管网等方式运到加氢站，为车辆进行液体氢

加注或以高压氢方式加注；也可利用现有的天然气汽车加气站管网，进行天然气站内重整制氢，制取的氢气储存在高压容器中，然后为车辆进行氢加注。图 7-5 和图 7-6 为天然气重整制氢的输配流程图，其中图 7-5 为车船输配方式，图 7-6 为管网输配方式。

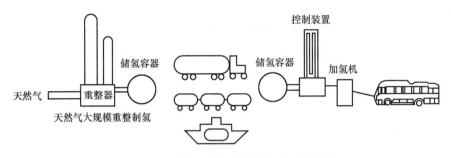

图 7-5　天然气重整制氢的车船输配流程图

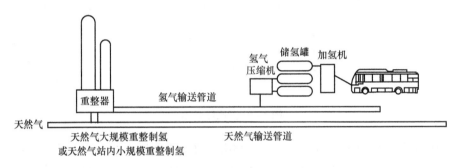

图 7-6　天然气重整制氢的管网输配流程图

2）氢气由化工厂或炼油厂的副产品尾气中获取，进行分离纯化后，通过车船或管网等方式运到加氢站，为车辆进行液氢加注或高压氢方式加注。

3）电解水制氢。一般有两种方式：一种是采用电解水制氢站方式生产氢，就地储存加注；另一种是由专业的电解水制氢工厂生产氢气，通过车船或管网等方式运到加氢站。

为使燃料电池电动汽车能普及推广，必须为氢的输配建设必要的配套设施。上述提出的各种输配方案在实施时还需全面综合分析比较，即对氢制备后到加氢站之前，包括氢纯化分离、储存运输过程中各种方法的能耗及费用进行比较。

从能耗方面比较，氢的压缩或液化是耗能的主要过程。金属储氢的效率高，但长距离公路运输耗能大，液氢的效率最低（因氢液化耗能很大）。而长距离运输，铁路比公路有优势。

对于费用的比较，一般管道压缩氢气的储运方法比其他方法更经济。液氢的费用主要在于氢的纯化及液化费用和液氢储罐的折旧。金属氢化物储氢方法经济性较差，因为超纯氢的制备费用很高，低的储氢容量导致运输费用很大，储氢材料的费用也很高。

在可实用的氢储运方法中，综合考虑成本、能耗、技术可行性等多种因素，高压氢气储运虽然安全性差，但还是目前燃料电池电动汽车规模化应用较可行的方案。

7.4.5　燃料电池电动汽车车上供氢系统

燃料电池电动汽车车上供氢系统可分为车载制氢和车载纯氢储存两类。车载制氢技术已在前述氢的制备方法最后部分中介绍，在此只介绍车载纯氢储存技术。

车载纯氢储存方法主要分为高压储氢、液态储氢、金属储氢、活性炭吸附储氢和碳纳米材料储氢等几种。

1. 高压储氢

（1）储氢瓶　目前，国际上研发氢燃料电池汽车的主流企业，多采用高压气态车载储氢方式。用于气态高压储氢的储氢瓶分为四个类型：钢瓶（Ⅰ型）、纤维环向缠绕钢瓶（Ⅱ型）、金属内胆纤维全缠绕复合材料气瓶（Ⅲ型）和塑料内胆纤维全缠绕复合材料气瓶（Ⅳ型）。其中，Ⅰ型瓶和Ⅱ型瓶重容比大，不适用于车载供氢系统。Ⅲ型瓶和Ⅳ型瓶因采用了纤维全缠绕结构，具有重容比小、单位质量储氢密度高等优点，已广泛应用于氢燃料电池汽车，见图 7-7。

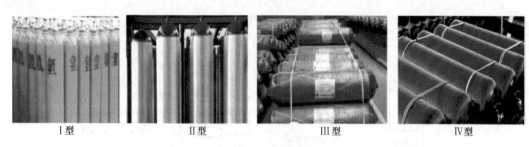

图 7-7　高压储氢瓶

储氢罐内胆使用铝合金材料制造，用增强碳纤维缠绕而构成外壳储氢罐，储氢压力从早期的 35MPa 提高到现阶段的 70MPa，储氢量较之前增加 30%。丰田现今拥有 35MPa 和 70MPa 两种氢燃料电池汽车用高压储氢罐技术，其特点是，为防止氢泄漏，在内胆的衬套上覆盖一层具有高强度防渗漏功能的尼龙树脂，并使用碳纤维（在相同体积下，此材料的重量仅为铁的 1/4，而强度则是铁的 10 倍，除用于储罐外，还用于车身制造等）缠绕外侧，从而构成双重结构。据称，此种新型结构的储氢罐甚为安全可靠，使用寿命可达 15 年，超过了汽车通常的使用年限。

目前，美国开发出了采用了高密度聚乙烯（HDPE）内胆碳纤维全缠绕结构高压储氢气瓶，Hexagon Lincoln Inc 公司已能生产公称工作压力达 95MPa 的Ⅳ型瓶。对于高压储氢罐的制造来说，Hexagon Lincoln Inc 是拥有世界最先进的树脂衬里制碳纤维强化压力罐的制造商。

铝内胆碳纤维全缠绕高压储氢气瓶属于Ⅲ型，是我国高压储氢气瓶发展的重点。我国自主生产的 35MPaⅢ型瓶已经应用于氢燃料电池客车及物流车，在 2017 年中国国际能源峰会及展览会上，我国多个公司都展示了 70MPa 铝质内胆碳纤维缠绕储氢瓶，表明我国已拥有自主研发生产 70MPaⅢ型瓶的能力。

（2）燃料电池氢气供应子系统　氢气供应子系统如图 7-8 所示，主要包括储氢罐、压力调节阀、氢气循环泵、加湿器、水分离器以及管路等，用以将质子交换膜燃料电池发动机正极侧的氢气处理到合适的条件。完整的氢气供应子系统结构原理如下：

氢气罐储存的高压氢气经多级减压后进入压力调节阀，由压力调节阀控制进入质子交换膜燃料电池阳极的氢气压力。压力调节阀有电动压力调节阀与机械压力调节阀两种类型。电动调节阀就是由燃料电池发动机的控制指令通过调节调节阀控制气体的压力；机械压力调节

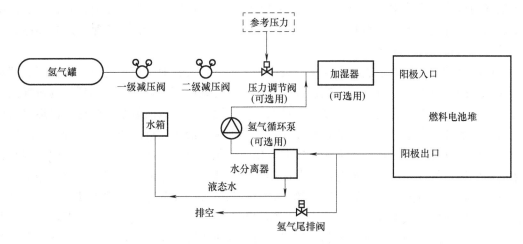

图 7-8 氢气供应子系统

阀则是以燃料电池阴极侧空气压力作为参考值,利用阀内的机械结构来控制阳极侧氢气的压力,并确保阴阳极侧的压力差在安全范围内。如果是低压质子交换膜燃料电池发动机,则由多级减压阀直接减到某一压力值即可,因此压力调节阀就可以取消。

目前对于氢气侧湿度的处理方式有两种方法:一种方法是不对氢气侧采用外加湿方式进行加湿,其优点是结构简单,但缺点是燃料电池的性能往往下降较快且可靠性差,并且采用这种方式工作时燃料电池的排氢频率相对较高,不利于提高氢气利用率;第二种方法是采用加湿器对氢气进行加湿,其优点是能够对氢气进行可靠加湿,燃料电池工作性能较稳定,缺点是系统结构相对复杂。

而利用氢气循环泵可将燃料电池阳极出口处高温高湿度的尾排氢气与高压储氢罐提供的干氢气进行混合以提高阳极入口处的氢气温度和湿度。这样既能使系统结构不至于太复杂,又能对氢气进行有效加湿,保证了燃料电池性能的稳定性和可靠性,并且可以低排氢频率,提高氢气利用率。

高压储氢的优势表现在:动力响应好,能在瞬间提供足够的氢气保证高速行驶,也能在瞬间关闭阀门,停止供气;零下几十度低温环境下也能正常工作;加氢速度快,加满一辆公交车储氢瓶不超过 10min,而加满一辆乘用车只需 3~5min。

2. 液态储氢

车载液氢储氢系统主要由液氢储罐、压力控制装置及管路等组成。其中液氢储罐对于客车来说,通常为直径 420mm、长 5m 的圆柱体,一般需设在车顶上部;而对于轿车及轻型车通常可设在车座下或侧后方。

典型的液氢储罐结构如图 7-9 所示,

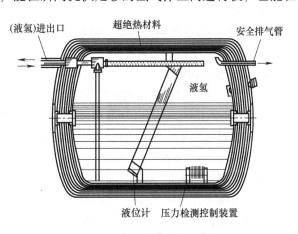

图 7-9 液氢储罐结构示意图

由于氢气的液化温度非常低，通常在-253℃以下，其结构设计主要考虑绝热问题。从图中可以看出，其外壳由超绝热材料包裹，设有（液氢）进出口、安全排气管；其内部还装有液位计和压力检测控制装置。

为使液氢储罐更好地绝热，还需配备真空压力控制系统，通过该系统可以控制液氢储罐内外壳之间的真空度，调节真空绝热程度，从而控制传到内壳的热流，以达到控制氢气输出压力的目的。液氢在汽化过程中要吸收大量的热量，因此在车载液氢系统中还应包括热交换和压力调节系统，即通过内部电加热和外部热交换来调节液氢储罐的压力。内置电加热器和外设热交换器都可以提供热量，加速液氢的汽化，控制容器内部氢气的压力，以便根据燃料电池的需要提供氢气。由于内置电加热器加热时需耗费大量的电能，使用起来也不经济。更好的方法是在容器内放置热盘管，通过热盘管，一部分被分离和加热过的氢气被返回，将热量传给液氢储罐内的气态或液态氢，再由外部的热交换器的热水加热。这样的循环更容易通过三通阀对罐内的压力变化进行控制，当液氢储罐内压力降低时，被加热的氢气开始在储罐和外回路之间进行循环。这种方法的主要优点是冷却水中的热量可被再利用，并且在液氢储罐内不需要加装其他部件。

3. 金属储氢

金属储氢是指采用金属与氢所形成的金属氢化物进行储氢的方法。将金属氢化物加热，则金属氢化物分解脱氢而获得氢气。金属氢化物储氢与高压储氢相比的特点如下：

1）单位质量的储氢量并不高，储氢材料加上容器后，单位质量的储氢量低于高性能材料的压力容器。

2）单位体积的储氢容量有所提高，为0.05kg/L。

3）储氢压力为1~2MPa，远低于高压容器压力，提高了安全性，对充氢站要求及其充氢能耗要求皆降低。

4）金属氢化物对氢气中的少量杂质如O_2、H_2O、CO等有较高的敏感度，高于燃料电池电极催化剂的敏感度，因而提高了对原料氢的品质要求。

5）金属氢化物存在机械强度、反复充放后的粉碎等问题。目前金属氢化物可反复充放的次数不多且价格高，因此用金属氢化物储氢的方法在燃料电池电动汽车上运行不经济，费用还是很高。

6）储存金属氢化物的容器要能够耐高压，还要有足够的换热面积，能够迅速传递吸氢和放氢反应过程中释放或者需要的热量。

4. 活性炭吸附储氢

活性炭低温吸附具有相当好的储氢能力，在-196℃、4.2MPa时，活性炭的储氢质量百分比约5%。但是考虑到-196℃的低温及4.2MPa的压力，兼有高压容器法和液氢法的弱点，要在燃料电池电动汽车上的应用可能性很小。

5. 碳纳米材料储氢

纳米碳管被认为是一种非常有潜力的高容量储氢材料。曾有报道，在12MPa下，每克纳米石墨纤维可存储氢气2g，比现有各种储氢技术的储氢容量都要高出1~2个数量级。然而，目前对此报道的结论仍有很大争议，还不能评价其应用前景。而另一些研究者则称，纳米碳管在室温下的储氢质量百分比达到6.5%（满足美国能源部燃料电池电动汽车对储氢材料要求的基准），但这一结果仍有待进一步验证。此外，纳米碳管目前还未解决规模制备的问题，且价格高。即使纳米碳管有较高的储氢容量，但纳米碳放氢难，放氢的容量低，放氢速率低，实际应用困难。其技术的发展还难以预测，近期要在燃料电池电动汽车上应用的可能性较小。

不同的储氢方法对氢气纯度要求也不尽相同。高压储氢用的是纯氢，而其他的储氢方法要求是高纯氢或超纯氢，因此导致氢的提纯分离能耗成本也很高。

车载储氢方案的燃料链中，氢的储运是瓶颈，成本是关键。我国发展燃料电池电动汽车的过程中，在样车研制和示范运行阶段，可选用的方案是高压储氢和金属储氢。在储氢方案中，从成本与能耗看，高压储氢具有一定的优势。

7.4.6 氢气泄漏检测与控制措施

氢能作为一种二次能源，近年来因其具有无污染、原料来源、储量丰富以及易于与其他能量形式互换等优势得到了极大的发展。以氢能作为能量来源的燃料电池以其使用效率高、绿色环保等特点在汽车技术上得到了较好的运用，与传统内燃机汽车和纯电动汽车相比，有着诸多优势。

燃料电池电动汽车车载供氢系统的功能类似于传统内燃机汽车的燃油储存与供给系统，其作用就是为燃料电池提供燃料供给。但是，由于氢气本身的一些特性决定了与内燃机汽车的燃油储存与供给系统的差别。例如，目前采用较多的高压储氢方式，因燃料箱需要承受高压，在管路上需要安装减压器等；由于氢气具有流动性，因而不需要燃料泵；由于氢气是一种可燃性气体，在整个系统中需要增加泄漏检测与安全控制系统。

1. 氢气泄漏传感器类型

根据氢气泄漏传感器的工作原理可将其分为催化燃烧式、半导体式。目前燃料电池电动汽车上采用的一般是半导体式。根据测试要求的差异，通常会采用两种氢气传感器：一种是低量程传感器，例如 TGS821（$500 \times 10^{-6} \sim 5000 \times 10^{-6}$）传感器，该传感器灵敏度高，在低氢气浓度下一致性好；另一种是高量程传感器，如 TGS813（$1000 \times 10^{-6} \sim 10000 \times 10^{-6}$）传感器，该传感器能测量较高浓度的氢气。两种传感器的电路部分相同，供电电压分别为5V和12V。

2. 氢气泄漏检测方法

燃料电池车载供氢系统使用之前应进行气体泄漏检。常规的检查方法就是向供氢系统通如氮气或者氦气等惰性气体，用气泡检测（水下）或者皂泡试验，检查所有连接点。灵敏度较高的检测方法有超声波法、卤素火焰法以及氦质潜仪泄漏检测仪法等。

实例：对燃料电池系统氢气分系统进行气密性检测，介质为氮气。在1.5MPa条件下用检漏液进行中压段的检测，在0.05MPa条件下对低压段（包含对燃料电池外漏和内漏的检测）进行检测。

1) 氢气分系统外漏测试。将气瓶的气体检测管路和氢气进口、空气进口和冷却水进口连接好，并将出口堵住，通过减压阀将气体调节到0.05MPa，读流量计中气体的流量值，如图7-10所示。

2) 电堆氢气侧到空气侧内漏测试。连接气瓶的气体检测管路和氢气进口，连接空气进口和排水量筒，堵住其他接口，调节氮气到0.05MPa，1min后读排出水的量就是内漏到空气侧的量，如图7-11所示。

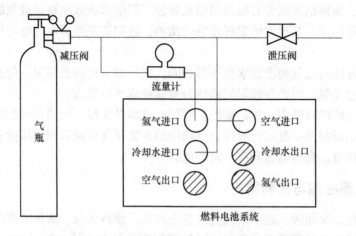

图 7-10　燃料电池氢气分系统外漏测试原理图

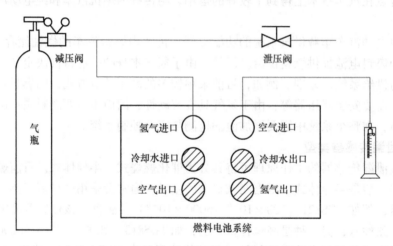

图 7-11　电堆氧气侧到氢气侧内漏测试原理图

3）电堆氢气侧到冷却水侧内漏测试。连接气瓶的气体检测管路和氢气进口，连接冷却水出口和排水量筒，堵住其他接口，调节氮气到 0.05MPa，1min 后读排出水的量就是内漏到冷却水侧的量，如图 7-12 所示。

3. 氢气安全控制策略

燃料电池电动汽车氢气供给及安全报警系统的主要元件有氢气传感器、温度传感器、湿度传感器、压力传感器、氢气瓶温度传感器、氢气瓶电磁阀、总电磁阀、蜂鸣器、系统控制等。

4. 采取措施

车载氢气系统安全措施应从预防与监控两方面着手。

从预防的角度来说，图 7-13 所示车载氢气安全系统实例为预防的好例子。

气瓶安全阀：当气瓶中氢气压力超过设定值后能自动泄压。例如气瓶瓶体温度由于某种原因突然升高造成气瓶内气体压力上升，当压力超过安全阀设定值时，安全阀自动泄压，保证气瓶在安全的工作压力范围之内。

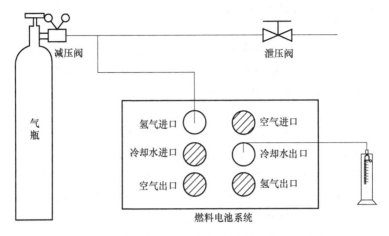

图 7-12　电堆氢气侧到冷却水侧内漏测试原理图

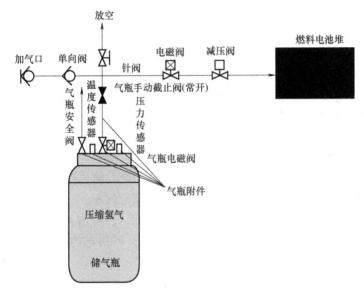

图 7-13　车载氢气安全系统实例

温度传感器：气体的温度信号发送到驾驶室仪表板上，通过气体温度的变化可以来判断外界是否有异常情况发生。例如，在气体温度突然急剧上升时，若非温度传感器出现故障，则在氢气瓶周围可能有火警发生。

压力传感器：主要用于判断气瓶中的剩余氢气量，保证车辆的正常行驶。

气瓶电磁阀：主要起开关气瓶的作用，与氢气泄漏报警系统联动，一旦泄漏氢气浓度达到保护值能自动关闭，从而达到切断氢源的目的。

气瓶手动截止阀：通常处于常开状态，当气瓶电磁阀失效时能手动切断氢源。

从监控的角度来说，车载氢气系统的安全措施主要是指安装氢气泄漏传感器。由于氢气传感器的测量原理不同，造成了其测量灵敏度及测量范围的差别，主要有半导体式、催化燃烧式、电化学式以及光化学式等。根据不同的要求，在车上对氢气传感器类型、数量以及布置的位置均有一定的要求。所有传感器信号应直接传送到仪表板的醒目位置，及时通知驾驶人。

燃料电池轿车氢气供给及安全报警系统通过试验达到了计划控制的目标要求，氢气浓度在 1000×10^{-6}、5000×10^{-6} 和 10000×10^{-6} 时分不同级别报警，实现了各个传感器和控制器之间的快速响应联动。温度、湿度和氢气浓度传感器的有机结合提高了氢气传感器判断的精度和可靠性。

目前有关车载供氢气系统安全的研究还不是很多。另外，氢安全不应局限于氢气本身，还应从燃料电池电动汽车整体考虑。由于燃料电池电动汽车本身涉及电气设备以及高压电，因此电安全对车载供氢系统的安全性有着不可低估的作用。另外，有关氢能安全，特别是车载供氢系统安全的法规不是很健全。因此，我们要加强氢能安全研究，包括实验研究和计算机模拟研究等，增加人们对氢安全性的认识，同时设计更有效的安全措施，为氢能的广泛利用保驾护航。

7.5 能量管理

燃料电池电动汽车按照驱动系统来分，有纯燃料电池驱动系统和燃料电池与辅助动力源组成的混合驱动系统两种形式。纯燃料电池驱动系统只有燃料电池一个动力源，汽车的所有功率负荷都由燃料电池承担。它的主要缺点如下：

1）燃料电池功率大，成本高。
2）对燃料电池系统的动态性能和可靠性提出了很高的要求。
3）不能进行制动能量回收。

为了有效解决上述问题，必须使用辅助能量存储系统，将之作为燃料电池系统的辅助动力源，和燃料电池联合工作，组成混合驱动系统共同驱动汽车。

燃料电池电动汽车上的主动力源是燃料电池（FC），可应用的辅助动力源有蓄电池（B）、超级电容器（UC）和超高速飞轮（FW）。目前，燃料电池和辅助动力源混合驱动系统形式有以下几种：FC + UC、FC + FW、FC + B 和 FC + B + UC。这其中，各大研究机构普遍研究的是 FC + B 混合驱动形式。

传统内燃机混合动力汽车合成了内燃机与电机的驱动力，在两个动力源之间进行动力分配。在燃料电池混合动力电动汽车（FCHEV）中则是电与电的合成，即要进行的是功率分配。燃料电池混合动力电动汽车的驱动电机、电池以及燃料电池之间存在复杂的功率输入、输出关系。目前按它们之间分配的控制策略来分，可分为两种控制模式，即功率跟随模式和开关模式。

开关模式的基本思想：对燃料电池进行最优控制，即以最低氢气消耗为目标调节燃料电池，使其在某一工作点工作，该工作点是燃料电池的最佳效率点，使燃料电池始终工作于相对低的氢气消耗区，由蓄电池作为功率均衡装置来满足具体的汽车行驶功率要求。

功率跟随模式的基本思想：当蓄电池荷电状态在蓄电池荷电状态最低设定值与蓄电池荷电状态最高设定值之间时，燃料电池应在某一设定的范围内输出功率，输出功率不仅要满足车辆驱动要求，还要为蓄电池组充电，该功率称为均衡功率（即蓄电池进行能量补充使其在最佳的荷电状态）。

7.6 典型的氢燃料电池汽车

7.6.1 本田系列氢燃料电池汽车

本田燃料电池车首次亮相于 1999 年，到现在其燃料电池汽车的发展已经发生了很大的变化。本田新一代的燃料电池汽车 FCX Clarity（图 7-14），以本田独创的燃料电池堆技术为核心实现了燃料电池汽车所特有的 CO_2 零排放。

本田 FCX Clarity 的驱动电机可从燃料电池获取 100kW 的电功率，在 13500r/min 的转速时可提供 98kW 功率及 256N·m 的转矩，全新 2017 款本田 FCX Clarity 燃料电池车续驶里程能力达 589km，在美国所有零排放汽车（包括燃料电池和电池电动车型）的续驶里程评级中位居第一，燃油经济性评级为 28.9km/L 汽油当量。

图 7-14　2017 款本田 FCX Clarity 燃料电池车

1. 动力系统布置结构

由此款燃料电池汽车的动力结构透视图（图 7-15）可见，氢燃料存储装备布置在车身的下方，燃料电池则放置在车中部。锂电池作为辅助的动力电池布置在车后部通过驱动电机直接驱动燃料电池汽车的前轮。

2. 燃料电池堆

FCX Clarity 搭载本田新开发的燃料电池堆"V Flow FC Scatk"（图 7-16），采用本田独创的氢气和空气竖直流动的"V Flow 电池单体结构"，还采用使氢气和空气波状流动的"波状隔板"。新型燃料电池堆的最高功率可提升至 100kW，与上一代燃料电池堆相比，体

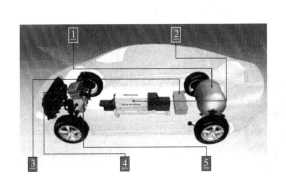

图 7-15　本田 FCX Clarity 动力结构透视图
1—储氢罐　2—燃料电池堆　3—锂电池
4—能量驱动单元　5—驱动电机

图 7-16　燃料电池堆

积功率密度提高50%，质量功率密度提高67%。低温起动性能提升至-30°以下。Clarity燃料电池堆的直角造型使它便于安装在轿车上。垂直结构还可以更有效地提升燃料电池冷却、氢电转换效率和低温下的工作性能。电池是垂直分布的，因此表面的水分会向下排出，使它不会结冰。来自燃料电池的电流对288V的锂电池组进行充电或者驱动电机进行工作。

3. 动力电池组

本田合作开发的紧凑型锂电池的FCX Clarity燃料电池电动汽车（FCEV）中，锂电池作为一个补充电源，取代了在早期FCX原型车中的超级电容，其体积适合安放在车辆后部，从而节省空间。

4. 驱动电机

FCX Clarlity采用功率达100kW的交流永磁同步电机，最大输出转矩为189N·m。与上一代相比，整体动力单元的质量功率密度提高1倍，体积功率密度提高1.2倍，实现了轻质小型化和高功率的高度统一。此外，节能性提高20%，续驶里程提高30%。

7.6.2 奥迪Q5 HFC

HFC三个字母代表的是混合燃料电池。两个70MPa高压罐可以储存3.2kg氢气。低温氢燃料电池的功率可达98kW。混合锂电池容量为1.3kW。靠近车轮的两个电动机最高功率可达90kW，最大转矩可达420N·m。

奥迪Q5 HFC（图7-17）可在13.4s之内加速到100km/h，最高速度可达160km/h。

氢气的利用非常节约和高效，燃料电池的能量转换效率可以达到50%以上。该车型实现了500km的最长续驶里程，而且其"加油"时间也不比采用传统驱动系统的车型长。

图7-17 奥迪Q5 HFC动力结构透视图

如图7-18所示，奥迪Q5 HFC采用氢燃料电池和锂电池共同为前轮驱动提供电能，这款车与传统前驱车不同，采用轮毂电机，因此可以实现左右前轮的动力分配，而后轮不参加驱动。

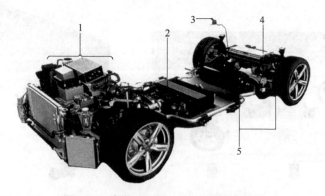

图7-18 奥迪Q5 HFC动力结构布置图
1—燃料电池系统和驱动电机 2—燃料电池堆 3—氢气供应系统 4—动力电池组 5—储氢罐

7.6.3 我国氢燃料电池车的研究与发展

"超越系列"燃料电池汽车。

同济大学、上汽等早在21世纪初就开始了燃料电池汽车的研发,技术领先程度并不逊于国外同行。2002年所研制的"超越1号"氢燃料电池车露面,随后几年、诞生了"超越2号""超越3号"以及上海牌燃料电池车,其搭载的氢燃料动力系统不断提升。

"超越2号"和"超越3号"燃料电池汽车,分别参加了2004年和2006年必比登国际新能源汽车挑战赛,与美国通用、福特,德国大众、戴姆勒—克莱斯勒以及日本等汽车公司研制的燃料电池轿车同场竞技,在7项技术测试中分别取得5项和4项技术A级奖,综合成绩名列前茅,而且燃料经济性和车外噪声测试指标位列第一。

与"超越1号"燃料电池汽车不同的是,"超越2号"燃料电池汽车的所有关键零部件都由我国自主开发。"超越2号"燃料电池汽车采用桑塔纳为原型车装配而成,每100km氢消耗量从"超越1号"的1.39kg下降到1.03kg。与"超越1号"相比,"超越2号"起跑"爆发力"大有提高,从起步加速到100km只需26.7s,比"超越1号"整整缩短了约20s,最高速度118km/h,续驶里程达到197km。"超越2号"采用了完全由我国自主开发的驱动电机、来替代"超越1号"的进口电机。整车质量减少150kg,燃料电池功率提高6kW,且可靠性和稳定性都超过了进口燃料电池。

"超越3号"的最高时速达到123km/h,0—100km/h的加速时间为19s,一次加氢的续驶里程为230km,燃料经济性为1.132kg。

超越系列燃料电池汽车动力系统平台有两大特点:第一,主动力源FCE提供持续的平均驱动功率、辅助动力源锂离子动力辅助电池提供加速所需的瞬态附加功率,从而可大大降低燃料电池的容量,降低对燃料电池的瞬态响应要求,并可实现再生制动能量回馈,提高运行经济性。第二,采用恒流控制的DC/DC变换器与FCE串联,实现FCE与锂离子辅助电池输出功率的汇流,可按FCE实际输出能力较精确地控制FCE的功能输出;很好地实现燃料电池输出阻抗与驱动电动机逆变器输入阻抗的匹配,并可大大增加整个动力系统的可靠性。"超越系列"燃料电池汽车动力系统结构如图7-19所示。

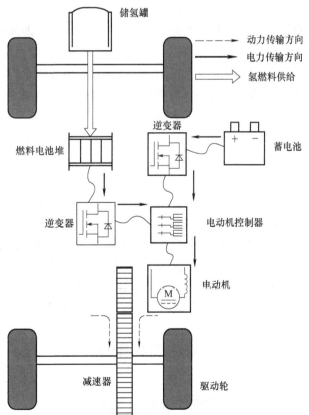

图7-19 "超越系列"燃料电池汽车动力系统结构

第8章 混合动力电动汽车

由于实用的混合动力汽车是由内燃机和驱动电机两种动力混合作为输出,因此称为油电混合汽车,本书的"混合动力汽车"特指油电混合动力汽车。从能量源来看,"油"可以代表汽油、柴油,甚至是天然气,"电"是以蓄电池、电容、储能飞轮三种形式储能,但三者储存的能量都是由内燃机带动的发电机发出的,即此时"电也是油"。

早在20世纪初,混合动力电动汽车就已经出现在汽车市场上。1899~1919年,美国芝加哥有一家伍得斯汽车公司(Woods Motor Vehicle Co.)专门生产各种型号的电动汽车。1916年它曾推出过一款伍得斯双动力汽车(Woods Dual Power)。这是一辆并联式混合动力电动汽车,除了电机驱动外,还装有一台约8826W的4缸汽油机,用于高速行驶及对蓄电池充电。在纯电动模式下,它的最高车速为32km/h。两种驱动系统都工作时,最高车速可达58km/h。当时该车的售价为2700美元。

60多年后,由于第一次能源危机和环境保护、全球变暖问题的影响,进而提高了对汽车燃油经济性和减少二氧化碳温室气体排放的关注,人们又重新对混合动力电动汽车产生了兴趣。1976年美国能源部审定了《电动和混合动力车辆研究、开发、示范法令》,以推动、鼓励和支持混合动力车辆的研究和开发。此后世界各主要汽车厂商都投入巨资来开发混合动力电动汽车,取得不少成果,特别是日本的丰田汽车公司和本田汽车公司。1993年,美国政府又制定了PNGV计划,其主要目标是开发燃油经济性比现有车辆好的汽车,并充分考虑加利福尼亚州零排放车辆的要求,以便参与汽车市场的商业竞争。

8.1 混合动力电动汽车概述

8.1.1 混合动力电动汽车的定义

参考国际能源组织(IEA)的有关文献,其对混合动力车辆做出定义,认为能量与功率传送路线具有如下特点的车辆称为混合动力车辆:

1)传送到车轮推进车辆运动的能量,至少来自两种不同的能量转换装置(例如内燃机、燃气涡轮、斯特林发动机、电机、液压马达、燃料电池)。

2)这些转换装置至少要从两种不同的能量储存装置(例如燃油箱、蓄电池、飞轮、超级电容、高压储氢罐等)吸取能量。

3)从储能装置流向车轮的这些通道,至少有一条是可逆的(既可放出能量,也可吸收能量),并至少还有一条是不可逆的。

4)可逆的储能装置供应的是电能。

按其定义,通过不同的组合方式,可以想象出各种各样的混合动力电动汽车。但目前所推出的基本是"油—电"混合动力电动汽车,其不可逆储能装置是内燃机,可逆储能装置为蓄电池。它使两者优势互补,避免了内燃机在怠速及制动工况下能量的损耗、排污增大和纯蓄电池能量不富裕的缺陷。

8.1.2 混合动力电动汽车的特点

与纯电动汽车比较,混合动力电动汽车具有以下优点:

1)整车重量轻(由于电池的容量减小)。
2)汽车的续驶里程和动力性可达到内燃机汽车的水平。
3)保证驾车和乘坐的舒适性(空调、暖风、动力转向的使用)。

与内燃机汽车比较,混合动力电动汽车具有以下优点:

1)可使发动机在最佳的工况区域稳定运行,从而降低排污和油耗。
2)在人口密集的商业区、居民区等地可用纯电动方式驱动车辆,实现"零排放"。
3)通过电机回收汽车减速和制动时的能量,进一步降低汽车的能量消耗和排放污染。

混合动力电动汽车是目前发展较为成熟,产品化较好的一种电动汽车。

目前世界上大多数大汽车公司,都充分利用内燃机汽车的先进技术和电机的无污染特性,将它们共同组成混合动力电动汽车,发展一种"超低油耗、超低污染"的车辆,作为内燃机汽车向电动汽车发展的过渡产品。混合动力电动汽车近年来的发展速度明显高于纯电动汽车。从技术的角度来看,混合动力电动汽车能够快速发展的原因主要如下:

1)不必添置投资巨大的地面充电设施,不必大规模改造现有工装设备,可满足日益严格的环保法规要求。

2)混合动力电动汽车独有的技术创新是其快速发展的关键。混合动力电动汽车除了采用传统的内燃机汽车的新技术之外,如采用高效发动机,流线车身设计降低风阻,采用轻质车身材料、低滚动阻力轮胎等,还采用了如下两项独特技术:

① 混合动力电动汽车通过部件工况的改善和效率的提高来实现整个系统性能的优化,它是基于系统结构概念上的创新,因此混合动力电动汽车被认为是体现系统最优化思想的杰作。

② 混合动力电动汽车通过再生制动(在车辆减速或制动时,将其中一部分动能转化为其他形式能量的过程),减少能量损失。再生制动给作为储能动力源的蓄电池补充的能量,能使电动汽车一次充电后行驶里程增加10%~25%。例如丰田的Prius可以回收大约30%的能量,否则这部分能量将会因摩擦制动而以热的形式散失掉。

3)混合动力电动汽车的成本略高于内燃机汽车,但大大低于纯电动汽车。混合动力电动汽车仍处于小批量生产阶段，一旦形成经济规模，仍有降低成本的空间。如果加上政策支持和在使用过程中的省油因素，必定会被消费者接受。

正是由于混合动力电动汽车有以上许多优点，以日本、美国为首的汽车业发达国家正在争相开发混合动力电动汽车，并努力使其市场化。

8.1.3 混合动力电动汽车的主要动力设备

1. 发动机

发动机是混合动力电动汽车的一个主要动力源。混合动力电动汽车可以广泛地采用汽油机、柴油机、转子发动机、燃气轮机和斯特林发动机等发动机，采用不同的发动机可以组成不同的混合动力电动汽车。混合动力电动汽车主要是采用降低发动机的排量和采用先进的发动机结构，例如：Atkinson 循环的发动机、可变气门正时发动机、可变做功汽缸数量发动机、稀薄燃烧等新技术来混合动力电动汽车实现节能与环保。

2. 起动机—发电机一体化

起动机—发电机一体化（ISG）的作用如下：

1）起动时作为发动机的起动机，带动发动机起动。

2）运转时被发动机带动，作为发电机，可以为蓄电池组充电，为驱动电机提供电力。

3）在某些混合动力电动汽车上，ISG 还参与车辆的驱动，为车辆加速或爬坡提供辅助动力。

4）在车辆制动时作为发电机，回收制动反馈的能量。发动机的动力与 ISG 的动力"混合"是混合动力电动汽车动力"混合"的一种形式。

3. 驱动电机

驱动电机是混合动力电动汽车的辅助动力源。混合动力电动汽车的驱动电机可以是交流感应电机、永磁电机、开关磁阻电机和特种电机等。现代混合动力电动汽车上，多数采用了感应电机、永磁电机和开关磁阻电机。发动机的动力与驱动电机的动力"混合"是混合动力电动汽车动力"混合"的另一种形式。

4. 辅助电源

混合动力电动汽车可以装备各种不同的蓄电池和超级电容等作为辅助电源，储存 ISG 所发出的电能和车辆在制动时反馈的电能。在混合动力电动汽车起动时，为 ISG 或驱动电机提供电能来带动发动机起动，在汽车加速或爬坡时为 ISG 或驱动电机提供电能，来帮助车辆加速或爬坡。

5. 混合动力电动汽车的动力混合形式

混合动力电动汽车的动力可以在"动力混合器"中混合，也可以在车轮处混合。动力混合器主要有分动箱式动力混合器和行星齿轮式动力混合器等。混合动力电动汽车的动力混合器要与混合动力电动汽车所采用的变速器互相配合，以达到优化动力匹配的要求。

由以上可知，混合动力电动汽车可以用多种多样的发动机、ISG、驱动电机和混合器，组成了多种多样的"混合"形式。混合动力电动汽车的各个主要技术总成要求结构简单，能够实现小型化和轻量化，优化多能源动力的匹配关系，不会因为增加混合动力电动汽车的 ISG 和驱动电机等的质量，而影响混合动力电动汽车的整车性能，符合节能和环保的要求。

混合动力电动汽车上采用现代控制技术,提高了各种不同的驱动模式的操作和切换的方便性和灵活性,便于使用和维修,逐步达到"产业化"的各种指标。

8.2 混合动力电动汽车的分类

混合动力电动汽车按2008年颁布的《混合动力电动汽车类型和定义》征求意见稿有多种分类方法:按动力系统结构划分主要有串联、并联、混联三种形式。按混合度划分有微混合、轻度混合、中度混合、重度混合四种类型,它主要是依据驱动电机与内燃机的驱动功率搭配比例来定,规定前述四种的电机峰值功率和发动机额定功率之比分别为不大于5%、5%~15%、15%~40%、大于40%。按外接充电能力划分,又有可外接充电和不可外接充电两类,不可外接充电称为混合动力汽车(HEV),可外接电源进行充电称为插电式混合动力汽车(PHEV)。PHEV由于可利用电网适时补充车载能量,减少对石油的依赖和良好的环保效应,被认为是混合动力电动汽车的重要发展方向。按行驶模式的选择方式又可划分为有手动选择功能和无手动选择功能两种,其中行驶模式是指热机模式、纯电动模式和混合动力模式三种选择功能。按车辆用途被划分为乘用车、客车、货车三类。下面就按动力系统结构划分方式,来分别描述串联、并联、混联三种混合动力电动汽车的结构组成与其特点。

8.2.1 串联式混合动力电动汽车

1. 结构

串联式混合动力驱动系统的结构如图8-1所示。其结构特点是发动机带动发电机发电,发出的电能通过电机控制器输送给电动机,由驱动电机产生电磁力矩驱动汽车行驶。在发动机与传动系统之间通过驱动电机实现动力传递。蓄电池(也可以是其他储能装置,如超级电容、机械飞轮等)是发电机与驱动电机之间的储能装置,其功能是起到功率平衡的作用,即当发电机发出的功率大于驱动电机所需的功率时(如汽车减速滑行、低速行驶或短时停车等工况),发电机向电池充电;而当发电机发出的功率低于驱动电机所需的功率时(如汽车起步、加速、爬坡、高速行驶等工况),蓄电池则向驱动电机提供额外的电能,补充发电机功率的不足,满足车辆峰值功率要求。

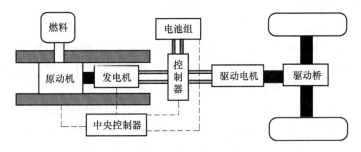

图8-1 串联式混合动力驱动系统

有些人把串联式混合动力电动汽车称为里程延续器车辆,这是不确切的。里程延续器车辆只是在车上装了一个很小的车载发电装置以增加一些行驶里程,基本上是一辆以蓄电池为动力的电动汽车。它的工作模式是在蓄电池的荷电状态达到预定的下限值时,车载发电装置开始起动并对蓄电池充电。车载发电装置一直工作到蓄电池达到预定的荷电状态上限值为止。车载发电装置工作时间的长短与电池容量和其自身功率大小有关。因为车载发电装置不直接连到车辆传动系统上，故它可以在最佳工况下工作，从而比传统内燃机汽车的排放要低，燃油经济性要好，同时能延长纯电动汽车的行驶里程。

串联式混合动力电动汽车上的发动机与道路负荷不相耦合，就排放和效率来说，不必考虑传动系统的要求，就可对发动机工作进行优化，使它在某一固定工作点上（或是在某固定工作点周围很窄的区域内）运行。发动机可以是内燃机，也可以是其他不适用于直接驱动车轮的发动机，例如微型燃气轮机、斯特林发动机等。发动机发电机组作为一个整体也可以是燃料电池系统。采用液化石油气、天然气、氢气或氢气与天然气的混合气体，发动机的混合动力车排放比较低。装有柴油机的混合动力车的燃油经济性比较好。

发动机—发电机所输出的平均功率与蓄电池为满足峰值功率要求而提供的补充功率之间的比例，通常由车辆的应用特点决定，特别要考虑车辆行驶循环的需求。串联式混合动力系统适用于目标和行驶工况相对确定的车辆，例如货物分送车、城市公交车等在城市内走走停停的车辆。

2. 特点

串联式混合动力电动汽车具有如下优点：

1）串联式混合动力电动汽车以动力电池组为基本能源来驱动。串联式混合动力电动汽车在城市行驶时，关闭发动机，只用电池组电力驱动汽车，实现"零污染"状态下的行驶。发动机—发电机组所发出的电能向动力电池组充电，用于补充动力电池组的电能或直接供给驱动电机，延长串联式混合动力电动汽车的续驶里程。

2）串联式混合动力电动汽车的发动机—发电机的发动机能够保持在稳定、高效、低污染的状态下运转，将有害排放气体控制在最低范围。还可采用燃气轮机转发动机等其他类型的发动机作为发动机，进一步降低燃料消耗和排放废气中的有害气体。

3）串联式混合动力电动汽车可采用电机集中驱动系统或轮毂驱动系统，还可以采用前轮驱动、后轮驱动或四轮驱动等多种驱动形式。

4）串联式混合动力电动汽车只有驱动电机的电力驱动系统，其特点更加趋近于纯电动汽车。从总体结构上来看，比较简单，易于控制，三大动力总成之间没有机械联系，在电动汽车上布置起来有较大的自由度，可以独立地布置。

串联式混合动力电动汽车具有如下缺点：

1）在串联式混合动力电动汽车上，驱动电机的功率必须能够克服串联式混合动力电动汽车在行驶中的最大阻力，驱动电机的功率要求较大，外形尺寸较大，质量也比较重，由于不是经常在满负荷状态下运转，效率较低。这种电动汽车要求动力电池组的容量要大。同时还需要装置一个较大功率的发动机—发电机组（一般发动机—发电机的功率接近和等于驱动电机的功率），加上庞大的动力电池组，外形尺寸较大，质量也较重，在中小型串联式混合动力电动汽车布置有一定的困难，因此串联式混合动力电动汽车驱动系统较适合在大型客车上采用。

2）发动机—发电机驱动电机系统中的热能—电能—机械能转换的过程，能量损失较大，在动力电池组的充、放电的过程中也存在能量损耗，能量转换总的综合效率要比内燃机汽车低。

3）发动机—发电机与动力电池组之间的搭配要求较严格，要根据动力电池 SDC 的变化，自动起动或关闭发动机—发电机，以避免动力电池组放电，这就需要更大的电池容量。

8.2.2 并联式混合动力电动汽车

1. 结构

并联式结构有内燃机和驱动电机两套驱动系统。它们可分开工作，也可一起协调工作，共同驱动。并联式混合动力电动汽车可以在比较复杂的工况下使用，应用范围比较广。并联式结构由于驱动电机的数量和种类、传动系统的类型、部件的数量（如离合器的数量）和位置关系（如电动机与离合器的位置关系）的差别，具有明显的多样性。它从结构上可划分为两种形式，即单轴式和双轴式。

1）单轴式并联混合动力系统。单轴式结构如图 8-2 所示。内燃机通过主传动轴与变速器相连，驱动电机的转矩通过齿轮与内燃机的转矩在变速器前进行复合，传到驱动轴上的功率是两者之和，这种形式称为转矩复合。

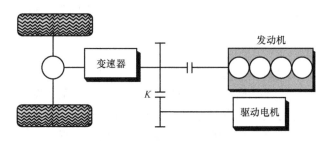

图 8-2 单轴式并联混合动力系统

在单轴式结构中，内燃机、驱动电机和变速器输入轴之间的转速成一定比例关系。在汽车运行中，随着路况和车速的变化，这些转速会随着变化。

2）双轴式并联混合动力系统。双轴式结构中（图 8-3）可以有两套机械变速器：内燃机和驱动电机各自与一套变速器相连，然后通过齿轮系进行复合。在这种结构中，可以通过调节变速机构调节内燃机、电机之间的转速关系，使发动机的工况调节变得更灵活。当采用行星差动系统作为动力复合机构时，行星差动动力复合机构有两个自由度，可以实现两个输入部件的转速复合，以确定输出轴的转速，而各个部件间的转矩保持一定的比例关系，这种功率复合形式称为速度复合。对于双轴式并联混合动力系统来说，结构十分复杂是一个很大的缺点。

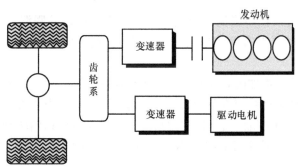

图 8-3 双轴式并联混合动力系统

2. 特点

并联式混合动力电动汽车有如下优点：

1）并联式混合动力电动汽车只有发动机和电动/发电机（或驱动电机）两个动力组成。并联式混合动力电动汽车的两大动力总成（发动机和电动/发电机或发动机和驱动电机）本身的功率可以等于 50%~100% 的车辆驱动功率，比串联式混合动力电动汽车的三个动力总成的功率、质量和体积要小很多。

2）发动机驱动模式是并联式混合动力电动汽车的基本驱动模式，从发动机到车轮之间的动力传递过程中，除摩擦损耗外，没有机械能→电能→机械能的转换过程，能量转换总的综合效率要比串联式混合动力电动汽车高。在车辆需要最大的输出功率时，电动/发电机（或驱动电机）可给发动机提供额外的辅助动力，因此并联式混合动力电动汽车的发动机可以选择功率较小的发动机，燃料经济性比串联式混合动力电动汽车要高。

3）电动/发电机是并联式混合动力电动汽车的辅助动力，电动/发电机（或驱动电机）的功率根据多能源动力总成匹配的要求，可以选择较小功率的发动机，与此相对应，电动/发电机（或驱动电机）的质量和体积较小，与它们配套的动力蓄电池组的容量也较小，使整车整备质量大大降低。

4）发动机用电动/发电机作为起动机、飞轮的辅助动力装置。电动/发电机可以带动发动机起动，在发动机运转时起平衡作用，消除发动机的振动，调节发动机输出功率，使发动机基本稳定在高效率、低污染的状态下运转。发动机带动电动/发电机发电，所发出的电能向动力电池组充电，用于补充动力电池组的电能，延长续驶里程。

并联式混合动力电动汽车具有如下缺点：

1）发动机驱动模式是并联式混合动力电动汽车的基本驱动模式，需要配备与内燃机汽车相同的传动系统，在总布置上基本与内燃机汽车相同，动力性能接近于内燃机汽车，发动机的工况会受到并联式混合动力电动汽车行驶工况的影响，发动机有害气体排放高于串联式混合动力电动汽车。

2）发动机驱动模式需要装置离合器、变速器、传动轴和驱动器等传动总成，另外还有电动/发电机（驱动电机）、动力电池组，以及动力组合器等装置，因此并联式混合动力电动汽车的多能源动力系统结构复杂，布置和控制困难。

8.2.3 混联式混合动力电动汽车

1. 结构

混联式驱动系统可以在串联混合模式下工作，也可以在并联混合动力模式下工作，即两种模式的综合。这就要求有两个电动机、一个比较复杂的传动系统和一个智能化控制系统。

混联式驱动系统的结构如图 8-4 所示。其工作原理如下：发动机发出的功率一部分通过功率分流装置，经机械传动系统至驱动桥，另一部分则驱动发电机发电，发出的电能输送给驱动电机或蓄电池，驱动电机的转矩同样也可通过传动系统传送给驱动桥。混联式驱动系统的控制策略如下：在汽车低速行驶时，驱动系统主要以串联式工作；当汽车高速稳定行驶时，则以并联式为主。

混联式驱动系统的结构形式和控制方式充分发挥了串联式和并联式的优点，能够使发动

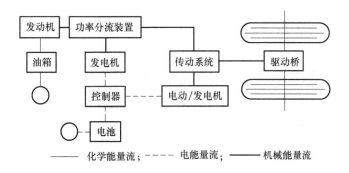

图 8-4 混联式混合动力驱动系统

机、发电/电动机等部件的匹配更优化,在结构上保证了在更复杂的工况下使系统工作在最优状态,因此更容易实现排放和油耗的控制目标。与并联式相比,混联式的动力复合形式更复杂,对动力复合装置的要求更高。目前的混联式结构一般以行星齿轮机构作为动力复合装置。

2. 特点

混联式混合动力电动汽车有如下优点:

1)混联式混合动力电动汽车是在并联式混合动力电动汽车的基础上,再增加电动/发电机或驱动电机,因此混联式混合动力电动汽车是由三个动力总成组成,三个动力总成以 50%~100% 的功率驱动车辆,但比串联式混合动力电动汽车的三个动力总成的功率、质量和体积要小得多。混联式混合动力电动汽车可以有多种多样的驱动模式和混合驱动模式供选择,可以使混联式混合动力电动汽车的节能最佳,有害气体排放达到"超低污染"。

2)发动机驱动模式是混联式混合动力电动汽车的基本驱动模式之一,从发动机到车轮之间动力传递过程中,除摩擦损耗外,没有机械能—电能—机械能的转换过程,能量转换的综合效率要比内燃机汽车高。驱动电机驱动模式也是混联式混合动力电动汽车的基本驱动模式之一,可以独立驱动车辆行驶,在车辆起步时,发挥电机低速大转矩的特征,带动车辆起步,在城市实现"零污染"的行驶。

混联式混合动力电动汽车有如下缺点:

1)发动机驱动模式是混联式混合动力电动汽车的基本驱动模式,驱动电机驱动模式是混联式混合动力电动汽车的辅助驱动模式,混联式混合动力电动汽车的动力性能更接近内燃机汽车。发动机的工况会受到串联式混合动力电动汽车行驶工况的影响,发动机的有害气体的排放高于串联式混合动力电动汽车。

2)在串联式混合动力电动汽车需要配备两套驱动系统,发动机传动系统需要装置离合器、变速器、转动轴和驱动桥等传动总成。另外,还有电动/发电机、驱动电机、减速器、动力电池组,以及多能源的动力组合或协调发动机驱动与驱动电动机驱动力的专用装置,因此混联式混合动力电动汽车的多能源动力系统结构复杂,总布置也更加困难。

3)多能源动力的匹配和组合有不同的组合形式,需要装配一个复杂的多能源动力总成控制系统,才能达到高的经济性和"超低污染"的控制目标。

8.3 混合动力电动汽车的能量管理控制

8.3.1 串联式混合动力电动汽车的能量管理控制

串联式混合动力汽车的发动机与汽车行驶工况没有直接联系，因此控制策略的主要目标是使发动机在最佳效率区和排放区工作。串联式混合动力汽车有以下两种基本的控制模式。

1. 恒温器式控制模式

当蓄电池荷电状态降到设定的低门限值时，发动机起动，在最低油耗或排放点按恒功率输出，一部分功率用于满足车轮驱动功率要求，另一部分功率向蓄电池充电。而当蓄电池组荷电状态上升到所设定的高门限值时，发动机关闭，由电机驱动车轮。在这种模式中蓄电池组要满足所有瞬时功率的要求，蓄电池组的过度循环所引起的损失可能会减少发动机优化所带来的好处。这种模式对发动机比较有利而对蓄电池不利。

2. 功率跟踪式控制模式

根据电池的荷电状态和负荷确定发动机的开关状态和输出功率的大小，目的是满足设备的功率需求。当发动机功率需求小于输出功率，将发动机的输出功率调整为最小值；当荷电状态高于下界，汽车总的需求负荷未超出电池容量但超过发动机最大功率，则将发动机输出功率调整为最大值。发动机的功率紧紧跟随车轮功率的变化，这与传统汽车的运行相似。采用这种控制策略，蓄电池工作循环将消失，与充放电有关的蓄电池组损失被减少到最低程度。但发动机必须在从低到高的整个负荷区范围内运行，而且发动机的功率快速而动态地变化，这些都损害了发动机的效率和排放性能。解决的办法是采用自动无级变速传动（CVT）无级变速器，通过调节 CVT 速比，控制发动机沿最小油耗曲线运行，这样就同时减少了 HC 和 CO 的排放量。

这两种控制模式相比较，恒温器式控制模式的发动机一般工作在最佳油耗点附近，功率跟随式的发动机一般工作在最佳经济性工作线附近。相比而言，前者发动机的平均工作效率要高，但功率跟随式控制策略在动力性和燃油经济性方面有较好的综合性能。上述两种控制模式可以结合起来使用，其目的是充分利用发动机和电池的高效率区，使其达到整体效率最高。

8.3.2 并联式混合动力电动汽车的能量管理控制

早先的控制策略是基于速度的控制，由于没能充分发挥混合动力的优势，现已基本不用。目前提出的控制策略基本上是基于转矩或功率的控制，主要有下述四类：

1. 基于规则的逻辑门限控制

该控制策略是基于工程师的经验及静态能耗图来制订的，因此其基本思想是根据发动机的静态效率曲线图，通过控制选定的几个变量，如车辆需求功率、加速信号、电池荷电状态值等，并根据预先设定的规则，判断并选择混合动力系统的工作模式，使车辆运行于高效区域，提高汽车的燃油经济性。基于规则的逻辑门限控制策略的算法简单、易于实现，但由于没考虑工况的动态变化，其动态的控制策略不是最佳的，而且一般只考虑燃油经济性而不考虑其排放。

2. 瞬时优化控制

它是为了克服上述对动态控制策略的缺陷，新提出的一种也属于实时控制的策略。它主要有等效燃油消耗最少控制和功率损失最小控制两种。所谓等效燃油消耗最小控制是指在某一瞬时工况，将电动机消耗的电量折算成发动机提供相等能量所耗油量和其排放量，再结合制动回收能量等，组成总的整车燃油消耗与排放模型，计算此模型的最小值，并选择在此工况下最小值所对应的点来作为当前发动机的工作点。它综合考虑了燃油消耗和排放，通过一组权值来描述各自的重要性，用户可以根据自己的要求来设定其权值，从而在燃油消耗和排放之间获得折中。如在排放法规较严格的地区，可适当提高排放的权值比重，放弃一点燃油经济性；而排放法规较宽松的地区需注重燃油消耗时，则可适当提高燃油消耗的权值比重。此控制策略的缺点是需要大量的浮点运算，计算工作量大，且在计算过程中，由于需对未来行驶工况中的制动回收能量进行预估，还要为此建立一个较精确的预测模型，来对典型工况进行统计分析以及实时行车工况的判断，进一步提高了实施难度。对于等效功率损失最小控制，其原理实际也是一样的，只不过把燃油消耗折算值改为了功率损失折算值。

3. 智能控制

智能控制的基本出发点是模仿人的智能，根据被控动态复杂过程中的定性信息和定量信息，进行定性定量综合集成推理决策，以实现对难以建模的复杂非线性不确定系统的有效控制。混合动力汽车的能量消耗模型正是这么一个系统，因此它非常适合于智能控制。目前提出的基于智能控制的并联混合动力汽车控制策略主要有模糊逻辑控制策略、神经网络控制策略和遗传算法控制策略三种。

4. 全局最优控制

前述瞬时优化控制策略在每一步长内可能是最优的，但无法保证在整个运行区域内是最优的。于是，就提出了一种在整个运行区域内寻优的全局最优控制策略。全局最优控制策略是在应用最优化方法和最优控制理论开发出来的混合动力分配控制策略。其主要思想是基于优化理论，建立起以整车燃油经济性与排放为目标，系统状态变量为约束的全局优化数学模型，运用相关的优化算法，求得最优的混合动力分配控制策略。目前研究较多的有基于多目标数学动态规划理论和最小值原理的全局最优控制策略。这些控制策略目前还不成熟，需大量的计算，且依赖于预定的运行工况，实时性较差，需在标准行驶循环下参考全局最优控制策略，对实时控制策略进行分析与评估，从中派生出适用的实时控制策略。

8.3.3 混联式混合动力电动汽车的能量管理控制

1. 发动机恒定工作点模式

这种控制策略采用了发动机为基本驱动模式，而蓄电池与电机作为辅助驱动模式提供附加转矩的形式来进行功率调峰，使系统获得足够的瞬时功率。它主要用于动力组合器动力组合式，由于采用了行星齿轮机构可使动力分配与传动方式灵活多变，使发动机转速可以不随车速变化，从而使发动机始终工作在最优工作点，提供恒定的转矩输出，而剩余的转矩则由电机提供，即由电机来负责动态部分，避免了发动机动态调节带来的损失，而且电机控制更灵敏，也更易实现。

2. 发动机最优工作曲线模式

该控制策略从静态条件下的发动机万有特性出发，经过动态校正后，跟踪由驱动条件决定的发动机最优工作曲线，从而实现对发动机及整车的控制。在这种策略下，使发动机尽可能工作在万有特性图中的最佳油耗线上，只有当发电机电流输出超出蓄电池的接受能力或者当电机的驱动电流需求超出电机或蓄电池的允许限值时，才调整发动机的工作点。

3. 瞬时优化模式

在上述发动机最优工作曲线模式的思想基础上，使混合动力汽车在特定工况下对整个动力系统的优化目标（如效率、油耗）进行优化，便可得到瞬时最优工作点，然后基于系统的瞬时最优工作点，对各个状态变量进行动态再分配。

4. 全局优化模式策略

由优化理论可知，瞬时最小值之和并不等于和的最小值，因此瞬时优化模式并不能导致全局最优的控制策略。全局优化模式实现了真正意义上的最优化。但实现这种控制策略的算法往往都较复杂，计算工作量也很大，在实际车辆的实时控制中较难被应用。因此，通常的做法是把应用全局优化算法得到的控制策略作为参考，再与其他的控制策略如发动机最优工作曲线模式等相结合，在保证可靠性和实际可能性的前提下进行优化控制。常用的优化控制理论有变分法、极小值原理和动态规划三种。

上述混合动力的控制策略还处于发展期，有待于理论与实践的结合的进一步探索提高。由于一般情况下的内燃机比油耗曲线接近于鱼钩形，即两头高中间低，也就是说在低负荷及高负荷时油耗较高，而在所设计的额定负荷工况点其油耗较低，并且油耗较低、燃烧完善的工况点也是排放量较低的点。因此，如何充分发挥混合动力电动汽车的两种动力在能量转换效率上的最大优势，其控制策略的选择非常重要：什么时候应让内燃机工作？什么时候该让蓄电池组及电机工作？什么时候应该两部分一块工作？决策的优劣决定了混合动力车效率的大小。这就要充分考虑各个部件的工作特性，择其优而避其短，控制策略就是要尽可能使内燃机工况和蓄电池充、放电状态以及电动/发电机的工况都在最优工况或者接近两者的最优工况下工作，那么整车的性能就会最佳。

8.4 混合动力电动汽车实例

各个国家和地区的混合动力车型构成都不相同。每个主机厂会根据其国家政策和自身的优势开发出独特的混合动力结构和技术。其中，真正意义上实现量产的车型还主要集中在美国、欧洲和日本的汽车制造商中。

混合动力电动汽车的大批量生产是在1990年以后，最具代表的车型是丰田公司生产的普锐斯（图8-5）。

1997年12月，日本丰田公司推出了世界上第一辆量产的混联式混合动力轿车普锐斯。与同类型轿车相比，其燃油经济性和排放性得到大大提高。2001年，丰田公司推出了第二代普锐斯。2005年，通过与中国第一汽车集团公司的合作，第二代普锐斯登陆我国。2009年，丰田公司推出了普锐斯第三代产品。此外，丰田公司还在几款有良好声誉的品牌车型上开发了混合动力类汽车，如RAV4、皇冠、雷克萨斯、凯美瑞等。到2011年2月，丰

图8-5 丰田普锐斯混合动力汽车

田公司的混合动力汽车全球累计销售就突破 300 万辆。其中最成功的车型是普锐斯，约占全部销量的 70%。

8.4.1 丰田普锐斯混合动力系统的基本组成

第二代丰田普锐斯搭载的混联式混合动力系统，如图 8-6 所示，集合了各式混合动力系统的优势、发动机和驱动电机可根据行驶状况共同驱动或分开单独使用；停驶时自动停止发动机，减少能量浪费；更有效地控制发动机和驱动电机，加速反应快捷而顺畅。丰田普锐斯采用的是 15L 小型发动机和 500V 大型驱动电机，普锐斯所采用的 EV 模式，就是在低速时单独靠电力行驶，但这必须在速度为 55km/h 以下的情况下，行驶时间大约不会超过 1min 而且此时车辆载重不能太大，踩加速踏板的力度也不能太大，因此大部分用户都认为，EV 模式的实际使用意义并不是很大。同时，普锐斯的售价过高，所有配件部需要进口，运气不好的话，就会因不能得到及时维修而令车辆使用受到影响。

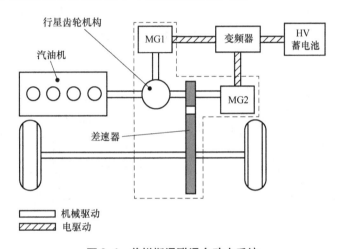

图 8-6 普锐斯混联混合动力系统

8.4.2 丰田普锐斯混合动力电动汽车工作原理

对应于车辆的行驶状态，普锐斯利用汽油发动机的动力进行直接驱动和利用驱动电机的动力组合起来进行驱动，其中驱动电机依靠蓄电池或者通过发动机发电提供电能，由此大大提高了能量效率。而减速时的能量回收以及大幅度降低在停车时由于发动机自动停止的能量损失，燃费得到了划时代的提高。

如图 8-7 所示，普锐斯的传动装置由发电机、动力分离装置以及电动机构成，从发动机出来的动力通过行星齿轮机构可以分为直接供给电动机和直接传递给车轮的机械路径，以及驱动发电机依靠电能传递的电气支路。

图 8-8 为普锐斯的动作原理。当起动或者低负荷的时候发动机停止工作，仅通过蓄电池供电由电机进行驱动。在正常行驶中同时使用了发动机的直接驱动和电机驱动，其中电机是利用发电机发电提供的电能进行驱动的。

在加速等需要大动力的情况下，在正常行驶的基础上追加从蓄电池供给的电能，以增加电机的驱动力。在减速的时候，把电机切换为发电机，将减速能转换为电能并以对蓄电池的充电的形式来实现能量的回收。

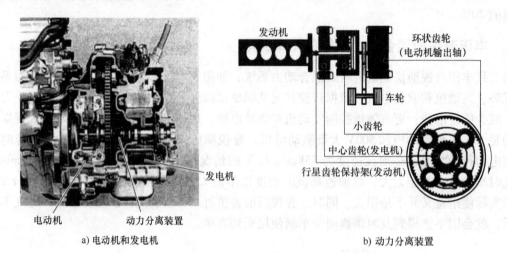

a) 电动机和发电机　　　　　　　　b) 动力分离装置

图8-7　普锐斯汽车的传动结构

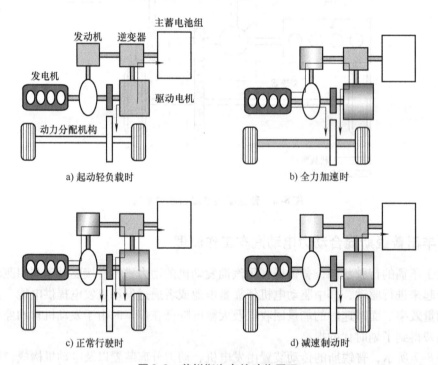

a) 起动轻负载时　　　　　　　　b) 全力加速时

c) 正常行驶时　　　　　　　　d) 减速制动时

图8-8　普锐斯汽车的动作原理

丰田普锐斯的特点如下：

1）尾气排放低。依靠停车时候发动机的停止、高效率的运转以及三元催化转化器等，尾气排量非常低，只为规定值的约1/10。

2）噪声低。电动汽车在车辆起动和轻负载的时候只靠电动机驱动，没有了发动机噪声，因此非常安静。

3）燃费高。普锐斯的混合动力系统中配有最新开发的发动机，由于点火正时可变，故具有较高的膨胀比,可在降低吸排气损失的同时减少摩擦损失。由于这个发动机和动力分离装置在高速区域的使用频率有所增加,跟以往的发动机相比,燃费提高了约80%。此外由于回收了减速时的能量,故燃费提高了约20%,总计约100%,即燃费达到了原来的两倍。

4)一次充电续驶里程。由于10%~15%工况下的燃费为28km/L,单纯计算容量为50L的一罐汽油在市街道路上可以行驶1400km。

5)蓄电池的充电。由于是混合动力汽车,不需要像普通电动汽车那样进行定期充电。

8.5 插电式混合动力电动汽车

8.5.1 结构

插电式混合动力汽车是可以使用电网(包括家用电源插座)对动力电池充电的混合动力汽车,是在全混合油电混合动力的基础上开发出来的。它既可纯电动长距离行驶,也可在全混合模式下工作。插电式混合动力分为并联与串联两种结构如图8-9和图8-10所示。

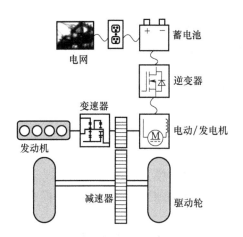

图 8-9 并联结构插电式混合动力系统

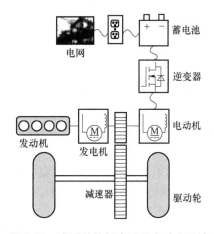

图 8-10 串联结构插电式混合动力系统

纯电动汽车采用专用充电设备补充电能,插电式混合动力汽车自身安装车载充电器,可以直接用电网充电。与纯电动汽车相比,插电式混合动力汽车增加了内燃机;与油电混合动力汽车相比,插电式混合动力汽车可以外接电网充电;在相同车型条件下,插电式混合动力汽车的电池比油电混合动力汽车的电池功率大,内燃机功率比油电混合动力汽车的小。总之,插电式混合动力在设计目标上是综合纯电动与油电混合动力的优点。

例如,丰田普锐斯的插电式车型就是在原来混联式的基础上增加了车载充电器而改型设计的,而通用的Volt却是在原有纯电动车的基础上增加了内燃机而改型设计的。Volt的最初定位是设计制造一款增程式混合动力汽车,采用小电动机加大容量电池实现纯电动行驶。但是由于动力性不能满足要求,因此在发动机与发电机之间增加离合器,在动力需求较大时使发动机参与驱动。结构上是采用了行星齿轮耦合机构的混联结构,但是工作模式又与同样采用行星齿轮结构的丰田普锐斯插电式混合动力不完全相同。

8.5.2 特点

1. 优点

插电式混合动力汽车的特征是行驶动力主要来自电池，发动机只是作为后备动力来源，在电池电量耗尽时才启用。也就是说，插电式混合动力汽车主要适合城市道路，在日常使用过程中，它可以当作一台纯电动汽车来使用，只要单次使用不超过电池可提供的续驶里程（如 PHEV30、PHEV40、PHEV 50，一般可以续驶里程可达到 50km 以上），它就可以做到零排放和零油耗。因此，插电式混合动力汽车具有如下优点：

1) 插电式混合动力汽车有纯电动汽车的全部优点，可利用晚间低谷电对电池充电，改善电厂的机组效率，节约能源。

2) 减少温室气体和各种有害物的排放；降低对石油燃料的依赖，减少石油进口，增强国家能源的安全。

3) 如果是在城市内行驶，距离较长时使用混合驱动模式，可增加续驶里程。

4) 可以利用外部电网对车载电池组充电。

2. 缺点

插电式混合动力汽车具有如下缺点：

1) 根据特定需求确定纯电动里程，同时影响电池大小的选择。

2) 纯电行驶对电池提出较高要求，如电池要有足够高的能量密度和功率密度、较长的循环寿命，对放电及充电性能要求也较高。

3) 对充电设施有要求，包括充电站的建设等。

3. 工作模式

插电式混合动力电动车的工作模式可分为电量消耗模式、电量保持模式和常规充电模式三种。

（1）电量消耗模式　此模式又分为电量消耗—纯电动模式和电量消耗—混合动力模式两种。在电量消耗—纯电动模式中，发动机关闭，蓄电池是唯一的能量源，该模式适合于起动、低速和低负荷等工况。

在电量消耗—混合动力模式中，发动机和电动机同时工作，蓄电池提供整车功率需求的主要部分。该模式适合于加速、大负荷等工况。

（2）电量保持模式　在电量保持模式下，插电式混合动力电动车的工作模式与基本型混合动力电动汽车的工作模式类似，发动机通过发电机给蓄电池充电。

（3）常规充电模式　常规充电模式就是用电网通过车载充电器给蓄电池组充电。

电量消耗—纯电动、电量消耗—混合动力和电量保持模式之间能够根据整车管理策略进行无缝切换，切换的主要根据是整车功率需求和电池的荷电状态。

8.6 混合动力电动汽车的发展趋势

美国混合动力汽车的开发制造主要集中在通用、福特及克莱斯勒三大汽车公司，欧洲的混合动力汽车研发则主要在德国和法国。奥迪、宝马、雷诺集团都开发了混合动力车型。

我国的混合动力电动汽车的研发与竞争也是空前激烈。除合资公司相继引进国外相应的混合动力车型外,在国家"863"计划电动汽车重大专项的资助和企业的推动下,我国各汽车公司都在开发自主品牌的混合动力汽车,但距大规模使用还有很长的距离。

较为成功的混合动力品牌主要有东风汽车公司的 EQ6123HEV 混合动力客车、福田汽车公司的欧 V 混合动力客车、比亚迪汽车公司的 F3DM 和 F6DM 双模电动轿车、上海汽车集团股份有限公司的荣威混合动力轿车、奇瑞汽车股份有限公司的 A5 混合动力汽车、长安汽车股份有限公司的杰勋混合动力汽车等。

从各国发展混合动力电动汽车的政策和技术来看,混合动力电动汽车的发展正发生深刻的变化,主要体现在以下几个方面:

1) 插电式混合动力成为混合动力汽车开发和生产的主流。
2) 轻量化、小型化混合动力电动汽车和城市混合动力客车成为市场消费的主力军。
3) 纯电动汽车将成为电动汽车发展的主流,混合动力将逐步被纯电动汽车所取代。

第 9 章 其他新能源汽车

近年来，由于石油危机凸显，石油供应紧张带来的各种压力以及对经济发展带来的负面影响，迫使世界各国纷纷调整汽车燃料结构。燃气汽车由于其排放性能好、运行成本低、技术成熟、安全可靠，所以被世界各国公认为当前最理想的替代燃料汽车。

9.1 气体代用燃料汽车

汽车传统燃料通常指的是汽油和柴油，其实天然气、煤气等气体燃料很早就已经在汽车中作为燃料使用了，目前使用的气体燃料主要包括天然气、石油气和氢气等。气体燃料汽车又叫燃气汽车是指装备有天然气、煤气或石油气、氢气等为燃料的发动机的汽车。

9.1.1 天然气汽车发展概况

天然气是一种以甲烷（CH_4）为主要成分的矿物燃料。天然气（NaturalGas，NG）是气体燃料的一个重要分支。我国有着丰富的天然气资源，天然气探明储量进入了高速增长阶段，今后我国天然气需求增长速度将超过煤和石油，在一次能源结构中所占的比例将逐年提高。由于天然气和汽油、柴油相比，具有成本低、污染小；用于点燃式发动机和柴油机驱动的具有优异的燃烧特性和 CO_2、NO_x、CO 低排放特性；并且废气中不含颗粒物和含硫排放物的优点，所以天然气汽车的应用比例近年在我国有较大的提高。

$1m^3$ 天然气可代替 1kg 以上的汽油。一次充气可行驶 200km 左右，天然气火花塞无积炭，减轻了机油的污染。天然气用于点燃式发动机和柴油机驱动的缺点：由于天然气的热值低，发动机功率降低；天然气存储费用高；在同样的燃料箱容量的情况下，续驶里程缩短。

天然气汽车的发展大体上经历了孕育与诞生、初期发展、较快发展和快速发展等几个阶段。

1. 孕育与诞生

1860 年道依茨发动机厂制造出世界上第一台气体燃料发动机，1872 年天然气发动机问世。

20世纪30年代，意大利推出天然气汽车。

2. 天然气汽车发展的初期

从20世纪30年代起，意大利等少数国家开始应用天然气汽车。

二战期间，因汽油价格昂贵，贫油富气的意大利加快了发展天然气汽车的步伐。在天然气汽车发展方面几乎是一枝独秀。

1969年美国引入NGV改装系统，但受加气网络和服务系统的限制，在以后的十几年中主要在天然气公司内部应用，没有获得实质性的进展。

总之，就全世界而言，20世纪70年代之前，天然气汽车只在少数国家得到重视。加之，受压缩机技术限制，加气站很少，天然气汽车的数量有限。

3. 天然气汽车较快发展

20世纪70~80年代，由于石油危机凸显、改善环境呼声日高和压缩机技术的进步，天然气汽车获得较快的发展。

这期间，除意大利等国一如既往地重视天然气汽车的应用之外，许多国家也给予天然气汽车以较大的关注。

1979年新西兰总理在该国率先驾驶天然气汽车，推行强有力的政府鼓励政策，天然气汽车在新西兰获得较快发展。

1982年加拿大开始发展天然气汽车，1986年建立了NGV研究与开发基金，到1994年8年间为开发NGV提供了1500万加元的资助。

1984年福特汽车公司推出了单燃料天然气概念车，参加全美节约燃料赛车会，同年美国铝材公司研制成功铝合金内衬/玻璃纤维缠绕式轻质CNG储气瓶。

1986年我国四川省建成第一座加气站，标志着我国天然气汽车进入实质性应用阶段。

1986年世界范围30多个燃气企业在渥太华成立了国际天然气汽车协会。

1988年美国21个燃气公司成立美国天然气汽车联合会。

4. 天然气汽车快速发展

由于天然气汽车发展的要素进一步成熟，20世纪90年代以来，天然气汽车进入从量到质的快速发展阶段。

俄罗斯、澳大利亚、英国和法国等国分别成立了NGV协会、

1990年美国颁布《清洁空气法案修正案》，许多条文与NGV有关，使天然气汽车的发展得到法制上的有力支持。1992年美国《能源政策法》为天然气汽车的发展提供了更好的政策环境。

1991年日本成立NGV论坛。

1994年欧洲天然气汽车协会（ENGVA）成立。

1996年12月起每两年在北京举办一次国际电动汽车与代用燃料汽车展览会与技术交流会。

1998年5月国际天然气汽车协会在德国科龙召开第六届研讨会暨展览会。

1999年4月，我国在北京召开了"空气净化工程——清洁汽车行动"工作会议，并公布了首批12个燃气汽车示范城市。

2000年我国实施清洁能源行动计划，各大汽车生产厂商纷纷投巨资，进行NGV的研究

与开发。全世界有 50 多家汽车厂生产种类繁多的天然气汽车。目前,全世界的天然气汽车已达 800 多万辆,建成天然气汽车加气站约 10000 多座。从技术发展看,经过几十年的努力,天然气汽车已由第一代机械控制或电器控制真空进气型进步到第三代电脑闭环控制燃气喷射型(类似于电控汽油喷射)。

9.1.2 汽车用天然气

天然气的主要成分是甲烷 CH_4,与汽油的理化特性的比较见表 9-1。

表 9-1 天然气与汽油的理化特性的比较

特 性 值	天 然 气	汽 油
气态密度/(kg/m³)	0.718	5.093
低热值/(MJ/kg)	49.54	44.52
理论空燃比(重量)	17.2	14.7
理论混合气热值/(MJ/m³)	3.36	3.82
常压沸点/℃	-162	100
汽化潜热/(kJ/kg)	510	297
大气中自燃温度/℃	650	500
点火界限燃料体积比(%)	5.3~15	1.2~6
点火界限当量比 Φ	0.65~1.6	0.7~3.5

一般供应民用的,不是纯甲烷,产地不同,具体成分和性能可能差别很大。由于其含有不少杂质,若直接用作汽车燃料,会对车辆造成损害,或使发动机燃烧不正常,影响车辆寿命和排放效果。为此,天然气在用作汽车燃料前,应进行脱水、脱硫处理。

汽车用天然气按压力、形态和储存状态,天然气主要有常压气态、高压气态、液态和吸附等 4 种。

1) 压缩天然气 (Compressed Natural Gas,CNG) 是泛指压力高于大气压的气态天然气。在汽车上通常将天然气储存在汽车携带的高压储气瓶里,压力约为 20MPa。高压气态是目前天然气储带的主要方式。

2) 常压天然气 (Normal Natural Gas,NNG) 是指不施以压缩和降温的常压气态天然气。这是最简单的储带方式,因携带量少和不安全,一般不采用。

3) 液化天然气 (Liquefied Natural Gas,LNG) 是指液体状态的天然气,它在低于 -161.5℃ 的超低温下以液态储存于绝热性能良好的容器中。是目前迅速发展的一种储带方式。

4) 吸附天然气 (Adsorbable Natural Gas,ANG) 是指处于被吸附状态的天然气。天然气以在不太高的压力 (3.5~6MPa) 下以被吸附状态储存在天然气吸附剂中。这是一种日益受到重视的天然气储带方式。

9.1.3 天然气汽车的类型

燃用天然气的汽车称为天然气汽车。天然气汽车按所携带天然气的压力和形态、燃料的组成与应用特点以及天然气的供给方式等,可以分为多种类型。

1. 按储带的压力和形态

有压缩天然气汽车、常压天然气汽车、液化天然气汽车和吸附天然气汽车等四种。

（1）压缩天然气汽车（CNGV）

以高压气态储带天然气的天然气汽车称为压缩天然气汽车。储带于储气瓶内的高压天然气（通常是 20MPa），工作时经降压、计量和混合后进入气缸，也可以直接喷入气缸或进气管。CNGV 是天然气汽车的主体。

（2）常压天然气汽车（NNGV）

以常压气态储带天然气的天然气汽车称为常压天然气汽车。常压天然气汽车出现于第一次世界大战期间，五六十年代在我国四川省有少量这种汽车使用。这种原始的储带方式因携带不便和安全隐患太大，已基本被淘汰。

（3）液化天然气（LNGV）

以液态储带天然气的天然气汽车称为液化天然气汽车。工作时液化天然气经升温、汽化、计量和混合后进入气缸，也可以直接喷入气缸或进气管。由于天然气液化后的体积仅为标准状况下体积的 1/625，储带方便，应用潜力较大。

（4）吸附天然气汽车（ANGV）

以吸附方式储带天然气的天然气汽车称为吸附天然气汽车。储带于储气瓶内的中压天然气（3.5~6MPa），工作时经降压、计量和混合后进入气缸，也可以直接喷入气缸或进气管。

2. 按燃料的组成与应用

（1）纯（或专用）天然气汽车

纯天然气汽车是指燃用天然气的单一燃料汽车。其发动机为点燃式发动机。

纯天然气汽车专为燃用天然气而设计，充分考虑了天然气的性质特点，使天然气的优点有可能发挥到极致，使天然气汽车的性能有可能达到最优。如考虑到天然气辛烷值很高（等于120），较大幅度地提高压缩比，可以使发动机的效率较大幅度的增加等。

纯天然气汽车需要重新设计制造或对原机进行较大幅度的改造，其续驶里程较短，使用范围局限于有加气网络的地区。

纯天然气汽车又可分为以汽油机为基础的天然气汽车和以柴油机为基础（改为点燃式）的天然气汽车两种类型。

（2）NG—汽油两用燃料（FlexibleFuel）汽车

NG—汽油两用燃料汽车是可以视情交替燃用 NG 或汽油的汽车。NG—汽油两用燃料汽车的发动机是点燃式发动机，备有两套燃料系统和 NG、汽油两种燃料。NG—汽油两用燃料汽车通常是在汽油车上加装一套天然气燃料供给装置而成。

NG—汽油两用燃料汽车的工作方式：燃用汽油时切断天然气的供给，燃用天然气时切断汽油的供给。不论哪种工作方式，混合气都是预混并由电火花点燃。

NG—汽油两用燃料汽车的优点：改装方便，原机基本不做变动；在保证供应的情况下可以尽可能地燃用天然气，而在需要时又可以随时方便地改用汽油；由于保存了原车的储油箱，续驶里程比原车还要长。

NG—汽油两用燃料汽车的主要问题是在燃用天然气时动力性下降显著。

（3）NG—柴油双燃料（DualfuelFuel）汽车

NG—柴油双燃料汽车是指同时燃用 NG 和柴油的汽车。在常规柴油车发动机上加装一套天然气供给装置,即成为NG—柴油双燃料发动机。

NG—柴油双燃料汽车的主要优点是可以大幅度地降低大负荷工况的微粒排放,但小负荷时的HC、CO排放和燃料消耗率有所增加。

3. 按天然气的供给方式

(1) 真空进气式天然气汽车

真空进气式天然气汽车是指天然气靠进气管真空度引入进气管的天然气汽车。其燃料供给方式类似于化油器式发动机的燃料供给方式。

(2) 喷射式天然气汽车

喷射式天然气汽车是指天然气以一定的压力经喷气嘴直接喷入气缸或进气管的天然气汽车。其燃料供给方式类似于汽油喷射式汽油机或柴油机的供给方式。

4. 按燃料供给的控制方式

(1) 机械控制式天然气汽车

机械控制式天然气汽车是指以机械方式为主控制天然气供给的天然气汽车。

(2) 机电联合控制式天然气汽车

机电联合控制式天然气汽车是指以机电联合控制方式控制天然气供给的天然气汽车。

(3) 电控式天然气汽车

电控式天然气汽车是指利用微机来控制不同工况天然气供给的天然气汽车。电控式又有开环和闭环之分。

9.1.4 天然气汽车工作特性与结构原理

1. 工作特性

汽车用天然气中甲烷的质量分数高达80%~99%。其余成分是二氧化碳、氮气和低分子质量烃。天然气在汽车上可以以液态形式存储,或者以气态压缩的形式存储。以液态形式存储是指在-162℃时,作为液化天然气(LNG)存储。以气态压缩的形式存储时,压缩天然气的压力高达20MPa。由于存储液化天然气成本高,一般都将天然气以压缩的形式存储。天然气的抗爆性极好,从而可使用13:1的压缩比。然而,在双燃料发动机上,如汽油和天然气组合使用的发动机上,因为压缩比必须按照汽油来调整,所以这个优点不能得到很好的利用。国内改装的双燃料汽车,因要兼顾燃油、燃气两种条件,对原发动机压缩比和燃烧结构等均不做变动,发动机功率、汽车最高车速、加速性能不低于原车90%。因此汽车输出功率略有下降,但城区地势较为平坦,不会影响驾驶效果。

天然气汽车发动机动力性下降的原因有混合气热值低和分子变更系数小以及充气效率下降等诸多因素。混合气热值低和分子变更系数小是由于燃料分子中含氢比例较大造成的,对于天然气,其分子结构是固定的无法改变。要提高天然气发动机的动力性,只能从增压、缸内直喷、降低进气温度、大负荷工况减气增油等方面进行。天然气辛烷值为115~139,比汽油高出50%,抗爆性能强。提高压缩比、增大点火提前角也是提高天然气发动机功率简单易行的有效方法。压缩天然气发动机的转矩除在高转速时略有下降外,呈现出较好的低速特性,这是由于压缩天然气抗爆性能好,低转速时不需要推迟点火。

目前,国内天然气汽车的开发中采用的主要是压缩天然气技术,在实际应用中遇到了如车辆行驶里程短、动力性、经济性不够理想,安全性能较差等问题,从而限制了其应用范围。与之相比液化天然气具有更多的优点：

1）液化天然气和压缩天然气的主要成分均为甲烷，液化天然气通过深冷前的净化处理几乎除掉了天然气中的全部杂质，深冷净化处理过程中又分离出不同液化点的重烃类成分和其他气体成分。因此液化天然气的纯度很高，甲烷含量为97.5%~99.5%。而压缩天然气中的甲烷含量只有81.3%~97.5%。液化天然气燃料成分的单一性和一致性有利于发动机压缩比等设计参数的确定，避免了乙烷、丙烷等成分的爆燃对发动机及其部件造成的不良影响。

2）液化天然气的能量密度是压缩天然气的3.5倍，这表明液化天然气储存效率更高，可以使车辆获得较长的行驶里程，或者说在相同行驶里程的情况下可以使车辆的总质量更小，从而比使用压缩天然气有更好的燃料经济性。同时储存效率高也使液化天然气更利于运输，扩大了液化天然气使用的地域范围。

3）液化天然气的储气瓶为具有绝热夹层的压力气瓶，储存温度为-162℃，储存压力稍高于1.0MPa，而压缩天然气通常以20~25MPa的高压储存在高压气瓶中，因此使用液化天然气更安全。

4）使用液化天然气可以充分利用其低温特性降低混合气的温度，从而降低燃烧温度，提高发动机的热效率，同时降低NO_x的排放。

5）使用液化天然气易于使发动机对负荷变化获得更好的响应性。

我国天然气储量丰富，总资源量约为54万亿m^3，西气东输工程已覆盖120个城市，推广使用天然气汽车有着良好的资源条件。压缩天然气汽车发动机历经了几代产品的演变和发展之后，呈现出如下发展趋势：燃料供给系统从机械式混合器发展到电子控制喷射系统；电喷系统由单点开环控制发展到闭环多点喷射控制系统；喷射方式从缸外预混合到复合供气、缸内直接喷射；燃料的使用从两用燃料、双燃料到单一燃料。压缩天然气缸内直接喷射技术综合了柴油机和汽油机的优势，从根本上解决了预混合方式中天然气燃料挤占进气空气体积，造成充气效率下降的问题，实现了压缩天然气非均质混合气扩散燃烧，燃烧效率高，能有效提高天然气发动机的动力性。液化天然气作为后起之秀，具有无与伦比的优势，具有很好的发展前景。随着液化天然气低温液化技术的不断成熟，液化天然气的制取、气瓶、传输管路等的价格将不断下降，届时液化天然气将成为天然气汽车发动机的主要发展方向。

液化天然气燃料开发和应用的难点之一在于天然气常温下难以液化，因此液化天然气的制取比压缩天然气要复杂，而且液化天然气在常压下只有保持在-162℃以下才能呈现为液态，故液化天然气的气瓶和传输管路需要具有良好的绝热性能，其设计制造相当复杂，成本较高。

为从根本上解决以往预混合供气方式中，压缩天然气气体燃料挤占进气空气体积，造成充气效率下降问题而研制出了压缩天然气缸内直喷发动机。与常见的缸外混合压缩天然气发动机不同，该发动机将空气的吸入和压缩天然气的喷射分开进行，先将纯净空气吸入气缸，在接近压缩行程上止点时将压缩天然气喷入气缸，借助高温（约1300℃）的电热塞使天然气压燃。燃烧效率比传统火花点燃式压缩天然气发动机提高25%。压缩天然气喷射压力为19MPa，发动机热效率超过原柴油机。无可见烟排放、NO_x排放低于同类型柴油机。

如图9-1所示，当压缩天然气发动机起动后，天然气便从储气瓶流入燃料软管中。在发动机附近，天然气将进入压力调节器从而实现降压。然后，天然气将进入多点气体燃料喷射系统，该系统会将其引入气缸中。传感器和计算机将对燃料和空气的混合气体进行调节，以便火花塞点燃天然气时燃烧更有效。

有的汽油/压缩天然气两用燃料汽车在中、小负荷工况下，发动机燃用纯压缩天然气，当发动机负荷达到50%以上时，减少压缩天然气供气量并加入少量汽油掺烧，或在大负荷工况完全切断压缩天然气供气，改为纯汽油供给方式。

需要说明一点，如果定期更换高压气瓶，并且按照制造厂家的说明，对天然气系统进行维护检查、那么就没有必要对供气系统进行规定的养护检查。在维护检查的范围内，必须对天然气储气瓶和管路、电磁式截止阀、关闭盖和天然气加注管、天然气储气瓶上的通风管进行检查。必须按照制造厂的规定。使用气体泄漏检查仪等仪器进行泄漏试验。需要遵守天然气汽车操作、使用和修理方面的安全法规。

天然气动力系统的构造在点燃式发动机上，一般将天然气驱动与汽油驱动相结合（所谓的双燃料动力装置）。

天然气储气瓶内的天然气储存压力约为20MPa。天然气储气瓶内的气态天然气经过管路，到达调压器。在这里，经过多级降压，使压力达到0.9MPa。ECU根据需要给进气歧管上的气体喷射器通电，从而使其开启。喷出的气体与进入的空气进行混合，然后进入燃烧室。

天然气动力系统对环境构成一定的威胁，例如，气体泄漏未被检查出来，或者是储存压力的提高存在爆炸的危险。为此，天然气动力系统必须装有各种安全装置。止回阀位于空气接头内的截止阀上，其作用是防止天然气经过充注阀倒流。在车内布置管路和部件上，包缠密封护套。螺纹套管接头为双卡环螺纹套管接头。天然气储气瓶是由钢或碳纤维增强塑料（CFRP）制成。每个储气瓶都要通过两个护圈安装到汽车上。钢瓶的爆炸压力约为40MPa，而CFRP气瓶的爆炸压力约为50MPa。储气瓶上安装易熔塞和热熔断器。这些装置可以防止过高的压力增长，从而防止起火时所引起的储气瓶爆炸。限流器可以防止管路破裂时所造成的天然气突然大量泄漏。

电磁截止阀安装在天然气储气瓶上。在转换成汽油模式的情况下，在发生电源故障时，发动机停机后，或者在发生事故时，此阀都要关闭。另有一个截止阀安装在调压器上。在低压侧管路上采用软管，如在调压器与气体喷射器之间的管路上，使用这样的软管可以防止疲劳损伤所引起的断裂现象。过压调节器安装在调压器上，可防止低压侧出现过高压力。

2. 天然气发动机结构和工作原理

（1）压缩天然气发动机系统原理

从压缩天然气发动机工作原理图（图9-1）可看出，该发动机基本原理为高压的压缩天然气从储气钢瓶出来，经过天然气滤清器过滤后，经高压电磁阀进入高压减压器，高压电磁阀的开合由ECM控制，高压减压器的作用是将高压的压缩天然气（工作压力20~30MPa）经过减压加热将压力调整至7~9MPa。高压天然气在减压过程中由于减压膨胀，需要吸收大量的热量，为防止减压器结冰，从发动机将冷却液引出到减压器对燃气进行加热。经减压后的天然气进入电控调压器，电控调压器的作用是根据发动机运行工况精确控制天然气喷射量。天然气与空气在混合器内充分混合，进入发动机气缸内，经火花塞点燃进行燃烧，火花塞的点火时刻由ECM控制，氧传感器即时监控燃烧后的尾气的氧浓度，推算出空燃比，ECU根据氧传感器的反馈信导和控制MAP及时修正天然气喷射量。图9-2所示为压缩天然气发动机电控系统组成。

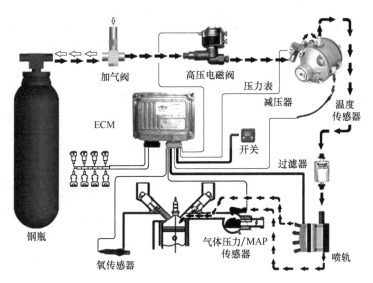

图 9-1　压缩天然气汽车工作示意图

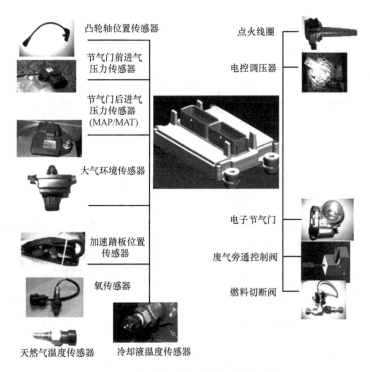

图 9-2　压缩天然气发动机电控系统

> ⚠ 注意：若采用增压技术，发动机进气量有显著增加，使压缩天然气发动机的动力性恢复到原汽油机水平。

图 9-3 和图 9-4 所示分别为玉柴压缩天然气发动机和液化天然气发动机原理。

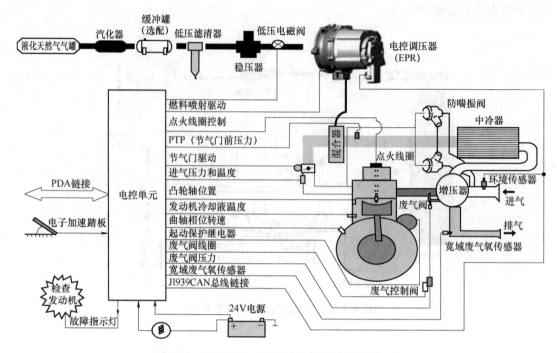

图 9-3 玉柴压缩天然气增压发动机系统原理图

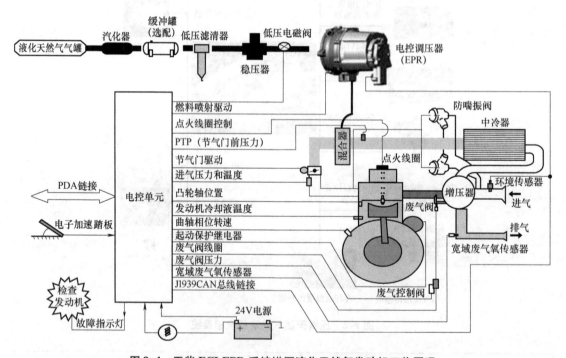

图 9-4 玉柴 ECI EPR 系统增压液化天然气发动机工作原理

(2) 天然气发动机主要零部件作用和工作原理

1) 高压燃料切断阀。如图 9-5 所示,高压燃料切断阀由 ECM 控制其开合,停机状态下处于常闭状态。作用是及时切断或恢复燃料供给。为有效防止高压电磁阀进气接头与高压电磁阀结合部位漏气，安装该接头时，必须使用螺纹密封胶（如乐泰262），并且锁紧接头使铜垫略有变形，有效密封。高压燃料切断阀进气口自带滤芯，维护时可用汽油浸泡，并在用压缩空气吹干净后装复即可；如果拆检时发现高压电磁阀滤芯污染严重，必须拆下高压电磁阀阀芯、阀座，用汽油浸泡后，再用压缩空气吹干净后装复。

2）高压减压器。如图9-6所示，高压减压器通过压力膜片克服弹簧阻力，带动杠杆，调整节流孔的流通面积，从而控制减压后的天然气压力。通过节流和加热，使高压的压缩天然气减压至7~9MPa的低压天然气。

图9-5 高压燃料切断阀

图9-6 高压减压器

安装时要求减压器进气接头螺纹部分必须使用螺纹密封胶，并且使用铜垫进行密封；减压器出气接头使用O形圈进行密封，出气接头与低压电磁阀、低压电磁阀与电磁阀出气接头采用锥螺纹连接，安装时必须使用螺纹密封胶；高压减压器通过两根水管与发动机的冷却水循环水路连通，安装水管时应锁紧环箍，以免漏水；高压减压器必须通过一根压力反馈管与进气管连接，目的是为了根据工况控制调压器出口压力；减压调节器应安装在靠近发动机进气管和振动较小的位置，但不应直接安装在发动机上。因此减压调节器必须安装在汽车（底盘）大梁上。设计减压调节器支架时，应注意减压调节器的安装位置不能高于发动机散热器顶部。否则会导致加热水不能流经减压器，导致减压器结冰冻裂。

每行驶5万km维护高压减压器，用汽油或化油器清洗剂清洗高压减压器一级压力腔，并用干压缩空气吹干净后装复；拆除高压减压器进气接头，检查滤芯是否被污染，若被污染，则进行更换；更换易损件（如橡胶密封圈），检查轴销的磨损情况，若磨损．则更换轴销；并对减压压力进行检查、调整；每行驶10万km更换膜片及密封件，并对减压压力进行检查、调整。

3）低压电磁阀。如图9-7所示，低压电磁阀由线圈驱动阀芯。由ECM控制其开合，停机状态下处于常闭状态，有及时切断或恢复燃料供给作用。为有效防止高压电磁阀进气接头与高压电磁阀结合部位漏气，安装该接头时，必须使用螺纹密封胶（如乐泰262）有效密封，要求安装于电控调压器上面。

4）电控调压器（EPR阀）。如图9-8所示，电控调压器内部有一控制芯片，该控制芯片接受来自ECM的控制指令，通过高速电磁阀控制天然气气量，从而实时有效控制空燃比，其还可控制天然气喷射量。

图 9-7　低压电磁阀

图 9-8　电控调压器

安装时因该零件内部有控制芯片，应避免高频振动。该零件自带减振软垫，切勿自行拆卸。电控调压器出气口中心水平高度不能低于混合器进气口中心高度，电控调压器天然气出气口与混合器天然气进气口的距离要求控制在 500mm 以内。目的是为了让天然气中的杂质流到混合器中随空气进入缸内燃烧掉，保持 EPR 阀内清洁，并且保持天然气供给响应速度快。

电控调压器（EPR）在使用中需进行定期的维护，由于电控调压器处于低压减压部分，在长期的使用中会在其内部沉积大量的油污和杂质，长时间的油污和杂质会导致电控调压器工作不良、传感器损坏以及内部的密封件和橡胶膜片提前老化和破损，该部件的维护尤为重要。每行驶 5 万 km 需对内部零部件进行清洗，更换易损件，检查轴销的磨损情况；每行驶 15 万 km 需更换膜片及密封件，并对压力进行校准。

5）混合器。混合器将天然气和中冷后的空气充分混合，使燃烧更充分、柔和，有效降低 NO_x 排放和排气温度。安装时要求调压器出气管安装在混合器天然气入口处，安装时锥螺纹部分必须使用螺纹密封胶以防止漏气。将混合器两垫片安装在混合器接管与混合器的结合面，注意拧紧螺栓以防止漏气。

E330、E480 混合器拥有极少的活动部件和坚固的设计，因此工作非常稳定。由于使用不当以及使用区域气体洁净度的影响，混合器中的部件也将产生损坏。

根据使用情况的调查和分析，由于使用和维护不当，会产生两种故障模式：一是膜片损坏，发动机经常性回火会导致膜片老化加剧，致使膜片出现分裂和破损；二是燃料空气阀卡滞，当压缩天然气中所含的压缩机机油过多，以及空气中的杂质过滤不充分的情况下，如果没有及时对混合器内部进行清洁，油污会附着在燃料空气阀和阀座上，长时间的积累会导致燃料空气阀运动受阻，甚至完全卡死，从而导致发动机工作不稳定。因此，空滤器对空气、天然气的过滤效果的好坏将直接影响混合器的使用寿命。

6）电子节气门。电子节气门通过控制蝶阀的开度，控制进入气缸内的混合气的量，从而控制发动机的转速和负荷。驾驶人通过加速踏板，将动力需求传送给 ECM，ECM 接收到加速踏板信号后，根据发动机运行工况控制电子节气门开度。通过控制蝶阀开度，控制怠速转速和调速特性曲线。

安装时要求电子节气门驱动电动机轴线必须保持水平方向。每行驶10万km（视当地气体清洁度而定），从发动机上拆下节气门，检查节气门内部是否有明显的油污。若有，则需用节气门清洗剂清洗节气门碟阀部分，清洗后用于压缩空气吹干。清洗后，用手按压碟阀，检查碟阀运动有无卡滞、是否回位，若出现卡滞，则需要更换电控节气门总成。

7）点火线圈。如图9-9所示，点火线圈接收来自ECM点火指令，产生高电压并将高电压传递给火花塞，产生火花，点燃天然气。点火线圈能根据ECM指令控制点火时刻，使发动机实现低排放、低气耗。

安装时要求拧紧点火线圈安装螺栓，以保证点火线圈胶套内弹簧与火花塞头部紧密接触。高压电源会在接触表面产生电弧，弹簧与火花塞头部接触的部位易受热氧化，导致接触部位电阻过大，分压作用过大导致火花塞点火能量降低，严重时会导致失火。因此安装火花塞和点火线圈时，必须在火花塞头部与点火线圈弹簧结合部位涂抹导电膏。在胶套与火花塞接触的陶瓷部位应该涂抹绝缘润滑油脂，以防止因胶套老化导致火花塞与缸盖之间漏电。

点火线圈次级输出电压高达4万V，所以在发动机使用过程中，绝对不允许用水直接冲洗发动机，特别是点火线圈部位；每3个月或2万km要清理弹簧与火花塞之间的氧化物，并涂抹导电膏；每3个月要检查点火线圈胶套是否老化开裂，如有开裂，应及时更换。

8）防喘振阀。如图9-10所示，当发动机突然减速时，通过防喘振阀通气软管将节气门后的低压压力传递到防喘振阀压力反馈接头上，打开防喘振阀单向截止膜片，使增压器压气机前后压力平衡，避免增压器喘振，保护增压器。

图9-9　点火线圈　　　　　　图9-10　防喘振阀

该零件共有三个接口。通过防喘振阀通气软管连通防喘振阀和进气管压力，另外，两个接口分别连接增压器前进气管和增压器后进气管。6G系列压缩天然气发动机使用两个防喘振阀，两个防喘振阀安装时进出气口刚好相反，使气流能相互流通。4G系列压缩天然气发动机只需要一个防喘振阀即可满足要求。防喘振阀两端内径的连接管由汽车厂配备。

9）火花塞。火花塞接收来自点火线圈的高电压，产生火花，点燃天然气。安装时要求拧紧点火花塞，拧紧力矩为30N·m。拧紧火花塞必须使用专用火花塞套筒。高压电源会在接触表面产生电弧，弹簧与火花塞头部接触的部位受热氧化，导致接触部位电阻过大，分压作用过大导致火花塞点火能量降低，严重时会导致失火，因此安装火花塞和点火线圈时，必须在火花塞头部涂抹导电膏。在胶套与火花塞接触的陶瓷部位应该涂抹绝缘润滑油脂，以防止因胶套老化导致火花塞与缸盖之间漏电。

火花塞属易损件。玉柴目前所使用的火花塞为 NGK 铂金和铱金火花塞两种。火花塞使用寿命一般为 6 万~8 万 km。其维护内容为：每行驶 3 个月或 2 万 km，必须检查火花塞电极燃烧情况．清理电极头部杂质．并调整间隙。间隙调整要求如下：天然气发动机 NGK 铂金火花塞电极间隙为 (0.33±0.05) mm；天然气发动机 NGK 铱金火花塞电极间隙为 (0.4±0.05) mm；每行驶 6 万~8 万 km，检查火花塞头部电极贵金属烧蚀情况，若使用情况较好，调整间隙后可继续使用。要求行驶 8 万 km 后直接更换火花塞，必须使用玉柴指定火花塞，否则可能会导致炽热点火、动力下降、气耗升高、点火线圈击穿等故障。

10）废气旁通控制阀。如图 9-11 所示，废气旁通控制阀通过控制废气旁通控制阀的占空比，控制废气旁通控制阀的出口压力，从而控制发动机的增压压力。采用该技术能有效提升发动机低速转矩，满足公交车频繁起步的工作要求。安装时要求安装在散热条件较好的低温区，保证零部件可靠性。

11）氧传感器。如图 9-12 所示，氧传感器检测排气中氧分子浓度，从而测量燃烧时的空燃比，ECM 根据测量所得的空燃比修正燃气供给量。

图 9-11　废气旁通控制阀

图 9-12　氧传感器

安装要求在离增压器出口或排气弯管下游 3~5 倍排气管直径（250~400mm）的地方，焊接一个氧传感器安装座，该零件由玉柴提供，汽车厂安装，供安装氧传感器用；氧传感器应安装在排气管远离发动机一侧（不能安装在排气管下方），传感器线束走向应尽量远离发动机和排气管，并可靠固定；氧传感器不能安装在排气管转弯处；氧传感器在满足前面的要求的情况下尽可能靠近涡轮增压器；如果有排气制动阀，氧传感器应安放在排气制动阀的下游；氧传感器的安装位置处不能进雨水；氧传感器和发动机之间最好有隔热罩等隔热装置。

12）大气环境传感器。如图 9-13 所示，通过测量进气压力、温度、湿度，并根据所测得的湿度、压力来修正实际控制空燃比和天然气供给量，使发动机运行在最佳状态。

安装要求：该传感器要求安装在空气滤清器和增压器之间的空气管路上，环境传感器安装座由玉柴提供，汽车厂负责将环境传感器安装座焊接在进气管路上，焊接时必须保证焊接部位密封可靠。为保证环境传感器测量值正确，安装时必须保证传感器底面四个湿度测量小孔不被挡住，并且该传感器温度、压力探头必须置于气流中以测量正确值。

传感器内置湿度、温度、压力传感器，工作环境温度 -40~105℃；安装螺栓 2XM6X1 拧紧力矩最大 3.3N·m。

13）进气压力温度传感器。如图 9-14 所示，通过测量中冷后的压力、温度，结合发动

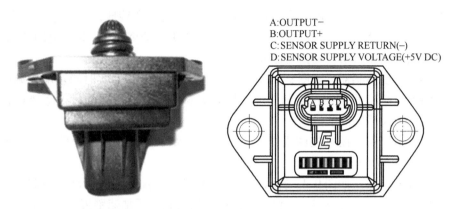

图 9-13 大气环境传感器

机转速、排量、充气效率,利用速度密度法即可计算出混合气流量。

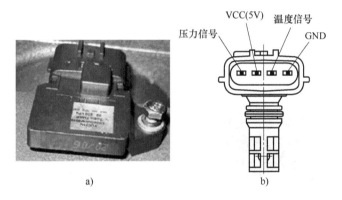

图 9-14 进气压力温度传感器

安装要求:按零件要求安装在电子节气门下游的进气管上,安装时尽可能让传感器温度、压力探头置于混合气气流中,以测量出正确的值。

14)凸轮轴位置传感器。如图 9-15 所示,通过信号轮的触发信号,将第一缸活塞压缩上止点位置及时准确地传递给 ECM,同时有测量曲轴转速的功能。ECM 根据触发信号及控制 MAP 来控制发动机的点火提前角、空燃比、增压压力等参数。

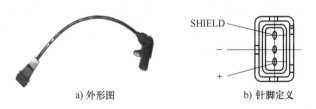

图 9-15 凸轮轴位置传感器

15)冷却液温度传感器。冷却液温度传感器将发动机的冷却液温度信号及时准确地传递给 ECM,ECM 根据冷却液温度修正点火提前角、空燃比及怠速车速等参数、同时在冷却液温度失控的情况下限制发动机的功率,从而保护发动机。

传感器采用负温度系数热敏电阻,两个输出端子为信号和接地;工作电压为5V 工作环境为 -40~135℃;传感器体材料为黄铜;安装力矩为 15~20N·m;20℃电阻值为2500Ω。安装时要求牢固安装在发动机上指定位置。

16)天然气温度传感器。如图9-16 所示,天然气温度传感器实时测量电控调压器出口处的天然气温度,ECM 根据测量到的温度、压力等参数以及所需要的目标空燃比计算出需要提供给发动机的天然气供给量。

安装时要求牢固安装在电控调压器上指定位置,要求加密封胶,确保不发生天然气泄漏,拧紧力矩 15~20N·m。

17)电子加速踏板。如图9-17 所示,驾驶人通过电子加速踏板驱动和控制发动机运行工况,反映驾驶人的实际动力需求。该加速踏板为接触式电子加速踏板,安装时注意将加速踏板布置在防油、防水、防电磁干扰条件较好的地方。为防止整车电磁干扰影响电子加速踏板传递给 ECM 的信号,要求电子加速踏板至整车接口信号线必须使用屏蔽线,并且屏蔽层要接地牢固可靠。

图 9-16 天然气温度传感器

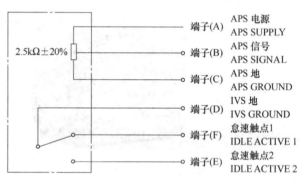

图 9-17 电子加速踏板

18)电子控制模块。如图9-18 所示,电控压缩天然气发动机管理核心,通过各种传感器监控发动机运行工况,根据发动机运行工况控制 MAP 控制各执行器,并且通过 CAN 总线与汽车各子系统通信。

3. 典型的天然气汽车

(1) 一汽 CA6100URN1 城市客车

CA6100URN1 车型是一汽客车开发的一款天然气城市客车,其外形如图9-19 所示。该车型匹配压缩天然气后置 CA6SE1—21E4N 型直列6缸、增压中冷电控天然气欧IX 发动机,更加环保。

(2) 东风雪铁龙新爱丽舍轿车 CNG

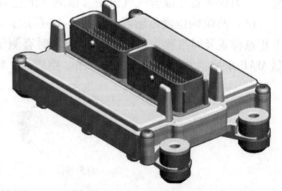

图 9-18 电子控制模块

如图9-20 所示,东风雪铁龙的新爱丽舍 CNG 车型承袭了新爱丽舍系列车型承载式车身结构,拥有全新外形以及独有的后轮随动转向技术。新爱丽舍 CNG 双燃料车是国内第一款燃气供给系统由原厂流水线一体化设计制造非线外改装的 CNG 双燃料车,设计和制造要求完全符合国家标准，同时工艺规范比较严格，更主要的是完善了天然气与原发动机的匹配问题，提高了整车的质量稳定性和安全性，因而避免了其他线外改装车型可能会遇到的质量难以控制、出现问题后索赔难等诸多问题。

图 9-19　一汽 CA6100URN1 城市客车　　　　图 9-20　东风雪铁龙新爱丽舍 CNG 轿车

新爱丽舍 CNG 是在新爱丽舍标准型轿车的基础上，采用汽油及压缩天然气电控多点喷射燃料供给系统的 1.6L 小型高能的两用燃料发动机，其汽油喷射系统选用与新爱丽舍相同的汽油电控单元，更安全、科技含量更高。其中，CNG 系统适配 PSA 认可的意大利 LOVATO 最新一代的压缩天然气多点喷射系统，该系统处于国内汽油与压缩天然气两用燃料轿车市场的领先水平。先进的设备带来了良好的燃料经济性。爱丽舍 CNG 车型的能量损耗低。CNG 双燃料车型在汽油和压缩天然气两种燃料之间进行转换时，由于两种燃料固有的特性，会存在 12%～30% 的动力损失。动力损失仅为 14.1%，是各车型中动力损失最少的一款。

新爱丽舍 CNG 是国内唯一一款加气口外置的双燃料车，与国内其他品牌的 CNG 双燃料车将加气口和压力表设置于发动机舱内相比，最大的好处就是每次加气无须打开发动机盖，既做到了加气便利，又防止了高温发动机舱加气的安全风险。

9.1.5　氢能发动机汽车

1. 氢能发动机汽车基本结构原理

氢气与石化燃料不同，其不含碳，而且燃烧之后生成的是水和少量的一氧化氮，而没有 CO 和 HC，燃烧清洁，也不会产生造成温室效应的二氧化碳，符合减缓全球变暖的时代需求，因此它是一种清洁燃料。目前车用氢能主要有两种方案：一种是燃料电池，它是通过氢的离子化转化成电能；一种是氢内燃机，它通过氢的燃烧使化学能转化为机械能。

然而，燃料电池汽车存在车体积庞大、冷起动性差、高负荷运行时效率低、续驶里程及寿命有限、价格昂贵的缺点。目前燃料电池汽车相关基础设施建设较少，也缺少健全的标准和规范，因此在短期内很难达到大规模产业化和市场化。相比较而言，发展氢内燃机更实际可行。氢燃料内燃机工作原理和点燃式内燃机相同，只需在结构上对传统内燃机做局部（如供氢系统、喷氢系统等）修改即可。

氢气在常温、常压下是无色、无味、无毒的气体。氢气本身的天然储量不大，而且自然界中的氧绝大部分以化合态的形式存在。作为氢来源之一的水是十分丰富的，而且氢气燃烧后生成的物质还是水,故能形成资源的快速循环。

(1) 氢发动机的分类与工作原理

氢发动机属于点燃式发动机,根据氢燃料储存的压力和形态分为压缩氢、液态氢和吸附氢三种。根据混合气形成方式不同可分为外部混合(预混式)、内部混合(缸内喷射式)和内外混合结合式等几种方式。

1) 预混式氢发动机。所谓预混式,即缸外混合,是让气态氢与空气在气缸外形成混合气,然后由进气道在进气行程送入气缸。由火花塞或电热塞引燃,也可以用柴油引燃。这是使用氢燃料最简单的技术,目前国内外研发的氢发动机大部分都采用这种形式。采用预混式燃烧对传统发动机结构不需要做很大改动,而且由于在该种发动机内各缸燃料分配均匀,混合气形成和燃烧较易组织。但是,预混式氢发动机在运行中无法避免回火和早燃等异常燃烧现象,输出功率一般也较低。一旦出现这些现象,发动机性能将会急剧下降,甚至无法正常工作。为避免发生这些异常燃烧的现象,可以采用下列措施:

① 避免回火现象。回火一般是由早燃引起的,因此首先需要保证气缸清洁和减少热点。采用在进气歧管加引管喷射的方式,将减压后的氢气喷射到进气门处以减少进气歧管内的氢气量,也可以很好地减轻回火程度。另外,还可以采用进气管喷水的方法,但是这种方式要求有较大的喷水率才会有明显的效果,并且还会对气缸产生腐蚀,使功率下降。

② 避免早燃现象。为了抑制早燃的产生,氢发动机必须采用各缸独立点火系统,而不能采用分组式电子点火系统。为了避免早燃,还应该根据氢气的燃烧特性选用冷型的火花塞和较狭小的火花塞间隙。为了克服极稀混合气状态下($130:1 \sim 180:1$)火焰传播速度显著下降引发的断火,应采用双火花塞点火。另外,在混合气中添加甲烷、氮气等可抑止早燃,而且在其中添加甲烷还可以弥补使用氢气燃料而带来的功率不足,并解决燃烧过快和过慢的问题。

③ 其他异常燃烧现象。通过调整喷氢提前角和点火提前角以及它们之间的匹配,可以在一定程度上消除氢发动机的异常燃烧。而且研究表明,当这两个参数很接近时,氢燃料发动机运转正常。采取废气再循环方式也可防止异常燃烧现象,不过若要有明显效果,需要保证 EGR(废气再循环)率在 25%~30%。

2) 缸内喷射式氢发动机。缸内喷射是指在进气阀关闭后将氢燃料直接喷入缸内。压缩行程开始后,气缸内气体压力是逐步上升的,在压缩行程的不同时期喷入缸内氢气压力必须是不同的,压力高低需要与缸内气体压力相匹配。氢气在压缩行程初期喷入的称为低压喷射型,在压缩行程末期将压力为 8MPa 以上的氢气喷入气缸的称为高压喷射型。采用缸内喷射,氢气不再占据气缸容积,这样就避免了预混式氢发动机气缸内可燃混合气总量较少的缺点。另外由于换气过程中新鲜空气对燃烧室的冷却作用,大大减少了不正常表面点火的发生,发动机工作平稳可靠。低压喷射型虽可控制回火,但喷入常温下的氢气时易发生早燃等异常燃烧,功率只能与汽油机水平相当。而喷入低温($-50 \sim 0℃$)氢气虽可抑制早燃和提高发动机功率(功率比汽油机高 20%),但是运行成本上升,还受到发动机运动副的耐冻能力和循环工作情况的限制。高压喷射型由于氢气和空气混合不良,指示热效率稍低,但不会发生回火和早燃等异常燃烧,并可提高压缩比,从而提高输出功率和补偿热效率,改进发动机的整体性能,但是高压喷射对喷氢系统有很高的要求。

① 为了使氢喷束贯穿整个燃烧室,喷射压力必须大于 8MPa。这么高的压力只有通过采

用液氢泵来获得。

② 氢极易通过喷射阀和阀座间的狭缝泄漏，因此这些偶件要求加工得十分精密，并需使用少量润滑油。这些特殊的低温防泄漏设备的采用增加了发动机的成本。

③ 与汽油相比，氢的密度很小，因而在高压空气中，氢喷束的喷射速度较低，且射程较短，不利于及时形成混合气。因此，要实现快速燃烧，必须合理组织燃烧室内的气流运动。

④ 氢的喷射、点火正时、循环喷氢量均应精确控制。

3) 内外混合结合式氢发动机。在采用缸内高压喷射时，由于氢喷入缸内会吸热，氢的自燃温度又高，导致着火困难。采取缸内喷射与进气道喷射相结合的方式喷氢，使得少量氢和空气在进气管预混后进入气缸，其余大部分氢气在压缩末期高压喷入气缸，可以有效改善发动机的着火性能，从而降低了 NO_x 的排放。日本古滨庄一等人采用缸内喷射（喷射压力为 5MPa）和预混（过量空气系数为 4）相结合的方式进行试验。结果表明，与全部预混的方式相比这种方式更有利于在过量空气系数为 1 的附近正常燃烧，并能获得较低的 NO_x 排放量。

（2）关键零部件

如上所述，采用缸内高压喷射时，对供氢系统的要求很高。日本某液氢汽车采用图 9-21 所示的供氢系统。由直流电动机驱动的液氢泵将液氢箱的氢抽出，氢迅速由液态变为气态，经高压输油管送入热交换器，提高温度，然后保持在室温左右。氢气由储氢筒，经喷氢器在高压作用下喷入发动机的燃烧室中。其中最主要的两个关键部件为液氢泵和喷氢器。

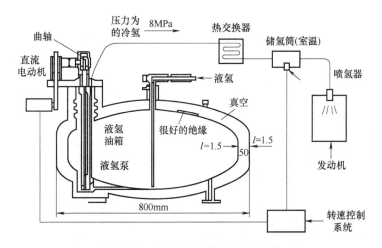

图 9-21 典型的液氢汽车供氢系统

1) 液氢泵。液氢泵的局部结构及工作原理如图 9-22 所示，图中画有阴影的部分是固定在液氢箱体中不动的。在泵送液氢的过程中，图 9-22a 中未画阴影部分表示的钢筒向上提起，吸氢阀被关闭，并将缸筒中的氢气压上去，经过打开的供氢阀将气化的氢在一定压力下，经高压输油管送入热交换器。在液氢泵吸氢行程（图 9-22b）缸筒向下运动，供氢阀关闭，而吸氢阀打开，将液氢油箱中的氢吸入缸筒的空腔内。这种泵的特点就是通常做往复运动的活塞不动，而外面的缸筒做上下运动，这样受力情况由压缩变成拉伸，也提高了泵的工作效率。

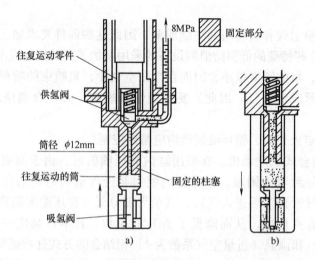

图 9-22　液氢泵的局部结构及工作原理

2）喷氢器。喷氢器的结构如图 9-23 所示，在燃烧室中布置的情况如 9-23a 所示，利用了通常柴油机采用的喷油泵及喷嘴。此时被喷油泵压入喷氢器的柴油是作为工作液体起作用的，它推动喷氢器上端的针阀向下压（图 9-23b），将氢气阀打开，氢气便通过喷氢器下端喷头上的孔射入燃烧室。这种装置既利用了原柴油机的喷油泵等部件，又能将尺寸较小的喷氢器布置在紧凑的缸盖上，然而氢气阀与阀座之间的润滑剂磨损问题不易解决，有待研究。

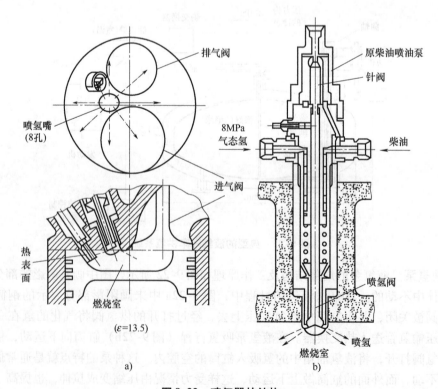

图 9-23　喷氢器的结构

2. 典型车型

（1）宝马

1）7系氢发动机轿车。7系氢发动机轿车上装备的6.0L12V发动机，最大输出功率为191kW，相对同款发动机的汽油版本，功率有所调低。这款氢发动机可使用氢/汽油双燃料，使用氢时与采用汽油时的运行模式相同，由活塞压缩，火花塞点火燃烧。车上的燃料罐可容纳约8kg的液态氢，同时保留了容量为74L的普通油箱。

2）H2R氢燃料研究车。图9-24所示是宝马在2005上海国际车展上隆重推出的H2R"车速世界纪录氢燃料轿车"。这辆原型车在2004年9月的一天之内连续创造了9项世界纪录，以令人印象深刻的方式证明了内燃发动机氢燃料汽车的惊人潜力。这清楚地表明，宝马集团坚信氢燃料可以完全取代传统燃料，与此同时，车辆的性能和动力丝毫不会逊色于任何一部现代高级汽车。

图9-24 H2R氢燃料研究车

宝马这辆"创纪录"轿车的"心脏"是一台排量为6L的12缸发动机，以宝马760Li装备的汽油发动机为基础开发而成，最大输出功率超过210kW。如此强大的动力可以推动这辆原型车在约6s的时间内从静止状态加速到100km/h，最高车速高达302.4km/h。

宝马H2R是宝马Forschung und Technik公司仅用10个月的时间开发出来的，整个开发过程得益于宝马基于7系列轿车的氢燃料轿车系列化开发。这辆原型车的车身表面由碳纤维强化型塑料制成，空气动力学指标经过进一步优化，使得H2R的阻力系数（Cd）仅为0.21。宝马H2R在燃料罐加满且驾驶者就座状态下的重量仅为1560kg，在创造车速世界纪录的同时，排出的仅仅是水蒸气。

在Miramas高速试车场上，宝马集团清楚地表明坚信氢燃料可以完全取代传统燃料，与此同时车辆的性能和动力丝毫不会逊色于任何一部现代汽车。

这台氢燃料发动机以宝马760i的汽油发动机为基础，因此拥有诸如全无级调节式Valvetronic电子气门控制系统等最先进的技术。和汽油发动机相比，这台发动机最主要的变化在于燃料喷射系统根据氢的特性和要求所作出的改装和调整。

与改造前的量产型发动机将燃油直接喷入燃烧室不同，氢燃料发动机的喷射阀直接安装在进气支管内。氢没有以往油/汽混合气那种润滑效应，因此阀和弹簧等部件均采用特殊材料制成。

氢/空气混合气更高的燃烧速度能产生比汽油发动机更高的燃烧温度，因此，其发动机管理系统经过特殊改进，将点火过程推到活塞到达上止点时才开始，从而确保了最大的输出功率。

尽可能推迟向进气支管内喷射氢燃料的需要对喷射阀提出了很高的要求。宝马为该发动机开发了一个特殊的喷射阀，其体积比传统的喷射阀大，覆盖范围也得以增大。

H2R氢燃料研究车位于驾驶席旁的真空隔离双层燃料箱可容纳超过11kg的液态氢，燃料箱上由一个工作阀和两个附加安全阀组成的双重安全系统能确保其不会因压力过高而发生爆炸。该车还装备了源自于 F1 赛车的遥感全程监控整体安全系统,位于关键位置的四个传感器可实时监测并告知任何泄漏现象。

由碳纤维制成的车身外层,车身的侧面轮廓以及总长度更加有助于使宝马 H2R 即使在最高车速状态下也可能保持稳定的行驶特性。与一级方程式赛车一样,宝马 H2R 的车身外层表面也由碳纤维强化型塑料制成,进而实现了极佳强度和较低重量的最佳结合;H2R 在燃料箱满载和驾驶人就座情况下的实际总重也仅为 1.560kg。

(2) 福特 U 型概念车

在 2003 年 1 月的底特律车展上,福特公司向全球展示了第一台增压氢燃料发动机汽车,即 U 型车,如图 9-25 所示。该车将福特模块式混合动力车系统(MHTS)、远程信息处理与先进材料结合在一起,开创了福特汽车公司第二个新纪元。

氢内燃机是基于福特 Ranger、欧洲福特 Mondeo 和许多马自达汽车所使用的福特 2.3LI—4 发动机而设计的。此发动机经过优化,以便于采用 12.2:1 高压缩比活塞、专门设计用来处理氢气的喷氢器、点火线圈在火花塞上的点火系统、电子节气门和新的发动机管理软件来燃烧氢气。

图 9-25 福特 U 型概念车

U 型车由进行过优化的、使用氢运行的内燃机来提供动力。为使效率、功率和里程范围最大化,发动机采用了增压、内冷技术。其全部污染物包括二氧化碳的排放几乎为零,其发动机比汽油发动机节省燃料 25%。氢电混合的变速系统进一步提高了燃烧效率。

U 型车可携带的氢量达 7kg,储氢罐是由 3mm 厚的铝和碳纤维制成的,其额定工作压力能达到 70MPa。

(3) 马自达

1) RX—8 氢气转子发动机跑车(图 9-26)。马自达是全球唯一生产转子发动机的公司,它不仅一直坚持开发和研究这种独特内燃机,还在其使用氢气与汽油两种燃料的车上安装了氢气转子发动机。2017 年报道称,马自达将持续研发转子发动机技术,基于环保法规方面的考量,马自达未来全新的转子发动机或将以氢燃料作为能源。而未来这台发动机将有望搭载到全新 RX-8 之上。

氢气转子发动机在 RX-8 的发动机外壳上安装了四个氢气喷嘴。使用汽油为燃料行驶时与 RX—8 完全一样,采用两侧进排气,使用氢气为燃料行驶时通过安装在外壳上的喷嘴直接喷射氢气(氢以气态喷射)。氢气密度小,喷射量比汽油多得多,因此每个转子配备两个喷嘴。

结构设计上,将进气室和燃烧室分开,这样有效地避免了在吸入燃料的行程中产生燃烧的回火现象,从而实现稳定燃烧。同时,由于双氢喷射器带有对高温敏感的橡胶密封件,分开的进气室也为这种安装提供了更安全的温度。对于传统的往复式发动机上,由于存在结构上的限制,不能在燃烧室上安装喷射器,而转子发动机则在进气室上为双氢喷射器安装提供了足够的空间,从而能够输出足够大的功率。

2) Premacy 氢混合动力转子发动机概念车。马自达 Premacy 是日本马自达公司自 1999 年起生产的多功能休闲车,第一代使用的名称为马自达 Premacy,自第二代生产以来,日本地区仍沿用此名,而其他区域则称为马自达 5。

"马自达 Premacy 氢气转子发动机混合动力车"是继"马自达 RX—8 氢气转子发动机车型"之后,第二款投入商业实用化的氢气动力转子发动机车型,如图 9-27 所示。它是一款采用(氢气汽油)双燃料转子发动机,并匹配了混合动力系统的概念车。该车采用发动机与混合动力系统横向前置的驱动形式。而且,在第二排座椅下方与第三排座椅位置安装了高压镍氢蓄电池及大容量高压储氢罐。这种混合方式实现了优异环保性能与舒适的驾乘空间的平衡。

图 9-26 RX—8 氢气转子发动机跑车

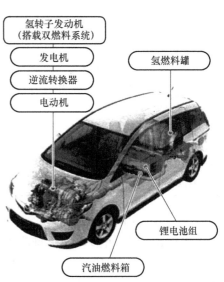

图 9-27 马自达 Premacy 氢气转子混合动力车布置图

9.2 液体代用燃料汽车

9.2.1 甲醇混合燃料汽车

甲醇是一种无色、透明、易燃、易挥发的有毒液体,略有酒精气味,可混合溶于水、醇、醚等多种有机溶剂,遇热、明火或氧化剂易燃烧。

甲醇可单独作为汽车燃料,也可与汽油混合作为混合燃料。

醇的理化性质表明,可以在内燃机中掺烧或全部烧醇,并可获得较好的性能。醇的辛烷值较高,有一定的挥发性,又较易和汽油混溶,较适合作汽油机的燃料。醇的十六烷值低,虽不易在柴油机中燃烧,但由于柴油机热效率高,利用现代技术也可在柴油机中掺烧醇,从而获得满意的结果。为了发动机利用醇燃料时能有良好的效果,要根据不同掺烧方式的需要调整燃料性质,改进发动机结构以及设计良好的掺烧及控制装置。

在燃料性质方面，例如调整汽油的组分或加入添加剂，以改善发动机的起动性能和避免气阻，在醇燃料中加入着火改善剂，以改善在柴油机中使用时的着火性能。

1. 甲醇燃料对甲醇汽车的影响

甲醇汽车是指以甲醇作为发动机燃料的汽车。根据掺混的比例不同，可以分为低中比例甲醇汽车和全甲醇汽车。低中比例甲醇汽车一般指的使用 M3、M5、M10、M15、M30、M40、M50 类型甲醇燃料的汽车，其掺混比不大于 50%，使用这种燃料不需要改变发动机的结构，但是甲醇特性与汽油机不适应，需要改变甲醇的特性变成燃料甲醇，使之可与汽油搭配使用。使用甲醇 M85、M100 类型甲醇燃料的汽车称为全甲醇汽车，全甲醇汽车需要对发动机进行重新设计制造。各种不同掺烧比例的甲醇汽油对于汽车性能的影响各不相同，具体特性见表 9-2。

表 9-2 不同配比的甲醇燃料的特性比较

特性	方案一 低比例掺混 （M3、M5、M10、M15）	方案二 中比例掺混 （M30、M40、M50）	方案三 高比例掺混 （M85）	方案四 纯甲醇 （M100）
燃油经济性	一般	中	良	优
适应性材料	良	差	良	优
低温起动性	良	中	差	优
低温排放	良	差	差	优

另外，由于甲醇与汽油的理化性质与燃烧特性的一些不同，相比传统汽油汽车带来一些有利的变化和改进，主要是降低排放和提高发动机热效率。

1）降低排放。甲醇是含氧燃料且其含碳量比汽油低，在燃烧过程中有自供氧效应，在内燃机中燃烧较均匀，减少了局部富氧或缺氧的概率，CO、HC 和炭粒的产生量减少，排放量降低。

2）提高发动机热效率。

① 辛烷值比汽油高，因此可以提高发动机的压缩比，发动机的热效率明显提高。甲醇的燃烧速度和火焰传播速度比汽油快，所以燃烧的定容性较好，燃烧持续期短，过后燃烧程度小，也有利于热效率提高。

② 甲醇的汽化热比汽油高 2 倍多，当其进入气缸后，能吸收沿途管壁面后周围高温零件壁面的热量而使自己蒸发，利用了废热余热而位自身的能量提高，又降低了气缸、燃烧室和气缸盖的温度，从而减少了外传热量，提高了热效率。

③ 甲醇的着火燃烧浓度界限比汽油的相应范围宽得多，因此比汽油更容易稀燃，稀燃是一种节能燃烧和完善燃烧的形式，它有利于热效率的提高，而且，压缩比越高，负荷越大，越容易稀燃。

④ 使用甲醇可将点火提前角和喷油提前角调整到最佳值，从而获得更高的热效率和更大的功率。

但是，甲醇燃料本身的特性也给甲醇汽车带来了一些问题，常见的几种情况和相应的改进措施如下：

（1）腐蚀性

甲醇以及甲醇燃烧反应过程中产生的甲醛、甲酸、水蒸气、未燃甲醇等均对金属表面有腐蚀性，造成燃烧室周围机件的磨损，如进排气门座、进气门、排气门、气门导管、活塞环、缸套等。可通过添加抗腐蚀的化学药剂来解决这个问题，不过抗腐蚀添加剂对抗电化学腐蚀的作用有限，尤其是考虑到燃料的燃烧性能，因此添加剂的选择范围受到限制，且不能使用含有硅、磷以及金属元素的添加剂。此外，改变发动机的机件材质和热处理工艺，也可以有效解决腐蚀性问题，如将铁类合金气门改为镍类合金气门，在气门座烧结材料中添加硬质微粒并做铅熔渗处理、活塞环镀铬等。

另外，非金属材料也会受到甲醇燃料的腐蚀作用，主要是对橡胶材料的腐蚀。因此必须开发新型的橡胶材料或对现有的胶种进行改进。新型丁酯橡胶和氟橡胶经过改进后，基本可达到长期耐甲醇汽油的要求。

（2）溶胀性

甲醇是一种良好的极性溶剂，汽油是一种良好的非极性溶剂，它们对发动机的弹性胶体、密封件等有不同程度的溶胀作用。解决甲醇汽油溶胀性的办法有两种：一是改用不被甲醇腐蚀的氟橡胶；二是在燃油中添加溶胀抑制剂，如羧酸或酰氯与芳胺反应制得的溶胀抑制剂，添加少量即能达到要求。

（3）冷起动

甲醇的初沸点比汽油高，汽化潜热是汽油的2倍多，甲醇在进气管道内汽化时要吸收大量的热，使进气管温度降低，造成汽化困难，并且混合气温度很低，进入气缸后造成缸温很低，而且甲醇汽化量少，难以着火起动。针对不同掺烧比例的甲醇燃料来说，冷起动性能也有所不同，具体来说，中低比例甲醇汽油的饱和蒸气压比纯汽油的大，容易蒸发，冷起动没有问题；高比例甲醇汽油冷起动困难，特别是北方寒冷的冬季。以全甲醇汽油M100为例，其饱和蒸气压仅为32kPa，冬季93号汽油的饱和蒸气压为86kPa，在0℃下全甲醇汽油M100的饱和蒸气压更低。M100甲醇汽油是很难蒸发的，同时M100的蒸发潜热是汽油的4倍，也就是说，甲醇在蒸发的时候吸收大量的热，温度的降低使得M100更难蒸发，造成发动机不易起动。

对于高掺烧比甲醇汽油的冷起动难现象，解决办法常用的有以下几种：加大供油量，通常电喷车通过发动机ECU来控制加大喷射量，但是加大供油量也会增加发动机的磨损及排放；调整空燃比，减少空气量；添加加热器，在喷油器前或进气道合适的位置加装冷却液温度控制型的空气或混合气的加热器，此加热器的表面工作温度不应高于200℃，否则有起火的危险；安装电加热火花塞及电热塞。

（4）非常规排放物高

甲醇燃烧反应过程中产生甲醛、甲酸等化合物作为非常规排放的污染物比汽油燃烧排放量要多，但当用专用催化器处理后可以达到尾气排放标准要求。

（5）醇和汽油的互溶性差

特别是含有少量水分时，分层现象更为严重，当采用低比例甲醇掺烧时，可以用加入添加剂的办法解决。

（6）甲醇汽油的溶水性

甲醇与水可以无限互溶，水分对甲醇汽油的稳定性影响很大，水分的存在会使甲醇与汽油的临界互溶温度提高，甚至在某些情况下从空气中吸收的水分，也会导致稳定均一的甲醇汽油重新分层。改进甲醇汽油的溶水性，其本质还在增加甲醇与汽油的相容稳定性。目前，改善甲醇汽油稳定性所用的助溶剂有醚类、高级醇及脂肪烃、低碳杂醇、芳香族化合物等，例如 MTBE、异丁醇、叔丁醇等。

（7）甲醇汽油的高温气阻性

汽车的气阻是指输油管因高温而使汽油汽化产生气泡，堵塞油路导致发动机供不上油而熄火。汽油沸程很宽（30~200℃），如果其馏程曲线合理，汽车的输油管通风良好或在输油管与发动机之间有隔热垫片（板），隔开了发动机产生的热辐射，一般不会产生气阻。甲醇汽油则不能，甲醇沸程单一（64.8℃），大量加入后，甲醇汽油馏程严重偏离原汽油原馏程曲线，因而需要添加高沸点的组以调整馏程曲线，确保甲醇汽油在输油管中不汽化，另外如果燃烧不完全、烃类物质裂解、氧化聚合而产生炭渣的沉积，也会阻塞汽化室喷嘴，发生气阻。因此应促进甲醇汽油充分燃烧，抑制高温下的氧化聚合，添加抗阻沉积剂以抑制甲醇汽油发生气阻。

2. 甲醇汽车发动机的结构特点

甲醇燃料的一些性质也会对发动机造成影响，汽油机在位用甲醇燃料时，发动机上的一些参数要在考虑甲醇的理化、燃烧特性的基础上进行选择，如甲醇的辛烷值、汽化潜热、着火温度等。主要情况如下：

（1）压缩比的调整

汽油机在位用甲醇燃料时，其压缩比可进一步提高，因为甲醇燃料辛烷值高、抗爆燃性好。一般汽油机的压缩比可以提高到 12~14，同时提高压缩比要考虑燃烧室的形状、缸内气流运动方向及强度、与火花塞的位置配合能否实现最佳的燃烧过程。提高压缩比时，应有较强的气流运动，是醇燃料与空气更有效混合。较强的扰动会使激冷层范围减少，激冷层变薄，同时在提高压缩比、改动燃烧室形状及尺寸时，应尽量减少有害缝隙容积，在高压缩比及高功率情况下，要注意甲醇早燃及爆燃的可能。

（2）改善燃油分配均匀性及供油特性

甲醇的容积耗量在功率相等时比汽油大 1 倍多，因此选用甲醇燃料时，采用喷油器的汽车要考虑其流量特性是否满足要求及材料的相容性，重新确定混合气的空燃比。由于甲醇的汽化热高，每循环供应量大，在发动机实际运转时很难完全汽化，如用单点喷射，各缸间分配不均匀性比汽油突出。如果采用使各缸进气管长度及阻力尽可能一致，混合气进行预热等措施，则有可能改善混合气的形成及均匀分配。甲醇混合气的预热可以提高中、低负荷特性时的燃油经济性，降低排放，但预热过度则会使最大功率下降。

（3）混合气空燃比的调整

醇燃料混合气的可燃界限范围宽，通常汽油机改用醇燃料后会提高压缩比，提高了缸内气流运动速度及压缩行程终点的缸内温度，这都有可能使用更稀的混合气。因此汽油机改用甲醇燃料后，都需要调整混合气空燃比，使用更稀的混合气工作。

（4）火花塞及点火时间的选择

甲醇容易因炽热表面引起着火，最大火花塞温度易低于汽油机的火花塞温度，因此需要较冷型火花塞。尽管甲醇的着火界限宽，但是由于汽化潜热大，蒸气压低及各缸间混合气较大的不均匀性，在发动机较冷的状态下，难以稳定着火。可能改善的措施包括增加点火能量、延长点火时间、采用多电极及电极局部侧面有屏障的特种火花塞等。

3. 典型车型

（1）吉利帝豪甲醇动力轿车（图9-28）

经过多年来的研发经验积累，吉利甲醇动力汽车取得实际成果，旗下跨界SUV帝豪GS，2017年推出了甲醇动力版本车型，搭载一台1.8L甲醇动力自吸发动机。

吉利曾向冰岛碳循环国际公司投资2.82亿元人民币，研发并推广甲醇燃料汽车。冰岛碳循环国际公司（CRI）于2015年与吉利达成合作。CRI通过回收冰岛当地一家热电厂排放的二氧化碳及通过电解水制氢获取氢气生产清洁可再生的甲醇燃料。

图9-28 吉利帝豪GS甲醇动力轿车

2016年始，吉利汽车公司在冰岛部署了一支车队进行测试，车队由6辆吉利帝豪甲醇车组成。CRI及当地一家经销商Brimborg也参与了此次车队测试。

完成的第一阶段测试中，车队行驶了约15万km（约合9.3万mile），车队驾驶人来自CRI员工、冰岛汽车协会成员以及当地汽车服务提供商。据参与测试人员反应，甲醇燃料车的驾驶体验与常规汽油车或柴油车几乎无差别。吉利帝豪7座车型是一款中型4门轿车，尺寸与斯柯达明锐或者丰田卡罗拉差不多。该车型搭载一款1.8L发动机，最大功率为94.7kW，可使用汽油和甲醇燃料。此次受测车辆配备一个50L甲醇油箱及一个10L汽油箱。车辆起动时使用汽油，当发动机温度达到预设温度时，自动转换使用甲醇燃料，但驾驶人察觉不到这种转变。

与传统燃油车型相比，甲醇燃料发动机燃烧也更充分，动力数据相差无几。最重要的是，甲醇经过燃烧后会形成水与少量的二氧化碳，相比燃油车型会更加环保。通过此次测试收集到的数据也进一步支持了这种观点：甲醇燃料车的经济效益比燃油车、插电混动车及电动汽车更高。这也使CRI与其合作伙伴受到鼓励，以进一步研发可再生甲醇燃料并将其应用于车辆中。

（2）奇瑞旗云甲醇燃料汽车（图9-29）

旗云甲醇燃料汽车是由奇瑞公司潜心研发成功的一种新型甲醇燃料汽车，旗云甲醇新型燃料车是在旗云车基础上研发的环保节能型轿车，延续了旗云车经济实用的特点，可使用甲醇和汽油双燃料。该车型出租车兼具经济、环保、可靠、安全四大优势。由于采用甲醇作为主要燃料，该车型在出租车运营时，实现了更低的运营成本和更优的排放指标。据计算，与同排量汽油车型相比，甲醇汽车燃料费用按照目前的价格，比汽油可节省1/3左右的费用。另外，经过多次试验证明，旗云甲醇燃料汽车动力性和可靠性达到原汽油发动机的水平，各项性能指标均居国内领先水平，并兼具经济、环保、安全优势。

（3）安凯HFF6104GK39汽油/甲醇双燃料城市公交客车（图9-30）

安凯公司自主研发的HFF6104GK39汽油/甲醇双燃料城市公交客车配备CA6102N1双燃料发动机、安凯153车桥、哈齿变速器，排放达到欧Ⅲ标准，具有经济、清洁、环保等特点。

图 9-29 奇瑞旗云甲醇燃料汽车

图 9-30 安凯 HFF6104GK39 汽油/甲醇双燃料城市公交客车

9.2.2 乙醇混合燃料汽车

将燃料乙醇掺入汽油可以作为车用燃料，常规使用的也就是 E85 燃料，其按汽油 15% 和生物乙醇燃料 85% 的比例混合而成。既可以使用此种混合乙醇燃料又可以使用常规汽油的汽车，通常也称为灵活燃料汽车（FFV）。燃料乙醇是一种绿色可再生资源，随着科学技术的发展，粮食和各种植物纤维都可以加工生产出燃料乙醇，燃料乙醇的原料来源相当丰富，而且可以循环再生。

乙醇是无色、透明、具有特殊香味的易挥发液体，密度比水小，能跟水以任意比互溶，是一种重要的溶剂，能溶解醚、甘油等多种有机物和无机物。

乙醇和甲醇有很多共性，其一样可单独作为汽车燃料，也可与汽油混合作为混合燃料。其特点如下：

1）乙醇的热值比汽油低，约为汽油的 61.5%，但含氧量高，存在自供氧效应，减少 CO 生存条件，位 CO 较多转变成 CO_2，CO 和 HC 排放量明显小于汽油，但 NO_x 排放量与汽油相当。

2）乙醇辛烷值远高于汽油，当汽油中加入一定量的乙醇后可提高混合燃料的辛烷值。

3）乙醇的着火性差，十六烷值只有 8，在压燃式发动机中采用乙醇燃料要困难得多。

4）乙醇的沸点比汽油低，对形成燃油与空气的混合气有利，但缺少高挥发性成分，对发动机冷起动不利。

5）乙醇的气化潜热是汽油的 3 倍，高的汽化潜热和低蒸气压对发动机冷起动不利，但可提高充气效率。

6）乙醇的着火极限比汽油宽，能在较稀薄混合气状况下工作。

另外，乙醇的理化性质较接近汽油，又容易与汽油混溶，国外首先以低比例（一般小于 1%~5% 体积比）的乙醇与汽油形成混合燃料用于汽车上，尽管动力性能比只用汽油时略有减少，为了用户方便，无混合燃料供应时，仍可只用汽油保持原来发动机性能，所以对发动机不变动不调整。当需要以较多的乙醇代替汽油时，可以在汽油中掺入中比例或高比例的乙醇，如 E20、E40、E50、E60 及 E80 等，但是需要对发动机乙醇混合气空燃比及点火提前角进行调整，这一点和甲醇混合燃料是类似的。

生产乙醇的原料及资源非常丰富，当前在以谷物及含糖类植物为主生产的同时，有的国家早已研究用其他原料，如饮料业和造纸的废液、林业和农业的残余物、城乡固体垃圾等生物质生产乙醇。由于世界上粮食危机一直存在，必须研究、开发用粮食作物以外的原料生产乙醇。有代表性及有发展前景的部分乙醇原料有淀粉及含糖类原料，如玉米、小麦、薯类、甘蔗、甜菜、高粱及糖蜜等，以及野生植物。我国广大的山区及林区的野生植物的果实、根茎及嫩叶（含有淀粉及糖分，可作为生产乙醇的原料）。目前我国主要以谷物为原料生产乙醇，不仅成本高而且涉及粮食安全问题。应该加大用生物质生产乙醇的研究开发力度。

1. 乙醇混合燃料汽车发动机的结构特点

汽油机改用乙醇燃料后，发动机结构方面需要做一些变动和改进，这取决于乙醇燃料的理化性质、燃烧特点等。乙醇与甲醇同属于醇类燃料，在性质特点方面类似，因此发动机结构方面的变动和改进也与甲醇汽车类似。具体内容如下。

1）提高压缩比。要充分利用乙醇汽油辛烷值高、抗爆燃性好的特点，一般汽油机的压缩比可以提高到 12～14，同时提高压缩比要考虑燃烧室的形状、缸内气流运动方向及强度，与火花塞的位置配合，能否实现最佳的燃烧过程。从理论上分析，一般汽油机缸内有组织的气流运动较弱，再改用醇燃料，提高压缩比时，应组织较强的气流运动，使醇燃料与空气更有效混合。

2）改善燃油分配均匀性及供油特性。乙醇的容积耗量在功率相等时比汽油大 1 倍多，因此选用甲醇燃料时，采用喷油器的汽车要考虑其流量特性是否满足要求及材料的相容性，重新确定混合气的空燃比。由于乙醇的汽化热高，每循环供应量大，在发动机实际运转时很难完全气化，如用单点喷射，各缸间分配不均匀性比汽油突出。各缸分配不均匀将导致燃烧均匀将导致燃烧不完善，负荷不均匀，功率下降及油耗增加。如果采用使各缸进气管长度及阻力尽可能一致，混合气进行预热等措施，则有可能改善混合气的形成及均匀分配。

3）混合气空燃比的调整。醇燃料混合气的可燃界限范围宽，通常汽油机改用醇燃料后会提高压缩比，提高了缸内气流运动速度及压缩行程终点的缸内温度，这都有可能使用更稀的混合气。如果不采用三元催化器、不要求在理论空燃比附近工作时，汽油机改用醇燃料后，都需要调整混合气空燃比，使用更稀的混合气。

4）点火时间的选择。因为乙醇的着火温度和气化潜热比汽油高，致使乙醇滞燃期比汽油长，所以乙醇发动机相对于汽油发动机，点火时间应当提前才能使乙醇发动机输出最大功率。点火提前角对 CO 排放基本无影响，推迟点火，HC 和 NO_x 排放可以降低。

5）进气预热以改善冷起动性能。在乙醇发动机未起动加热前，要利用电加热或其他加热系统为混合气预热，以保证乙醇发动机的冷起动。但是在发动机正常运转之后，维持乙醇发动机自然进气温度即可使发动机获得良好的性能指标。

2. 典型车型

（1）通用汽车

美国全境分布着众多的 E85 燃料加油站，因此此种类型的汽车在美国的应用十分广泛，得到了良好的发展。目前，美国有超过 800 万辆的灵活燃料汽车正在使用。

美国通用汽车旗下有多款可以使用 E85 燃料的发动机，涵盖 4 缸、6 缸和 8 缸系列，排量从 2.4L 到 6.0L，其应用的品牌涵盖了通用汽车旗下所有的品牌系列，如雪佛兰、别克、凯迪拉克和GMC。

雪佛兰Impala 2012款轿车，采用可变气门正时技术，使用E85燃料的206kW 3.6L6V DOHC SIDI发动机，燃油经济性在高速公路上为7.8L/100km（常规汽油），10.69L/100km（E85）。其车身油箱加注口有明显的标志，表明此车可以加注E85燃料。

(2) 福特汽车

美国福特汽车开发了多款发动机可以燃烧E85燃料，其中2013款福特福克斯轿车搭载2.0Ti—VCT GDII—4发动机，EPA估计燃油经济性在高速公路上常规汽油为40mile/usgal（1mile/usgal=13.067L/100km），E85为33mile/usgal。

(3) 沃尔沃汽车

沃尔沃汽车2006年秋季在欧洲市场上投放了生物乙醇燃料的车型，全新的C30也推出了相应的"绿色"车型。

沃尔沃3个系列（C30、S40、V50）的9种车型可以提供多种燃料车型。4气门自然吸气发动机可以产生125马力（1马力=735.499W）的动力，生物乙醇和汽油可以同时注入一个55L的油箱内。由于乙醇燃料具有腐蚀性，发动机的油管、阀门和衬垫都经过了改良，燃油喷嘴也得到加固且较原来型号有所增大，目的是可以有更多的燃料同时注入发动机。同时它们还对发动机管理系统做了相应的调校，该系统将会严格监测油箱内的混合燃料比例，自动调节燃油泵入量。

(4) 奇瑞汽车

奇瑞A5灵活燃料+压缩天然气多燃料轿车是一款能混合燃烧乙醇、汽油、压缩天然气气体燃料的清洁能源汽车，具有燃料价格便宜、排气污染小、安全性能高等众多优点。作为新型的节能型轿车，奇瑞A5灵活燃料+压缩天然气多燃料轿车在节能环保方面具有极大的优势，其为发展汽车替代燃料技术、打造汽车能源多元化格局起到了急先锋的作用。

9.2.3 生物柴油汽车

生物柴油通常是指利用可食用和不可食用的植物油，一些动物的油脂及废烹调油等都可作为原料，进行脂化反应而来，其性质与柴油很接近。美国材料学会（ASTM）对生物柴油的含义做了如下的叙述：生物柴油是由植物油、动物油等可再生油脂原料所衍生的长链甲基肪酸，可用于柴油发动机。生物柴油是生物质能的一种，它是生物质利用热裂解等技术得到的一种长链脂肪酸的单烷基酯。生物柴油是含氧量极高的复杂有机成分的混合物，这些混合物主要是一些分子质量大的有机物，几乎包括所有种类的含氧有机物，如醚、酯、醛、酮、酚、有机酸、醇等。生物柴油是一种优质清洁柴油，可从各种生物质提炼，因此可以说是取之不尽、用之不竭的能源，在资源日益枯竭的今天，有望取代石油成为替代燃料。

生物柴油具有以下优点：

1) 生物柴油由动植物油脂及废烹调油转化的技术已基本成熟，不需要复杂的设备。生物柴油的储存、运输及分配供应系统，可使用原来用于柴油的容器及设备，对材料没有特殊要求。

2) 具有优良的环保特性。生物柴油和化石（石油化工生产）柴油相比含硫量低，使用后硫化物排放大大减少。硫化物的排放量可降低约30%。生物柴油不含对环境造成污染的芳香族化合物，燃烧尾气对人体的损害低于化石柴油，同时具有良好的生物降解特性。和化石柴油相比，柴油车尾气中有毒有机物排放量仅为1/10，颗粒物为20%，二氧化碳和一氧化碳的排放量仅为10%。

3）低温起动性能。和普通柴油相比，生物柴油具有良好的发动机低温起动性能，冷凝点达到-20℃。

4）生物柴油的润滑性能比柴油好。可以降低发动机供油系统和缸套的摩擦损失，加发动机的使用寿命，从而间接降低发动机的成本。

5）具有良好的安全性能。生物柴油不属于危险燃料，在运输、储存、使用等方面的优点明显。

6）具有优良的燃烧性能。生物柴油的十六烷值比柴油高，燃料在使用时具有更好的燃烧抗爆性能，因此可以采用更高压缩比的发动机以提高其热效率。虽然生物柴油的热值比柴油低，但由于生物柴油中所含的氧元素能促进燃料的燃烧，可以提高发动机的热效率，这对功率的损失会有一定的弥补作用。

7）具有可再生性。生物柴油资源丰富，是一种可再生能源，不像石油、煤炭那样会枯竭。

8）具有经济性。使用生物柴油的系统投资少，原用柴油的发动机、加油设备、储存设备和保养设备无须改动。

9）可调和性。生物柴油可按一定的比例与化石柴油配合使用，降低油耗，提高动力，降低尾气污染。

10）可降解性。生物柴油具有良好的生物降解性，在环境中容易被微生物分解利用。

由于生物柴油燃烧时排放的二氧化碳远低于该植物生长过程中所吸收的二氧化碳，从而改善由于二氧化碳的排放而导致的全球变暖这一重大环境问题。因而生物柴油是一种真正的绿色柴油。

目前在应用生物柴油作燃料时，主要存在如下问题：

1）价格尚高于常规柴油。

2）在大量生产时，还需要保证原料的供应，如用可食用植物油作燃料就需要较多土地，这与我国的粮食紧缺状况是矛盾的；如用野生植物油，则还有待于开发，如用废烹调油，则需组织采购工作。

3）发动机使用生物柴油，尚需进一步优化，解决可能产生的新问题。

1. 生物柴油汽车概况

由于使用生物柴油无须对原有柴油机进行较大调整，而且燃油本身良好的自润滑性能使其有利于降低磨损，相比于醚类和醇类代用燃料，有一定的优势。世界各国对生物柴油汽车的研究都得出了它能显著降低发动机污染物排放的结论。生物柴油汽车的排放性能不仅包括传统的排放物CO、HC、NO_x等，还包括非常规排放物如醛酮类、芳烃、硫化物等。多环芳香烃（PAHs）最突出的特点是致癌、致畸及致突变性，并且致癌性随着苯环数的增加而增加。当PAHs与NO_2、OH、NH_2等发生作用时，会生产致癌性更强的PAHs衍生物。目前大多数国家都将多环芳香烃列为环境监测的重要内容之一，中国政府列出的"中国环境优先监测黑名单"中包括了7种PAHs，汽车发动机尾气排放已成为PAHs污染的主要来源之一。对生物柴油汽车排放的研究中也包括了多环芳香烃。

一些研究机构和人员对生物柴油发动机的排放性能进行了研究,得出了一些具体的实验数据和结论。简要总结如下:

1)油耗及排放的影响。因生物柴油燃料热值的下降使得比油耗上升12%左右,但污染物排放明显下降,除NO_x比排放增加5.6%外,CO、HC和颗粒物(PM)比排放分别降低了41.4%、38.3%和38.7%。烟度排放降低了43.16%。另外,随着燃油中生物柴油掺混比例的增加,甲苯呈逐渐下降趋势。生物柴油与普通柴油可以以任意比例混合燃烧而不会改变它们各自的排放特性,因此可以通过不同比例的掺混来找到排放和油耗的平衡点。

2)随着负荷的增加,发动机燃用柴油、纯生物柴油、B20(指含20%生物柴油和80%普通柴油的掺混油)燃油的甲醛和乙醛排放均呈下降趋势。纯生物柴油的甲醛排放则明显高于柴油。纯生物柴油的乙醛排放在中低负荷也低于纯柴油,在高负荷时高于柴油及B20燃油。随着负荷的增加,发动机燃用B20燃油和纯生物柴油的丙酮排放要高于柴油,但排放量均较低。

3)随着负荷增加,发动机的二氧化硫排放逐渐上升。随着燃油中生物柴油掺混比例的增加,二氧化硫呈逐渐下降趋势,纯生物柴油的二氧化硫排放大幅降低。

4)随着生物柴油掺混比例的增加,发动机的二氧化碳略有降低。表明了生物柴油对降低温室气体有利,若考虑到其作为一种可再生燃料,可以实现二氧化碳排放的闭式循环,其对降低温室气体的效果更为显著。

5)多环芳香烃(PAHs)最突出的特点是致癌、致畸及致突变性,并且致癌性随着苯环数的增加而增加。在大多数工况下,燃用生物柴油后,PAHs的排放浓度均有下降。生物柴油的PAHs平均排放浓度比柴油低26.9%,B20的下降幅度为10.0%。以BaP(苯并芘)为标准,柴油、B20、生物柴油的毒性当量分别为0.0052、0.003和0.0016,生物柴油PAHs排放的毒性大大低于柴油,仅为柴油的30.8%。

2. 典型车型

美国福特汽车公司推出了多款皮卡汽车,如F250、F350、F450。如图9-31所示,F450属于福特F系列载货汽车中的重要车型,有着强大的车辆载货与牵引车辆的能力,其装备可使用生物柴油的6.7L 8缸涡轮增压柴油发动机,其最大功率达到298kW,最大转矩1084N·m,在6档自动变速器的协助下可以在9s内完成0—100km/h的加速。

图9-31 2019款福特F450 Super Duty汽车

9.3 太阳能汽车

9.3.1 太阳能在汽车上的应用

利用太阳能产生动力的方法有两种:一种是将太阳辐射能转变为热能,再将热能转变为机械能或电能;另一种是利用太阳能电池即光电池直接将太阳的辐射能转变为电能。后者的效率比前者高，为太阳能汽车所采用。

太阳能汽车实际上也是一种电动汽车，它是由太阳能电池向电动机供电，再由电动机驱动汽车行驶的。

太阳能汽车与通常概念的电动汽车的主要区别是所用电池不同，太阳能汽车上提供电能的车载动力源不是蓄电池或燃料电池，而是太阳能电池（光电池）。太阳能电池没有储电能力，不是蓄电池。另外，太阳能电池的能源来源只是太阳能，具有单一性，而蓄电池所储存的电能的来源可以是多种多样，如石油、煤炭、天然气等，也可能是太阳能。

太阳能电池在属性上与燃料电池更为接近，燃料电池需要不断地提供燃料才能发电，太阳能电池需要源源不断的太阳光照射才能发电。当然，燃料电池所需要的燃料可以在车上携带，太阳能电池所需要的太阳光则不能在车上携带，而是直接向太空索取。

制造太阳能电池的材料主流为硅（单晶、多晶和非晶等）基材料，其最高效率为20%。此外，砷化硅太阳能电池的发展势头也很猛，其最高效率可达22%。

由于太阳能电池的能量密度太低（即使在晴天，也只有普通蓄电池的1/10），纯太阳能汽车很难达到实用，故目前的太阳能汽车多采用混合动力方式，一种是以二次电池为主，太阳能电池为辅（为二次电池补充电能），其组合示意如图9-32所示；另一种是以太阳能电池为主，二次电池为辅（为加速或爬坡提供附加动力）。采用混合动力可在一定程度上克服太阳能电池受时令影响和限制的缺点。

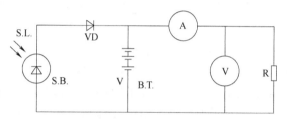

图9-32 太阳能电池与二次电池组合示意
S.L.—太阳光　B.T.—二次电池　R—负载
S.B.—太阳电池　VD—防反相电流二极管

目前世界上已经有了多种太阳能汽车概念车。如美国通用汽车公司早在1987年所开发的太阳能赛车就参加了澳大利亚世界太阳能赛车挑战赛，功率为1500W，走完1950mile（1mile=1.6km）赛程，平均车速为42mile/h。1990年该公司在推出冲击牌电动汽车基本型的同时，还推出了另外两个系列的太阳能与二次电池混合动力车，续驶里程达200mile。其中之一是由7200个太阳能电池组成供电系统，电池效率实测为16.5%。这些电池在汽车上的覆盖面积为8.37m^2。在阳光充足的白天，行驶速度可达72.4km/h。该车还装有银-锌电池系统，专为加速或爬坡提供附加动力，并可将车速提高到96.5km/h。日本国立环境研究所推出了"萤火虫"EV概念车，也是太阳能、二次电池混合动力。

在太阳能电池的能量密度和成本获得突破性进展之前，太阳能汽车基本上只能停留在概念上，跨上实用化的台阶，尚需要走过漫长的路程。

9.3.2 太阳能汽车特点

太阳能汽车耗能少，只需采用3~4m^2的太阳电池组件便可行驶起来。燃油汽车在能量转换过程中要遵守卡诺循环的规律来做功，热效率比较低，只有1/3左右的能量消耗在推动车辆前进上，其余2/3左右的能量损失在发动机和驱动链上，而太阳能汽车的热量转换不受卡诺循环规律的限制，90%的能量用于推动车辆前进。

如图9-33所示，由太阳能电池板输出的是直流电能，而蓄电池也是直流充电，两者的结合更能提高整个系统的效率。太阳能电池板在太阳光的照射下，其内部PN结会形成新的电子空穴对，在一个回路里就能产生直流电流。这个电流流入控制器，会以某种方式给蓄电池充电。蓄电池的充电完全只是通过太阳能来实现的，以确保最大限度使用太阳能。太阳能电池板产生电能首先经过一个开关MOS管到DC/DC变换器（蓄电池充电电路），此变换器的输出连接到蓄电池两端（实际电路里会先通过一个熔丝再连到蓄电池上）。加上开关管有两个作用：一是防止太阳能电池输出较

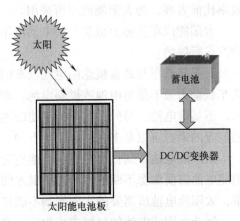

图9-33　太阳能电池向蓄电池充电原理

低时由蓄电池过来的反充电流；二是当太阳能电池板极性接反时起到保护电路的作用。控制系统不仅要考虑太阳能电池板最大功率点电压和蓄电池最大电压，而且需要同时兼顾效率和成本。

太阳能汽车只需踩踏加速踏板便可起动，利用控制器使车速变化。不需换档、踩离合器，简化了驾驶，避免了因操作失误而造成的事故隐患，特别适合女性和老年人驾驶。太阳能汽车结构简单，除了定期更换蓄电池以外，基本上不需日常保养，省去了传统汽车必须经常更换机油、添加冷却水等定期保养的烦恼。在都市行车，为了等候交通信号灯，必须不断地停车和起动，既造成了大量的能源浪费，又加重了空气污染。使用太阳能汽车，减速停车时，可以不让电动机空转，大大提高了能源使用效率，减少了空气污染。

太阳能在汽车上应用一般只涉及汽车的辅助电源系统。太阳能电池所提供的能量只能用于车辆的电器、仪表等，或是对车载蓄电池进行充电。现今有部分量产车在其天窗顶部添加了太阳能电池，经控制器、逆变器驱动车载空调工作。

所有以太阳能作为驱动能源的专利产品中，太阳能所占的能源比例太小。国内有把太阳能用于电动自行车，也有用于微型车的例子，但太阳能所能提供的能量只占到所需驱动能量的30%以下。

清华大学曾参照日本能登竞赛规范，研制了追日号太阳能汽车。质量在800kg左右，最高车速达80km/h，造价为7.8万美元。其采用的电池板是我国第五代产品。该车使用转换效率为14%的矩形单晶硅电池阵列，在光照条件良好的状况下（地面日照强度为1000W/m²），向直流永磁无刷电动机提供800W的动力。结构上采用前二后一的三轮式布置，后轮驱动。最高车速达80km/h。追日号是我国第一代参加国际大赛的太阳能赛车。2001年，上海交通大学设计制造了恩源号太阳能电动车。该车长、宽、高分别为2100mm、860mm、800mm，满载质量为400kg。其结构、动力系统与追日号相仿，但由于使用的是串联电阻的调速方式，其能量利用率低，车速仅20~36km/h，续驶能力也有限。在2005年举办的第九届全国大学生"挑战杯"赛上，上海交通大学的又一太阳能车参加了比赛。这些尝试都预示着太阳能汽车正逐渐走向成熟。

到目前为止，太阳能在汽车上的应用技术主要有两个方面：一是作为驱动力，二是用作

汽车辅助设备的能源。作为驱动力这一应用方式，一般采用特殊装置吸收太阳能，再转化为电能驱动汽车行驶；而作为汽车辅助能源，主要用在电气设备上的辅助应用，大部分还是靠燃料的供给。

太阳电池方阵是太阳能汽车的能源。方阵由许多太阳能电池板（通常有好几百个）组成。方阵类型受到太阳能汽车尺寸和部件费用等的制约。目前，主要有两种类型的太阳能电池板：硅电池板和砷化合物电池板。环绕地球卫星使用的太阳电池是典型的砷化合物电池，而硅电池则更为普遍地被地面基础设备所使用。一般等级的太阳能汽车通常使用硅电池板。许多独立的硅片（接近1000个）被组合，形成太阳电池方阵。依靠光伏电源供电动机驱动太阳能汽车。这些方阵的通常工作电压在50～200V，并能提供1000W的电力。方阵输出功率的大小受到太阳、云层的覆盖度和温度的影响。超级太阳能汽车也能使用通常类型的太阳能光电板。但更多的是使用太空级光电板。这种板很小，但是比普通的硅片电池板要昂贵得多，使用效率也非常高。

一般情况下，汽车在运动时，被转换的太阳能被直接送到电机控制系统。但有时提供的能量要大于驱动电机需求的电力，那么多余的能量就会被蓄电池储存以备后用。当太阳电池方阵不能提供足够的能量来驱动电机时，蓄电池内的被储存的备用能量将会自动补充。当然，当太阳能汽车不运动时，所有能量都将通过太阳能光伏阵列储存在蓄电池内。也可以利用一些回流的能量来推动汽车。当太阳能汽车开始减速时，换用通用的机械制动，这时电机将变成了一个发电机，能量通过电机控制器反向进入蓄电池内进行储存。回充到蓄电池中的能量是非常少的，但是非常实用。

太阳能汽车的心脏部位就是电力系统，它由蓄电池和电能组成，电力系统控制器管理全部电力的供应和收集工作。蓄电池组就相当于普通汽车的油箱。一个太阳能汽车使用蓄电池组来储存电能以便在必要时使用，太阳能汽车起动装置控制着蓄电池组，但是当太阳能汽车开动后，是通过太阳能阵列提供能量，从而再充到蓄电池组内。

目前在太阳能汽车上所用的蓄电池主要有铅酸蓄电池、镍-镉电池、锂电池、锂聚合物电池。镍-镉电池、镍-氢电池和锂电池与普通的铅酸蓄电池相比蓄电能力大大提高，重量比普通电池要轻得多，但是它们很少在太阳能汽车中被广泛使用，主要是因为需要细心维护，并且很昂贵。

在太阳能汽车里最高级的组件部分就是电力系统。它们包括峰值电力监控仪、电机控制器和数据采集系统。电力系统最基本的功能就是控制和管理整个系统中的电力。峰值电力监控仪电力来源于太阳能光伏阵列，光伏阵列把能量传递给另外的蓄电池用于储存或直接传递给电动机控制器用于驱动电机。当太阳能光伏阵列给蓄电池充电时，电池组电力监控仪会保护蓄电池组防止因过充而被损坏。峰值电力监控仪是由轻质材料构成，并且一般效率能达到95%以上。电机控制器控制电机的起动，而电机起动信号是来自驾驶人的加速装置。电机的起动需要配备不同型号的电机控制器，很多太阳能汽车使用精确数据检测系统来管理整个太阳能汽车的电力系统，其中包括太阳能光伏阵列、蓄电池组、电机控制器和驱动电机。从监控系统获得的数据常常用来判断太阳能汽车的状况，并用来解决太阳能汽车出现的问题。

太阳能汽车真正走进大众生活，还有很多难题需要解决，比如太阳能的采集与转换问题和制价太高问题。太阳能电池板也导致车身过大转动不够灵活，太阳能转换率只能达到

20%左右，难以满足汽车高速行驶所需要的足够动力，内部空间过于狭小。除此之外，驱动电机、控制器也是太阳能汽车发展的关键技术。用于电动汽车的驱动电机有很多类型，目前太阳能车用电机通常有直流电机、交流诱导电机、永磁同步电机三种，其中交流诱导电机存在效率滑落的缺点，永磁同步电机目前价格过高，因此目前太阳能汽车多用直流电机，而直流电机的工作效率也有待提高。

为了使车体轻、速度快，太阳能汽车普遍采用质轻价高的航空、航天材料，造价昂贵，因此开发新的、经济的替代材料迫在眉睫。以清华大学的追日号为例，太阳能转化率只能达到14%，造价很高。

虽然太阳能汽车的发展仍存在着很多技术上的挑战，但不可否认的是在不可再生能源日益匮乏的今天，太阳能汽车是未来新能源应用的佼佼者。太阳能汽车可以应用于高尔夫球场、露天游乐场、野外观光、园林草坪修剪服务等。相信在不久的将来，太阳能定会在汽车上逐渐普及，利用太阳能驱动汽车完全可行。

图9-34所示为奔驰的太阳能概念车。奔驰向来以奢侈华贵著称汽车界而不是在研制环保型产品方面，现在将触角伸向太阳能汽车这一领域。图中的奔驰概念车名为F0，曾参加2008年洛杉矶设计挑战赛。F0由安装在四个车轮上的电动发动机提供推动力，电池则利用安装在车身上的太阳能电池板获取能量。

图9-35所示匈牙利人研制的Antro Solo利用太阳能与汽电混合动力，燃烧每加仑汽油可行驶150mile约合241km。天气状况良好时，车顶上的太阳能电池板提供的能量足以让Antro Solo行驶15~25km。碰到多云天气，Antro Solo会默认使用一小型电动发动机。图9-36所示为标致太阳能概念车。

图9-34 奔驰太阳能概念车

图9-35 匈牙利太阳能概念车

太阳能是最易得最环保的绿色能源，用太阳能为汽车提供动能，将是未来汽车的发展方向。日本丰田汽车已经开始探索普及太阳能汽车的可能性了，并且在下一代普锐斯混合动力车中就将使用太阳能，不过太阳能只能用来为混合动力的蓄电池充电。目前很多设计师已经开始着手研究如何制造一辆完全依靠太阳能的汽车。图9-37所示的这辆车的设计灵感来源于动物王国，它拥有一个展开的太阳能发电板设计。相信没人想要驾驶一辆带着房顶一般发电板的汽车，但是这种设计的时髦之处就在于，当你不需要太阳能充电而只是驾驶时，你便可将这个发电板折叠起来，十分简便。

第 9 章 其他新能源汽车

图 9-36 标致太阳能概念车

图 9-37 发电板可折叠太阳能概念车

9.4 空气动力汽车

在探索新能源汽车的道路上，人类总是有用不完的奇思妙想：电能、氢能、太阳能、生物质能、空气能，人类几乎将所用可能的能源都用到了汽车上。而其中最引人注目的要数空气动力汽车了。

空气动力汽车，即利用高压压缩空气（或其他气体）为动力源，将压缩空气存储的压力能转化为其他形式的机械能，从而驱动汽车运行。空气动力汽车的研究最早始于法国。1991 年，法国工程师 Gury Negre 获得了压缩空气动力发动机的专利，其工作原理是利用车上储存的高压压缩空气驱动发动机缸体内的活塞运动进而驱动汽车前进，这是最接近真正意义上的空气动力汽车。图 9-38 所示为法国的压缩空气汽车。

目前的空气动力汽车概念其作用原理也非常简单。首先，气体被以极大的压力压缩进储气罐中；然后，根据车辆行驶所需的速

图 9-38 法国压缩空气汽车

度，将储气罐中的气体通过可控阀门模块放出，推动气动马达转动，进而驱动车辆行驶。以法国 MDI 公司研制的 AIR POD 为例，它在车上设置有一个压缩容量为 300L 的压缩空气罐。罐体由钢材制成，罐内储存的 30MPa 的压缩空气可供 AIR POD 行驶 120km，双缸版的最大速度可以达到 80km/h。近期又推出了最高车速达 110km/h，一次充气行驶 300km 的压缩空气动力汽车。

从理论上来说，以液态空气和液氮等吸热膨胀做功为动力的其他气体动力汽车，也应属于气动汽车的范畴。

空气动力汽车使用气动发动机，除动力来源的不同，压缩空气动力汽车工作原理与传统

汽车基本相同，总体结构形式还是借鉴传统汽车现有的结构模式，气动发动机主要还是往复活塞式、旋转活塞式等形式。图9-39所示为法国MDI公司的压缩空气动力汽车发动机的外观图。往复活塞式可用于小型车，旋转活塞式主要用于客车。

图9-39　往复活塞式和旋转活塞式压缩空气发动机

压缩空气动力发动机（气动发动机）是气动汽车的核心，减压到工作压力的高压空气进入气动发动机气缸内膨胀做功，类似于内燃机在燃料爆炸燃烧产生高温高压气体后推动活塞对外做功的过程，因此在基本结构上也接近于内燃机，包括机体、气缸、活塞、连杆、曲轴和配气机构等部分。但气动发动机的工作循环为简单的两冲程，即高压压缩空气进入气缸膨胀做功冲程和将膨胀后的低压气体排出气缸的排气冲程。由于没有燃烧过程，气动发动机机体不承受高温和超高压，机体强度也可减小，结构简单，质量小，发动机不再需要冷却系统，制造及使用维护成本低。

以压缩空气为动力的发动机的总体结构和传统汽车的发动机结构基本相同。但压缩空气动力发动机的动力分配方式有串联方式、并联方式和串并联混合方式三种。

串联分配方式是缸与缸之间的空气动力管道是串联的，上一级缸的剩余压力是下级缸的始动力。该方式的下级作用缸的结构尺寸较大，但动力利用率较高，热交换较充分。并联分配方式是缸与缸之间的空气动力管道是并联的，不同缸的初始动力相同。并联方式的缸的结构尺寸相同、动力输出平稳，但剩余压力稍高。

气动发动机进气为高压气体，且进气道压力始终高于气缸内压力，类似内燃机气门向气缸内开启的配气结构，进气门将始终承受高压气体很大的背压。在压力超过气门弹簧的预紧力情况下，即使进气门处于关闭状态，高压气体也会将进气门顶开，发生泄漏，造成耗气量增大，排气冲程缸内气压升高，负功增加，整体功率和效率下降等不良效果。因此，在结构上，气动发动机的配气机构必须适应高压进气的要求。

压缩空气动力发动机的工作特性具有起动及低速转矩大，随发动机转速升高输出转矩逐渐减小，而耗气量逐渐增大的特点，通常情况下进气阀打开后发动机即可运转并输出最大转矩，直接驱动汽车起步行驶。因此，在压缩空气动力汽车的集成中，传动系统适宜采用低减速比设计。

压缩空气动力汽车气动回路示意图如图9-40所示，回路的一端接高压储气罐，接触压力为超高压，另一端为中高压，接发动机的工作腔，两者间压差非常大，因此必须实行分级减压。

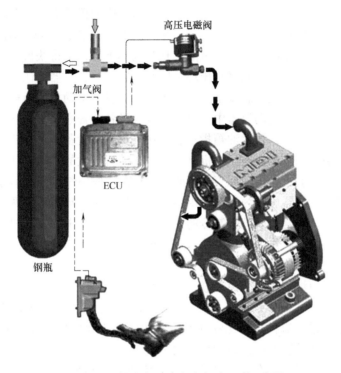

图9-40 压缩空气动力汽车气动回路示意图

常规气动系统的减压控制都采用气动减压阀进行节流减压方式。在节流减压过程中，由于通过节流口高速流动的气体的摩擦作用，能量损失较大，而且压力越高，损失越大。而对于压缩空气动力汽车来说，车载的压缩空气存储的总能量是有限的，要保证汽车有足够的续驶能力，在提高车载储气量的同时，必须尽可能减小压缩空气在气动回路传输过程中的能量损失，因此，普通的节流减压方式不适宜压缩空气汽车气动回路高压减压段。

压缩空气动力汽车的转速和转矩由压缩空气进气压力及流量的变动而调节。压缩空气动力汽车气动回路高压减压段采用了高压容积减压方式，使用气体膨胀减压的方法使压力降低到设定值。高压容积减压方式在回路中设置了一个一定容积的减压气罐，设定好减压气罐的控制压力范围后，使用压力传感器检测气罐气压，当罐内气压低于设定压力下限时，控制器发出控制信号开启高压大流量高速气动开关阀，让储气罐中的超高压气体通过大截面的阀口冲入减压罐，膨胀减压。而当减压气罐中进入足够的高压气体，罐内压力升高到设定压力上限时，控制器根据压力传感器的反馈关闭高压大流量高速气动开关阀。通过开关阀的断续开启，维持减压气罐中的压力在设定压力范围内，保证次级气动系统的正常工作。高压大流量高速气动开关阀减小了阀口节流过程中的摩擦能耗损失，因此对于高压气动动力系统的节流是一种很好的减压方式。

在压缩空气动力汽车的气动回路中，次级减压后的气体将作为发动机的进气与发动机进气道连接，因此对发动机进气压力和流量的调节将在次级减压过程完成。为调节的方便，在次级减压环节使用了比例流量调节阀，同时在气动汽车的集成中，考虑到一般驾驶人驾驶习惯,设计连接机构将发动机进气流量调节阀与汽车加速踏板连接,按驾驶人踏下加速踏板的深度提高发动机进气压力及流量,瞬时提升发动机转矩和功率,满足不同工况的需要。

在气动回路的设计中,考虑到高压气体在减压后温度大幅降低,与环境温度将形成较大温度差。如果低温的气体从环境中吸收热量,根据热力学规律,气体的温度和压力将升高,能量增大,最终使发动机输出更多的机械能,整车效率提高,也将获得更长的续驶能力。因此,集成到汽车上的气动回路在两级减压环节后都设置了热交换器,让减压后的气体尽可能充分地从环境中吸热,并可充当制冷空调的冷源,减少发动机动力的消耗。

在压缩空气动力汽车的辅助设备中,主要的电气设备与普通汽车相同,但在仪表板将集成气源压力表和进气压力表,替代油箱指示表。在汽车辅助设备中,空调已经是乘用车的基本配置之一,而普通车用空调使用压缩机制冷,需要消耗较大的发动机功率。对于压缩空气动力汽车来说,因为发动机排出的尾气是膨胀做功后的压缩空气,压力减小了,温度也远低于环境温度,通过热交换器可以为汽车提供冷源,再加上减压环节后的两个热交换器,在整车的集成中合理配置,完全可以满足制冷的需要,而不再额外消耗发动机功率。同时,室外新鲜空气由热交换器冷却后作为冷气供给室内,更带来自然清新的效果。当需要在严寒环境中使用时,只需再选装电热空调即可,成本较低。

国内对于空气动力汽车的研究开始较晚,2015年5月才有关于空气动力大巴试验车研发的报道,从其工作原理来看,空气动力大巴的动力传导经过了"压缩空气—发动机—发电机—电动机"这一系列流程,要比欧洲MDI(由法国工程师Gury Negre创立)的空气动力车的更加复杂,因此过程中损失的能量也更多。

不过无论是法国MDI的空气动力汽车,还是空气动力试验大巴车,都无法摆脱能量守恒定律,因为它们本身并不具备制造压缩空气的能力。在车载压缩气体耗尽之前,空气动力汽车必须前往就近的压缩空气站充气,而压缩空气需要消耗电能,电能又来源于核电站、火电站、水电站等,因此从本质上讲,空气动力车还是无法摆脱传统能源。我们需要对空气动力车有一个清晰的认识,在现阶段,空气动力车是无法摆脱传统能源的。

近年来,全球新能源汽车技术升级加快,汽车整车及关键零部件技术迅速发展,并呈现平台化、模块化、轻量化的趋势。比如,动力电池能量密度迅速提升,量产型动力电池能量密度基本达到230~260W·h/kg,并完成了300W·h/kg动力电池的技术储备,单体蓄电池成本大幅下降。

当前世界汽车产业电动化战略日趋清晰,主要国家纷纷加强电动化布局,挪威、荷兰、德国等国家甚至在酝酿全面电动化的时间表。全球主要汽车生产企业也陆续发布全新的新能源汽车发展规划。

随着新一轮科技革命的深入,汽车科技与互联网、大数据、人工智能等加速融合,汽车在电动化的同时,还呈现智能化、网联化、共享化的发展趋势。智能共享移动出行有望成为未来发展方向,并可能重塑汽车产业生态和竞争格局。

参 考 文 献

[1] 吴兴敏,于运涛,刘映凯. 新能源汽车[M]. 北京:北京理工大学出版社,2015.
[2] 边耀璋. 汽车新能源技术[M]. 北京:人民交通出版社,2003.
[3] 周庆辉. 汽车新能源与排放控制:双语教学版[M]. 北京:北京大学出版社,2016.
[4] 麻友良,严运兵. 电动汽车概论[M]. 北京:机械工业出版社,2012.
[5] 门保全. 电动汽车[M]. 湘潭:湘潭大学出版社,2010.
[6] 周梅芳,黄正军. 新能源汽车技术[M]. 杭州:浙江科学技术出版社,2014.
[7] 姜顺明. 新能源汽车基础[M]. 北京:北京大学出版社,2015.
[8] 李瑞明. 新能源汽车技术[M]. 北京:电子工业出版社,2014.
[9] 王员明,王金懿. 电动汽车及其性能优化[M]. 北京:机械工业出版社,2010.
[10] 王震坡,贾永轩. 电动汽车蓝图[M]. 北京:机械工业出版社,2010.
[11] 王成元,夏加宽,孙宜标. 现代电动机控制技术[M]. 北京:机械工业出版社,2009.
[12] 国汉芬. 资源整合:煤炭新命题[J]. 现代商业银行,2010(12):61-64.

参考文献

[1] 姜晨光,王崇倡,郭秋英,等.控制测量学[M].北京:北京理工大学出版社,2013.
[2] 潘正风.数字测图原理与方法[M].上海:人民交通出版社,2002.
[3] 胡伍生.子午面大地坐标系与大地坐标系的变换[M].南京:东南大学出版社,2010.
[4] 李天文.GPS原理及应用[M].北京:科学出版社,2012.
[5] 门葆红.空间大地测量[M].郑州:解放军出版社,2010.
[6] 杨松林,刘上正.测量学实验及实习[M].郑州:黄河水利出版社,2010.
[7] 张勤超.测量学及测量实习[M].北京:北京大学出版社,2012.
[8] 余新国.测量实验与实习指导[M].武汉:中国地质出版社,2014.
[9] 王国辉,张亚民.控制测量学实践教程[M].郑州:黄河水利出版社,2010.
[10] 王穗辉.误差理论与测量平差[M].上海:同济大学出版社,2010.
[11] 任超,梁月吉,李海涛.控制测量学实验教程[M].天津:天津大学出版社,2009.
[12] 陈远芳,邢亚奎,高俊强.工程测量[J].测绘通报,2010,41(5):60-64.